DE LA
CERTITUDE MORALE

PAR

LÉON OLLÉ-LAPRUNE

MAITRE DE CONFÉRENCES A L'ÉCOLE NORMALE SUPÉRIEURE

> Ξὺν ὅλῃ τῇ ψυχῇ... εἰς τὸ ὂν καὶ τοῦ
> ὄντος τὸ φανότατον... τοῦτο δ' εἶναί
> φαμεν τἀγαθόν.
>
> PLATON, *Rép.*, VII.

PARIS

EUGÈNE BELIN, LIBRAIRE-ÉDITEUR

RUE DE VAUGIRARD, N° 52

—

1880

Tout exemplaire de cet ouvrage non revêtu de ma griffe sera réputé contrefait.

DE LA

CERTITUDE MORALE

DU MÊME AUTEUR

LA PHILOSOPHIE DE MALEBRANCHE

2 vol. in-8°, br. . . . . 16 fr.
(Collection Ladrange, 1870). Paris, Germer-Baillère.

OUVRAGE COURONNÉ PAR L'ACADÉMIE FRANÇAISE ET PAR L'ACADÉMIE
DES SCIENCES MORALES ET POLITIQUES

A MONSIEUR CARO,

DE L'ACADÉMIE FRANÇAISE
ET DE L'ACADÉMIE DES SCIENCES MORALES ET POLITIQUES,
PROFESSEUR A LA SORBONNE,
ANCIEN MAITRE DE CONFÉRENCES A L'ÉCOLE NORMALE,

HOMMAGE RESPECTUEUX

DE PROFONDE RECONNAISSANCE ET D'AFFECTUEUX DÉVOUEMENT.

Il y a dans Platon un bien beau mot : « C'est avec l'âme entière qu'il faut aller à la vérité. » J'étais élève à l'École normale quand je commençai à comprendre et à goûter cette parole, et je vois encore la place où, m'essayant à étudier la dialectique platonicienne, je méditais sur le texte que je viens de rappeler, en y joignant le commentaire éloquent que je trouvais dans les pages les plus entraînantes de la *Connaissance de Dieu* ou de la *Logique* du P. Gratry.

En 1865, M. Caro publiait, dans la *Revue des Deux-Mondes*, une étude très remarquée sur Jouffroy. Ce bel article contenait deux ou trois pages fines, pénétrantes, originales sur « la preuve qui convient aux choses morales », comparée à la « démonstration » proprement dite. En lisant ces pages, je reçus une impression qui ne s'effaça plus.

En 1868, le célèbre *Rapport* de M. Ravaisson *sur la Philosophie au dix-neuvième siècle* contribua à fixer mon attention sur le rôle de la volonté en des choses où communément on ne la remarque guère : certains passages du *Rapport* m'avaient particulièrement frappé, et, entre autres, celui où l'auteur, dans ce style dont il a le secret, d'une hauteur sereine et d'une sévérité séduisante, signalant la thèse de M. Charaux sur la *Méthode morale*[1], déclarait lui-même « que la pensée ne suffit point à la philosophie, qu'il lui faut l'âme entière et que, si l'on peut distinguer dans l'âme des parties, il lui faut surtout et avant tout ce qui semble en être le principal et le meilleur ».

Beaucoup plus tard, la présente étude étant chose résolue et entreprise, j'ai fait connais-

---

1. Thèse soutenue devant la faculté de Nancy, en 1866, et rééditée avec deux opuscules sous ce titre, *la Pensée et l'Amour*, Paris, 1869. — Qu'il me soit permis de dire que dans ma *Philosophie de Malebranche*, publiée en 1870 (le mémoire d'où sortait ce livre était de 1867), un passage du t. II, p. 284, est l'indice de l'intérêt que je prenais dès lors à ce que le P. Gratry et M. Charaux nomment si bien la *méthode morale*. J'avais un goût particulier pour tout ce qui se rapportait à cette question, bien que j'eusse alors en vue une autre étude dogmatique, assez voisine il est vrai, la *personnalité*.

sance avec un livre anglais, presque ignoré chez nous, quoique signé d'un nom illustre.

Le vénérable et regretté P. de Valroger, de l'Oratoire de France, m'engagea fort à lire un *Essai sur la Grammaire de l'Assentiment*[1], publié à Londres, je le lus : titre un peu étrange, ouvrage vraiment considérable, l'Essai était plein d'ingénieuses remarques et de vues originales. On en trouvera plusieurs citations dans le cours de cette étude. Je tiens à dire ici le plaisir et le profit que m'a procurés ce livre d'un grand écrivain anglais, le P. Newman, de l'Oratoire de Birmingham, maintenant cardinal.

Je nommerai encore le *Doute*, œuvre d'un vigoureux esprit. Si je parlais en critique, j'aurais des réserves à faire au sujet de certains jugements de l'auteur, trop rigoureux et même injustes. Mais il s'agit de l'effet produit sur mon esprit par la lecture de ce livre : bien que la première édition fût de 1867, je ne le lus que déjà fort engagé moi-même dans mon travail : j'y trouvai un substantiel aliment à mes

---

1. An *Essay in aid of a Grammar of Assent*, Londres, 2ᵉ éd., 1870. La dernière édition, qui est la quatrième, est de 1874.

méditations, et en louant ici la personne distinguée qui écrit sous le pseudonyme d'Hippolyte de Cossoles, je lui adresse en même temps un remerciement.

M. Caro, dans ses *Problèmes de morale sociale*, publiés en 1876, a consacré pour la seconde fois quelques très belles pages à la question de la certitude des vérités morales[1]. J'en faisais alors, et depuis longtemps déjà, l'objet de réflexions assidues. Combien je fus heureux de recueillir ces nouvelles indications, singulièrement précieuses! Elles reproduisaient avec un surcroît d'autorité celles d'autrefois. Ayant eu l'occasion de dire ce que je pensais des unes et des autres[2], je rappelai avec gratitude cet article de 1865 qui m'avait laissé un souvenir si vif.

M. Caro, par cet écrit, avait été le premier, qui m'eût porté à faire des conditions particulières de la certitude morale un examen philosophique. Devenu le confident de mes projets d'étude, il n'a cessé

---

[1]. M. Caro a traité encore de la certitude propre aux choses de l'âme et de la morale dans son cours de Sorbonne, en 1877-78, où il cherchait la méthode à suivre pour constituer les bases scientifiques de l'étude de l'homme.

[2]. *Correspondant*, 10 janvier 1877.

de les encourager. Je remercie respectueusement l'éminent écrivain qui fut mon maître, et dont les conseils m'ont été et me seront toujours utiles et chers.

J'ai beaucoup parlé de moi, ce semble; mais on ne s'y méprendra pas : si ce livre est né de mes préoccupations les plus intimes et comme du fond de ma pensée, je me plais aussi à retrouver dans mon esprit la trace des influences qui m'ont stimulé, et j'ai voulu, avant d'entrer en matière, les signaler : c'est remplir un devoir de reconnaissance intellectuelle.

INTRODUCTION

« Un seul esprit vaut tout un monde, » dit Leibniz, car l'esprit « connaît le monde et s'y gouverne à la façon de Dieu [1]. » Pascal avait dit plus : « Tous les corps, le firmament, les étoiles, la terre et ses royaumes, ne valent point le moindre des esprits; car il connaît tout cela, et soi; et les corps, rien. » Et ce n'était point le terme où Pascal s'arrêtait : découvrant un ordre supérieur, celui des choses morales, et là, allant droit à ce qui est surnaturel et chrétien, et qui se nomme charité, sagesse, sainteté, il s'écriait : « Tous les corps ensemble, et tous les esprits ensemble, et toutes leurs productions, ne valent pas le moindre mouvement de charité; cela est d'un ordre infiniment plus élevé [2]. » Kant dit à son tour : « La vue d'une multitude innom-

---

1. Leibniz, *Discours de métaphysique*, nº 36.
2. Pascal, *Pensées*.

brable de mondes anéantit presque mon importance, en tant que je me considère comme une créature animale..... Mais la loi morale relève infiniment ma valeur comme intelligence, par ma personnalité dans laquelle elle me révèle une vie indépendante de l'animalité, et même de tout le monde sensible [1]. »

Toutes ces fortes paroles marquent le rang et le prix des choses. Il y a ce qui frappe les sens : l'éclat des grandeurs matérielles ; il y a ce qui est « vu, non des yeux, mais des esprits » : la science et ses inventions ; il y a ce à quoi il suffit d'être « vu de Dieu » : agir bien. Trois sortes de grandeurs ; « trois ordres différant en genre. » Le troisième, l'ordre de la moralité (que l'on peut considérer sans entrer d'emblée comme Pascal dans le surnaturel), voilà celui qui passe les deux autres. L'honneur de l'homme, c'est d'obéir d'une volonté sincère et pleine à la loi morale. Or, cette loi qui commande dans la conscience, n'est pas une vérité isolée : elle a avec certaines vérités, qui de soi sont métaphysiques, des rapports si étroits que celles-ci reçoivent elles-mêmes le nom de vérités morales.

La métaphysique semble tour à tour ce qu'il y a de plus inaccessible à la plupart des hommes et de plus familier à tous. La métaphysique savante n'est le partage que de quelques esprits : elle soulève des questions auxquelles le vulgaire ne pense pas ou demeure indifférent ; elle parle un langage qui n'est compris

---

[1]. Kant, *Critique de la raison pratique*, conclusion.

que des initiés ; elle se complaît en des spéculations si éloignées du raisonnement des hommes, qu'elle semble un fantôme propre à épouvanter les gens. Otez ces formes savantes : que trouverez-vous au fond ? rien qui ne soit vraiment humain. La métaphysique, prise en ce qu'elle a d'essentiel, est présente partout, mêlée à tout, parce que l'homme se retrouve partout.

Il y a donc deux manières d'envisager les vérités morales. Ou l'on ne regarde que les notions morales proprement dites, celles qui constituent la morale même ou science des mœurs. C'est le sens strict du mot. Ou l'on considère avec ces notions les vérités métaphysiques qui y sont liées, vérités que la morale suppose ou appelle, vérités qui elles-mêmes n'ont toute leur portée, tout leur intérêt, que prises dans leur rapport avec la moralité. On a donc raison de les appeler aussi vérités morales : c'est un sens moins rigoureux, mais parfaitement légitime du mot. Toutes ensemble, vérités morales proprement dites, et vérités métaphysiques, forment ce que l'on peut appeler l'ordre des choses morales, l'ordre moral. On peut dire que c'est aussi l'ordre religieux (abstraction faite ici de la Religion positive). Cette métaphysique vraiment humaine, qui n'est point un système philosophique, mais qui commence avec le premier regard que l'homme jette sur soi, c'est une métaphysique religieuse. Que puis-je ? que suis-je ? quel est mon principe ? quelle est ma fin ? Ces questions métaphysiques liées étroitement à la morale, sont aussi des questions religieuses, surtout les deux dernières.

Descartes a dit : « Je suis une chose qui aspire sans cesse à quelque chose de meilleur et de plus grand que je ne suis[1]. » C'est une profonde parole. Je ne puis me considérer sérieusement moi-même sans me demander ce qui me soutient et ce qui m'attire. Je suis un être en mouvement : je ne suis pas un être achevé, accompli ; je n'ai point en moi tout ce qu'il me faut pour être ; je ne me suffis point à moi-même. Mon origine est hors de moi : et quelle peut être mon origine vraiment première, sinon quelque chose de plus grand et de meilleur que moi ? Ma fin est hors de moi : et quelle peut être ma fin vraiment dernière, sinon encore quelque chose de plus grand et de meilleur que moi ? Le *divin* se révèle à moi de toutes parts, et la métaphysique, la morale, la religion naturelle se pénétrant mutuellement, nous comprenons sous le nom de vérités de l'ordre moral les plus hauts et les plus précieux objets de la pensée humaine.

Précisons maintenant, et tâchons de montrer comment ces vérités s'enchaînent et forment un système naturel et indissoluble.

Appelons *vie morale* tout exercice de l'activité humaine où se trouve impliquée l'idée du *devoir :* nous pourrons nommer *vérité de l'ordre moral* toute vérité qui apparaît comme une *loi* ou une *condition* de la vie morale.

Le devoir n'a pas besoin d'être défini : quand un

---

1. Descartes, *Méditations*, III, 24.

homme au moment d'agir reconnaît ou du moins sent que telle conduite est celle qu'il est tenu de suivre, quoiqu'il puisse en fait en suivre une autre, cet homme a plus ou moins nettement, mais très réellement, l'idée du devoir.

L'agent moral, c'est-à-dire l'agent soumis à la loi du devoir, est libre, c'est-à-dire capable de se déterminer par lui-même à suivre la loi, sans quoi les ordres de cette loi n'auraient aucun sens : ne serait-il pas absurde de prescrire une certaine conduite à qui n'est pas maître de se conduire soi-même? Si la passion, par exemple, meut cet être par un secret et tout-puissant ressort, c'est peine perdue de lui imposer des prescriptions qui impliquent la résistance à la passion; et si la raison le détermine invinciblement, à quoi bon lui ordonner de faire ce qu'il fera inévitablement par la nécessité de sa nature raisonnable? L'obligation morale suppose la volonté, c'est-à-dire un principe d'action qui soit bien à l'agent lui-même, et la volonté libre, c'est-à-dire un principe d'action non seulement exempt de toute contrainte extérieure, mais encore exempt de toute nécessité intérieure, un principe d'action qui, sollicité par la passion, puisse y résister, et éclairé par la raison, suive cette lumière par un choix personnel, et non par l'impulsion de la nature. Notre nature, c'est ce qui est né avec nous, c'est ce que nous avons reçu, c'est ce qui est en nous sans nous : l'obligation morale suppose en nous la puissance de faire quelque chose qui soit à nous, qui soit par nous, quelque chose dont notre nature ne suffise pas à rendre compte, et c'est cette puissance qui s'appelle volonté, et pour marquer l'indépendance où elle est, non pas à l'égard de la *loi,* mais à l'égard de la *nature,* on dit qu'elle est libre.

La liberté apparaît donc comme une condition de la moralité : en elle-même, c'est un fait, un fait attesté par le sens intime; considérée dans ses rapports avec le devoir qui en est la raison et dont elle est la condition indispensable, c'est une vérité et une vérité de l'ordre moral.

Le devoir est un commandement, un ordre qui n'a rien d'arbitraire, mais qui est souverain ; un ordre qui est l'expression d'une loi parfaitement raisonnable et parfaitement bonne, digne de tout notre respect et de toute notre obéissance : aucune force humaine, aucune force possible ne peut empêcher cette loi d'être ; aucune force humaine, aucune force possible ne peut la changer : elle est inviolable et immuable, quoique, en fait, elle soit souvent violée ou méconnue. Cette loi qui s'impose à notre esprit avec la puissance d'une vérité éternelle et à notre volonté avec l'autorité d'une règle obligatoire, ne peut avoir l'homme pour origine et pour principe. Raisonnable, elle suppose la Raison en soi; excellente, elle suppose le Bien en soi; puissante, elle suppose la volonté parfaitement sage et bonne de l'Être qui est le principe de toute Vérité et de tout Bien. Cet être, c'est Dieu.

Toutes ces vérités sont enchaînées les unes aux autres par les liens les plus étroits et les plus solides, et toutes ces vérités sont des vérités morales : qu'y trouvons-nous en effet? la règle même de la moralité, ou les conditions qui rendent cette règle possible et intelligible.

L'agent moral est libre, et il a une loi : dès lors l'action à laquelle il se déterminera sera bien à lui, et elle ne sera pas indifférente, c'est-à-dire qu'elle lui sera imputable, qu'il devra en rendre compte, et que les diverses qualifications que pourra recevoir l'action pourront et devront servir à qualifier l'agent lui-même : c'est là ce que nous appelons *responsabilité*, nouvelle notion morale, étroitement liée à celles que nous avons déjà énumérées, nouvelle vérité, qui est manifestement une vérité de l'ordre moral.

Responsable, l'agent moral a un compte à rendre et un jugement à subir : si ce compte et ce jugement se résument dans ces mots : « il a bien agi, » il faut ajouter tout de suite : « il a *mérité;* » dans le cas contraire, il a mal agi, il a *démérité*. L'agent qui a usé de sa liberté pour faire son devoir, a gagné en valeur, en dignité, en excellence, et la justice exigeant que chacun soit traité comme il le mérite, cette valeur, cette dignité, cette excellence nouvelle et volontaire appelle et attire une *récompense*, c'est-à-dire un certain plaisir, une certaine jouissance qui soit donnée à l'agent moral précisément parce qu'il a bien agi : et ainsi ce bien qu'on peut appeler sensible, puisque de quelque ordre qu'il soit, et si intellectuel, si pur qu'on le suppose, il est plaisir ou joie, et comme tel, consiste précisément à être goûté, à être senti, ce bien devenant le prix ou la conséquence méritée de la bonne action, prend lui-même un caractère moral.

D'un autre côté, l'agent qui a usé de sa liberté pour manquer à son devoir, a perdu en valeur, en dignité, en excellence, et, par le même principe de justice, cette déchéance volontaire appelle et attire un *châtiment*, c'est-à-dire une certaine peine, une certaine souffrance, qui soit infligée à l'agent moral, précisément parce qu'il a mal agi : un mal sensible, je veux dire consistant en une souffrance, laquelle est sentie, ou n'est rien, de quelque ordre qu'on la suppose, un tel mal devenu ainsi la conséquence méritée de l'action mauvaise, prend un caractère moral. Or, la vertu, qui est la constance dans le bien moral, appelle le *bonheur*, qui est la continuité dans la vraie joie ; et de même la constance dans le mal moral appelle le *malheur* : qui s'attache d'une volonté ferme au devoir et au bien, doit être heureux ; qui s'attache d'une volonté ferme au mal, doit être malheureux. La volonté n'eût-elle fait que dans une seule circonstance le choix du bien ou du mal, ce choix, s'il est délibéré, s'il est fait avec entière connaissance de cause, avec pleine liberté, constitue un consentement au bien ou au mal, qui, tant qu'il n'est ni révoqué ni rétracté, est en quelque sorte continu et réclame pour l'agent bonheur ou malheur, récompense continue ou châtiment continu. Telles sont les exigences de la justice. Ce sont là autant de vérités de l'ordre moral, formant une chaîne indissoluble.

En méditant ces vérités, on entrevoit l'admirable harmonie des choses : la pratique du devoir exige des sacrifices ; mais la justice réclame impérieusement l'accord de la vertu et du bonheur. Dès lors, le sens de la vie présente apparaît, et du même coup la nécessité morale d'une autre vie. C'est *le devoir* qui doit tout dominer ici-bas ; mais le devoir fait naître *l'espoir*, l'espoir d'une vie meilleure, où la justice sera satisfaite, et avec la justice les aspirations les plus profondes et les plus vives de la nature humaine. En même temps, on comprend que la seule récompense digne de la vertu c'est la possession des vrais biens, comme aussi le seul châtiment digne du péché c'est la perte de ces mêmes biens. Or, qui peut réaliser cet espoir de la vraie récompense ou cette crainte du vrai châtiment ? celui-là seul qui peut être le juge infaillible des consciences, celui-là seul qui à cette sagesse et à cette justice joint une puissance irrésistible, celui-là seul dont la possession peut être pour l'âme le suprême bien, ou la perte le suprême mal ; celui-là enfin qui, étant l'auteur de la nature humaine, sait ce qui pour elle peut s'ajouter comme par surcroît au suprême bien ou au suprême mal, et, le sachant, a la puissance nécessaire pour rendre cela effectif. Ainsi Dieu, souverain législateur, est encore le souverain juge, le souverain rémunérateur, le souverain punisseur, et cette vérité : Dieu existe, se montre de toutes parts à qui reconnaît le devoir : c'est au premier chef une vérité de l'ordre moral, c'est elle qui soutient toutes les autres, et si les autres servent à la révéler ;

c'est précisément parce que toutes ont en elle, et en elle seule, leur principe et leur raison. Mais du même coup la vraie nature de l'agent moral se montre à nous : librement soumis à la loi morale, destiné à être, dans une autre vie, citoyen du royaume moral dont Dieu est le chef, il est distinct du corps. La spiritualité de l'âme est donc encore une vérité morale ; car si c'est, en soi, une vérité psychologique et métaphysique, elle est à chaque instant supposée en morale.

Nous pouvons ramener à quatre chefs tout ce système :

1° La loi morale ;
2° La liberté morale ;
3° L'existence de Dieu ;
4° La vie future.

Ce que nous ne nommons pas expressément est impliqué dans le reste.

Il importe que ces vérités soient reconnues. Elles le sont partout où il y a civilisation. Elles ne sont pas pures chez tous les peuples civilisés. Plus elles sont pures, plus haute est la civilisation elle-même. Là où elles s'altèrent et diminuent, tout se corrompt et baisse autour d'elles. Je sais bien qu'il y a des hommes de notre temps qui pensent le contraire. A leur sens, l'humanité, en sa virilité et maturité, doit mépriser les rêves qui ont charmé ou épouvanté son enfance, elle doit secouer le joug qui a pesé sur sa jeunesse. C'est, disent-ils, la condition du progrès ; et, pour préparer l'avenir brillant qu'ils promettent au monde, il faut précisément, selon eux, renverser tout ce qui a été tenu jusqu'à présent comme élément indispensable ou immuable fondement de l'ordre social. Mais sans discuter ici ces étranges nouveautés, ne suffit-il pas de dire que l'expérience de tous les siècles les contredit? Une enquête sérieuse entreprise à travers tous les temps et tous les pays établit qu'aucun peuple ne se passe impunément des vérités morales et religieuses [1]. La vraie prospérité ne se trouve que là où ces vérités sont l'objet du respect et la règle de la vie. Répétons donc, malgré les dénégations et les clameurs de certaines gens, que le degré de civilisation dépend de la lumière dont ces vérités brillent dans les esprits et de l'influence qui leur est accordée dans les mœurs privées et publiques.

Ajoutons que c'est l'honneur des peuples chrétiens d'en avoir une vue nette et un sentiment profond. Nulle part, hors du christianisme, elles ne sont complètes et pures. Nulle part, sans le christianisme, elle n'ont toute leur efficace. Mais je ne me propose pas ici d'examiner ce qu'elles peuvent devoir aux influences ou aux institutions qui contribuent à les porter dans les âmes et à les y maintenir. Je ne cherche pas non plus comment on en peut faire la science. Je voudrais seulement déterminer de quelle nature est la certitude qui leur est propre, et quelles sont les conditions personnelles que cette certitude suppose. L'excellence des vérités morales et le caractère de la personne humaine font qu'ici la

---

[1]. Nous faisons allusion ici aux ouvrages si remarquables de M. Le Play.

certitude est elle-même d'une qualité particulière et supérieure. Il convient de la nommer *morale :* c'est son vrai nom. Si l'on hésite à le lui donner, c'est que ces mots « certitude morale » ont dans la langue commune une acception plus humble ou plus restreinte. Ils désignent en effet soit une assurance pratique, assise sur des probabilités, soit la certitude du témoignage humain, parce que, dans les deux cas, la confiance de l'esprit repose sur ce qu'on peut appeler la nature morale de l'homme. L'habitude d'employer ainsi ces mots d'une manière inférieure ou toute spéciale les rend inhabiles, ce semble, à l'usage que justifie leur sens premier et naturel. L'idée qu'ils exprimeraient si bien n'est pas celle qu'ils éveillent par eux-mêmes, et, à moins d'une explication, ce n'est pas à la certitude des vérités morales, des choses morales, qu'ils font penser. Pourquoi ne serait-il pas permis de rectifier ici l'usage? C'est un grand maître en fait de langage, sans doute, et il faut en général respecter ce qu'il établit et consacre : pour parler avec plus de propriété et de précision, on risque, par des changements téméraires, de brouiller tout; mais ici un tel danger ne semble pas à craindre. Pourquoi des mots simples, nets, exacts, qu'aucun équivalent ne réussit à remplacer, ne recevraient-ils pas leur sens complet et original? Nous exclurons donc la signification vulgaire pour restituer celle qui est la vraie, et par *certitude morale* nous entendrons toujours la certitude propre aux vérités morales, laquelle a elle-même un caractère moral. Toute équivoque étant ainsi écartée, nous userons sans scrupule de ces termes courts, qui disent fort bien ce qu'ils ont à dire[1].

L'étude de la *certitude morale* est chose difficile.

---

[1]. Kant emploie les mots *certitude morale* dans le sens que nous adoptons ici. Il oppose à la *certitude logique* (logische Gewissheit) la *certitude morale* (moralische Gewissheit), liée au *sentiment moral* (moralische Gesinnung). Voir, dans la *Critique de la raison pure*, le chapitre intitulé : *Canon de la raison pure*, et, dans ce chapitre, la troisième section : *De l'opinion, du savoir et de la foi*. Nous étudierons plus loin les caractères attribués par Kant à cette certitude morale; ici nous signalons seulement l'emploi des mots. — Le P. Gratry, dans la *Crise de la foi*, parlant de la foi naturelle, de « cette foi qu'on doit avoir parce qu'on est homme » (p. 7), dit que « la vie porte en elle-même sa certitude » (p. 46), et déclare que si l'on a en soi la vie morale ou religieuse, on a cette « absolue certitude... qui est la *certitude morale*, parce qu'elle est la beauté morale » (p. 8). — Nous avions terminé le présent ouvrage, lorsque les deux écrits que nous allons mentionner nous ont été signalés. Le P. Largent, de l'Oratoire, nous a fait connaître un traité *De Vera Religione*, qui a pour auteur un Sulpicien, M. Brugère. L'ouvrage est de 1873. Nous y avons trouvé un *Appendice* (le premier) tout à fait digne d'être noté, *De evidentia morali in veritatibus religiosis*. L'auteur entend par évidence morale celle qui suppose quelque condition morale; il constate avec regret qu'on en néglige trop souvent l'étude; il en indique en sept pages la nature, les caractères, la portée, le fondement; il termine en montrant la *convenance* de cette évidence morale dans l'ordre des vérités religieuses. Nous n'avons rien trouvé qui eût plus de rapport à nos propres idées sur la *certitude morale* que cette courte et substantielle note sur l'*évidence morale*. — Nous devons la connaissance de l'autre écrit à M. Paul Janet. C'est un *Traité des vrais principes qui servent de fondement à la certitude morale*, placé en tête de la seconde édition (1737) d'un *Essai philosophique sur l'âme des bêtes*, dont l'auteur est David-Renaud Boullier, qui fut ministre protestant à Amsterdam et à Londres, et combattit avec vigueur la philosophie sensualiste et les tendances irréligieuses du dix-huitième siècle. Il ne donne pas aux mots « certitude morale » ce que j'appelle le grand sens, mais il s'en approche. Il déclare « la matière » qu'il traite « presque neuve, quoique par son importance elle méritât bien de ne l'être plus. » Il admet « un ordre de démonstrations différent de celles de géométrie. » La certitude des *faits* ou des *vérités contingentes* n'est point une certitude métaphysique, mais elle est fondée sur des principes métaphysiques, et ainsi nous pouvons parfaitement convaincre autrui de ces faits et de ces vérités, après nous en être assurés nous-mêmes. Cette « certitude morale » est donc une vraie certitude, distincte de la pro-

Combien n'est-il pas délicat de faire la part de la volonté et des dispositions personnelles dans l'assentiment, sans faire tort au caractère universel, absolu de la vérité! Nous l'essaierons, avec un profond sentiment de notre faiblesse, mais avec une très ferme conviction.

babilité, et même de la simple assurance raisonnable. Celle-ci a lieu quand il n'y a aucune raison de douter. La certitude morale exclut la possibilité du doute, non point métaphysiquement, mais moralement, en ce sens que le contraire de la chose affirmée est impossible, non en soi, mais parce qu'il viole le principe de la raison suffisante, répugne aux attributs *moraux* de la divinité, renverse la sagesse et la bonté du Créateur. Dans les choses qui passent le pouvoir humain, et qui par la toute-puissance divine pourraient être réellement autres qu'elles ne paraissent, la véracité, qui est essentielle à l'être parfait, change l'assurance en démonstration. Voilà le fondement *métaphysique* de la *certitude morale*. Beaucoup de gens, il est vrai, ne pensent pas à cet axiome, que *Dieu seul ne saurait tromper :* mais il y a une « idée qui est obscurément au fond de leur esprit, et qui sert d'appui secret à leur foi », et « cette idée n'est autre que celle de la bonté du premier être. » Leur croyance est fondée sur des principes solides : « ces principes que le vulgaire est incapable de développer nettement, le philosophe les saisit, les démêle et les arrange. » La certitude morale s'étend à un très grand nombre d'objets : faits historiques, causes physiques ou causes des phénomènes de la nature, uniformité et permanence des lois naturelles, existence des esprits ou agents immatériels, réalité du monde intellectuel, composé d'êtres libres et intelligents, réalité du monde des corps. — On voit, par l'exemple de Boullier, que ces mots *certitude morale* tendent depuis longtemps à dépasser les limites étroites où les renferme l'usage ordinaire (d'après le Dictionnaire de l'Académie française, certitude morale signifie « certitude fondée sur de fortes probabilités telle qu'on peut l'avoir dans les choses ordinaires de la vie. ») Il est à remarquer d'ailleurs que les mots *évidence,* ou *certitude,* ou *preuves morales,* qui ont leur origine dans les distinctions de l'école, désignent chez les théologiens catholiques une vraie et absolue certitude (dont le témoignage est le plus fréquent, mais non le seul exemple), certitude fondée, disent-ils, sur un principe métaphysique. Consulter les *Prælectiones theologicæ* du P. Perrone, éd. de Paris, 1870, t. I, p. 5 et 40, et t. IV, p. 538 et suiv. et p. 576 et suiv. Voir aussi au dix-septième siècle, entre autres, l'Espagnol Jean de Lugo (1580-1660), jésuite et cardinal, qui enseigna à Rome la philosophie et la théologie, *De Fide,* disp. 2, n° 40; et le célèbre jésuite Français, Denis Petau (1583-1562), *Dogmata theologica, De Deo,* I, 1, § 4.

Nous tâcherons de montrer que, si l'adhésion est un acte où il entre quelque liberté, l'objet lui-même est une réalité indépendante de nous, en d'autres termes, que nos affirmations ont, comme on dit maintenant, une valeur *objective*. Nous laisserons à la raison le droit et le pouvoir de reconnaître le vrai et de juger des choses. Nous nous garderons d'abandonner au sentiment le *criterium* de la vérité ; et nous établirons que si la volonté prépare la créance, elle ne la forme pas, et que si elle dispose l'esprit à recevoir la lumière, elle ne la fait pas naître. Les principes de vérité qui sont la règle de tous les jugements sont des principes rationnels. Le *criterium* suprême et sûr dans l'ordre intellectuel et dans l'ordre moral est là, et non ailleurs. La foi surnaturelle elle-même suppose que la divine révélation est proposée à l'intelligence et à la raison, et qu'elle offre des caractères assez frappants, des motifs de crédibilité assez manifestes pour que l'esprit la reconnaissant par ce moyen lui donne, avec le secours de la grâce divine, un assentiment raisonnable. Que dire donc de cette foi naturelle que nous trouverons parmi les éléments de la certitude des vérités de l'ordre moral ? Qu'elle supprime la connaissance ? Nullement. Sans doute, « la véritable épreuve de la foi c'est de croire ce qu'on ne voit pas [1]. » Mais « il ne faut pas exclure la connaissance, à Dieu ne plaise ! » Non, nous

---

[1]. Bossuet dit cela de la foi surnaturelle (*Méditations sur l'Évangile. La Cène*, 2ᵉ part., 20ᵉ et 37ᵉ jours). Nous pouvons l'appliquer avec justesse à la foi naturelle.

n'ôterons jamais à la raison ce qui est son droit et son propre office : discerner le vrai du faux. Le mysticisme exagéré et faux, la théorie sentimentale, ou toute autre théorie analogue, met à la place de la lumière de la raison quelque chose de purement *subjectif* et d'aveugle : c'est donner carrière aux illusions de l'imagination, rendre impossible toute preuve valable de la vérité, enfermer chacun dans sa sphère personnelle, sans permettre aucune communication entre les esprits, enfin, c'est rendre la vérité même purement relative et changeante, autrement dit toute *subjective*, et ainsi préparer le triomphe du scepticisme.

Nous pourrons d'autant mieux échapper à tous ces excès, et néanmoins insister sur l'importance des dispositions personnelles pour reconnaître le vrai dans les choses morales, que ces dispositions mêmes se montreront à nous comme obligatoires. Si dans l'adhésion à la vérité nous introduisons un élément de liberté, nous y introduisons du même coup un principe de fixité et d'unité, puisque cette liberté est assujettie à la loi du devoir : c'est un devoir de se mettre en état de reconnaître le vrai, c'est un devoir de se préparer à voir la lumière, c'est un devoir de s'attacher avec une courageuse fidélité aux premiers rayons qui frappent l'esprit, pour mériter de plus abondantes clartés ; c'est un devoir de rendre l'esprit apte à saisir les choses morales par une bonne volonté sérieuse, qui fasse de la vérité connue une règle pratique, et qui d'avance soumette l'âme tout entière à la vérité quelle qu'elle soit et quoi qu'elle puisse exiger ; c'est un devoir enfin d'embrasser la vérité quand elle paraît, d'y acquiescer, d'y consentir, de se donner à elle tout entier. Or le devoir est, de soi, chose valable pour tous et visible pour tous. Ce n'est donc pas rendre la vérité *subjective* que de regarder comme indispensable pour l'atteindre des dispositions personnelles, *subjectives* assurément, mais obligatoires. Dans l'obligation, il se fait une merveilleuse alliance de l'élément *subjectif* et du principe *objectif*. L'accomplissement du devoir est bien ce qu'il y a au monde de plus personnel, mais le devoir est aussi ce qu'il y a de plus indépendant de nous : le devoir nous domine avec une autorité souveraine. C'est de moi qu'il dépend de faire ou de ne pas faire ce que *je dois* : mais si je le *dois*, c'est en vertu d'un principe supérieur qui se fait voir et sentir avec une incomparable force.

Tel est donc notre dessein : montrer que la certitude des vérités morales est d'un ordre à part, d'une qualité spéciale, et qu'elle suppose des conditions personnelles, *subjectives*, sans que la vérité soit elle-même réduite à une valeur purement *subjective*.

Nous avons tout à l'heure parlé de *foi* : nous adoptons en effet ce mot pour marquer les caractères particuliers de l'adhésion aux vérités morales. On verra dans la suite de cette étude pourquoi il nous semble juste et convenable. Ce que nous devons établir dès maintenant, avec toute la netteté possible, c'est la distinction entre deux sortes de *foi*, l'une *naturelle*, l'autre *surnaturelle*.

2

Nous condamnons l'usage indiscret de la langue chrétienne en matière de pure philosophie. Si un même terme a une acception théologique, et aussi un sens purement *naturel*, l'employer dans ce dernier sens est assurément légitime, mais à la condition de dire expressément qu'il a l'autre acception, et que si on la néglige présentement, on se garde bien de la nier ou de la méconnaître. C'est ce qu'il y a lieu de faire pour la foi. La foi chrétienne suppose une révélation divine ; elle a pour objet des vérités qui dépassent la portée de la raison ; elle a pour motif formel l'autorité de Dieu révélateur infaillible ; elle a pour fin la surnaturelle béatitude. La foi dite morale, ou rationnelle, ou naturelle, a son principe dans la constitution même de l'homme, qui est par nature un être raisonnable et moral ; elle a pour objet des choses qui sont du domaine propre de la raison ; elle suppose des connaissances acquises par l'exercice de l'intelligence et par le raisonnement ; elle ne prépare point l'homme à la vision intuitive et à la possession proprement dite de Dieu. Ces différences ainsi marquées en traits précis, nous déclarons que c'est seulement de la foi naturelle ou morale que nous parlerons ici. Non que nous prétendions que l'ordre naturel suffise ; mais nous y bornons notre présente étude. Nous plaçant, par l'abstraction spéculative, sur le terrain de la pure raison et de la simple nature[1], nous voulons

---

1. Mgr Pie, évêque de Poitiers, Œuvres, quatrième édition, 1873, t. II, p. 373 et 413.

étudier ici les conditions de la certitude dans l'ordre des choses morales et de la religion naturelle, et cette « foi qu'on doit avoir parce qu'on est homme [1]. »

C'est depuis un siècle environ qu'on parle beaucoup de *foi* naturelle, de *foi* morale. Les philosophes les plus divers attribuent à la foi un rôle considérable. Jacobi et Kant, qui se combattent, l'admettent l'un et l'autre, et l'un et l'autre en exagèrent la portée. Fichte prétend terrasser le doute, non par la science, mais par la foi. Ampère et Maine de Biran, en France, Hamilton et ses disciples, en Angleterre, opposent au système de nos connaissances le système de nos croyances. Plus tard, le P. Gratry développe ce que les penseurs de tous les temps ont dit des conditions morales de la connaissance, expose ce qu'il appelle la genèse de la lumière dans l'âme, et déclare qu'il y a une foi naturelle dont le principe est la voix de Dieu dans la conscience et la raison [2]. En d'autres écoles, où l'on ne professe point pour les vérités morales et religieuses le même respect, c'est encore de la foi qu'on les fait dépendre, et c'est à ce titre qu'on les traite d'illusions. Tout le monde sent que les choses de l'ordre moral ne sont pas saisies et affirmées de la même manière que le reste. Bien des erreurs se mêlent à cette vue ou à ce soupçon : mais c'est une chose très considérable que cette vue ou ce soupçon. La question de la *foi morale*

---

[1]. Gratry, *Crise de la foi*, p. 7.
[2]. Gratry, *Conn. de Dieu,* 2ᵉ part., ch. III; et *Crise de la foi*, p. 4-12.

est, en soi, une des plus graves que la philosophie puisse agiter : on peut dire que c'est une de celles dont le temps présent réclame le plus particulièrement l'examen. Les très fortes et très remarquables études de M. Renouvier sur ce sujet suffiraient à elles seules pour démontrer que jamais la question n'offrit plus d'intérêt et ne demanda aux esprits sérieux, épris des choses morales, un effort plus énergique pour démêler autant que possible le vrai du faux, pour dissiper les confusions, pour corriger les exagérations, pour prévenir ou réparer les méprises, pour établir enfin comment la certitude dans l'ordre moral est, en un sens, d'une *autre* nature qu'ailleurs, mais non moins *légitime :* en sorte que, s'il était permis de parler de degrés quand il s'agit de certitude, il faudrait dire : loin d'être *moins* assurés des vérités morales que des vérités mathématiques, « nous le sommes sinon *plus*, du moins *mieux* encore, s'il est possible [1]. »

1. M. Caro, étude sur Jouffroy, *Revue des deux mondes*, 15 mars 1865.

CHAPITRE PREMIER

CERTITUDE RÉELLE OU DE CHOSES ET CERTITUDE ABSTRAITE
OU DE NOTIONS

J'appelle proprement *perception* la connaissance d'une chose concrète, réelle, agissant d'une certaine manière sur moi, et manifestée par cette action même. Ce que je perçois, je le reçois en quelque sorte tel qu'il se présente ou se rend présent à moi en faisant impression sur moi. Ce qui m'est présent de la sorte, s'impose à moi comme *objet* et se *fait* connaître. Et puis j'ai le pouvoir de me le représenter mentalement, de m'en faire une *image,* plus ou moins nette, plus ou moins vive. Tels sont les premiers actes de l'esprit. Là il n'y a point encore de *certitude,* parce qu'il n'y a point encore de *pensée;* mais voici que par un acte d'un ordre tout nouveau je prononce au dedans de moi sur le vrai et le faux : je décide et déclare que ceci est ou n'est pas, que telle chose existe, qu'elle a telle qualité, qu'elle a avec une autre chose tel rapport. Cela c'est penser. Ces affirmations sont *vraies* ou *fausses* selon qu'elles sont conformes ou non à ce qui est. En les posant, je donne mon assentiment à ce que je juge vrai, le refuse à ce que je juge faux. Je puis aussi ne point me décider, et simplement incliner, plus ou moins, à prononcer dans un sens ou dans l'autre; si raisonnablement je trouve matière à douter en portant un jugement, je ne suis pas *certain* : je n'ai qu'une *opinion*, et la proposition que je ne puis affirmer avec une entière assurance est seulement *probable*. Dans la probabilité il y a une infinité de degrés; il n'y en a point dans l'assentiment lui-même : je l'accorde ou le refuse, et il n'y a point de milieu; dès que je l'accorde, il est absolu, sans réserve, sans condition.

Tenir la vérité, posséder la vérité, affirmer la vérité, avec une assurance parfaite, voilà donc le propre de la certitude. Mais on peut tenir ainsi la vérité sans se dire qu'on la tient : c'est l'assentiment simple, la certitude que j'appellerai *implicite;* au contraire on peut posséder la vérité en se rendant compte qu'on la possède, et c'est l'assentiment réfléchi, la certitude que j'appellerai *explicite*. Dans le premier cas l'assentiment est comme déterminé par la perception même, il précède tout examen, il est indélibéré. Dans le second cas, il suppose une sorte de retour et d'arrêt volontaire de la pensée sur sa propre affirmation pour la considérer et en distinguer les motifs : c'est un acte délibéré. Dans les deux cas le doute est exclu : ou il ne se présente pas (ce qui peut arriver même quand il y a réflexion et examen), ou il est écarté, ou il est vaincu.

Les affirmations peuvent porter sur des *faits* ou sur des *abstractions* : il y a donc une certitude qu'on peut appeler *réelle* et une autre qu'on peut appeler *abstraite*. Celle-ci s'attache aux *notions*, celle-là aux *choses*[1].

Or l'abstraction n'est pour nous qu'un moyen. C'est une région qu'il nous faut traverser, nous ne saurions y demeurer. Ce que nous voulons expliquer, ce que nous voulons savoir, ce sont les choses mêmes, les choses qui agissent sur nous et sur lesquelles nous agissons, et s'il n'y a pas de science sans notions abtraites, il n'y a pas de science non plus qui, d'une manière ou d'une autre, ne parte des choses et n'y revienne. Ni les abstractions pures ni les faits tout seuls n'ont pour l'esprit humain un intérêt qui suffise à le retenir. Il s'échappe bientôt hors de l'enceinte des faits si l'idée ne s'y montre pas, et il descend vite des abstractions et des généralités s'il perd entièrement de

1. Descartes autorise ce langage. Il distingue d'une manière analogue *chose* et *vérité*. L'article 48 de la première partie des *Principes* est intitulé : « Que tout ce dont nous avons quelque notion est considéré comme une *chose* ou comme une *vérité*. » Et il dit dans l'article même : « Je distingue tout ce qui tombe sous notre connaissance en deux genres : le premier contient toutes les *choses* qui ont quelque existence, et l'autre, toutes les *vérités* qui ne sont rien hors de notre pensée. » — Quant à ces mots, *certitude réelle, certitude abstraite*, ils nous ont été suggérés par la lecture de l'ouvrage du P. Newman que nous signalons dans notre Avant-propos (*An Essay in aid of a Grammar of Assent*). Le P. Newman distingue par une très fine analyse et compare avec une merveilleuse abondance de détails ce qu'il appelle *Real Assent* et *Notional Assent*. Nous lui devons beaucoup dans ce premier chapitre. Voir spécialement dans son *Essay* les chapitres IV, V, VI et VII.

vue la solide réalité. C'est sa nature même qui se découvre dans ces contrastes, et rien n'est plus propre à nous faire admirer son harmonieuse constitution. Il cesserait d'être essentiellement raisonnable s'il pouvait se borner à des perceptions et à des images dont le sens lui fût indifférent ou inaccessible; il cesserait d'être essentiellement actif si les vérités abstraites que Platon appelle quelque part des fantômes divins, pouvaient suffire à sa curiosité sans que leur rapport avec les réalités qui nous entourent ou avec la réalité supérieure lui apparût jamais.

Il ne peut donc y avoir de *certitude* pour qui se sépare des *choses* et ne considère que les *notions*. La connaissance de la chose perçue est comme opérée par la chose même, et la perception est si voisine de son objet qu'elle n'est pour ainsi dire que cet objet saisi, *appréhendé* par l'esprit. La notion est bien plus loin des choses qu'elle représente à sa manière ou plutôt qu'elle rend intelligibles. La notion n'a point d'objet réel immédiat. L'esprit s'est servi des éléments que lui a fournis la perception, et il les a façonnés : dans ce travail plus ou moins compliqué, il a pu altérer les données premières, c'est-à-dire les perdre de vue sur un point ou sur un autre, omettre ceci, ajouter cela, et la notion ou idée qu'il arrive à former risque de n'être pas conforme à ce qui est. Ne me demandez pas ce que c'est qu'un corps ou ce que c'est que la joie, la colère, l'admiration, je le saurai très bien, c'est-à-dire je connaîtrai tout cela, comme choses concrètes, réelles, dont j'ai l'expérience. Demandez-moi ce que c'est, peut-être ne le saurai-je plus : vous me pressez de m'en rendre compte, de substituer aux vives images des notions nettes, et ce travail m'embarrasse et me trouble.

L'assentiment de l'esprit aux choses mêmes est donc immédiat, et il a une force singulière. Il ne suppose aucune réflexion sur la nature ou l'essence des choses ; et il est toujours mêlé à quelque action qui le détermine ou est déterminée par lui. L'affirmation est complète du premier coup en ce sens qu'elle égale toute la perception, sans que l'on songe à faire aucune réserve. Et quand l'objet n'est plus présent, une image demeure dans l'esprit et l'objet lui-même semble ainsi revivre sous notre regard intérieur. Cette vivacité de l'image entretient l'énergie de l'assentiment, et elle peut, comme la présence même des choses, exciter des sentiments et provoquer des actions. Nier l'existence de l'objet serait alors absolument impossible. Ce serait pour l'âme se nier elle-même et en quelque sorte se détruire.

La notion n'emporte pas l'assentiment avec la même force. Elle a besoin d'être claire pour être admise sans inquiétude, et même claire, elle peut encore laisser place à quelque doute, sinon sur sa valeur *formelle*, du moins sur la réalité des choses auxquelles indirectement elle correspond. Elle se détache des objets, pour ainsi dire, et de l'esprit lui-même ; on peut la mettre en question, on peut la rejeter sans se sentir soi-même blessé. L'intérêt qu'elle excite est purement spéculatif.

Elle ne dit rien à l'imagination, elle n'échauffe pas le cœur, elle ne sollicite pas la volonté : nous demeurons froids et presque indifférents. En présence des choses mêmes, cette distinction de la *matière* et de la *forme* de la connaissance, si fréquemment reproduite depuis Kant surtout, serait parfaitement impossible. La notion au contraire permet de séparer assez aisément de ce que l'on nomme l'*apparence* saisie par l'esprit ce que l'on appelle la *chose en soi;* et il devient possible de supposer que des liaisons d'idées fort intelligibles et justifiées par les lois essentielles de la raison, ne soient point l'expression de liaisons correspondantes dans les choses mêmes.

Ainsi la certitude de choses ou certitude réelle consiste en un immédiat, complet et énergique assentiment à la réalité présente, agissante, sentie, ou du moins représentée à l'esprit par quelque vive image. La certitude de notions ou certitude abstraite, toute seule, consiste en un assentiment réfléchi à une vérité formelle, assentiment sans chaleur, assentiment incomplet en ce sens qu'une distinction entre la *matière* et la *forme* de la connaissance est toujours possible.

De plus, la certitude réelle est une certitude *expérimentale* et *pratique;* car les choses ne pouvant se faire sentir à nous sans provoquer en nous quelque action, nous avons dans notre commerce avec elles la double expérience de ce que nous subissons et de ce que nous faisons sous leur influence. La certitude abstraite est une certitude *logique* et *spéculative;* car les pures notions étant en elles-mêmes dégagées de toute expérience, même quand l'expérience a servi d'abord à les former, et aucun intérêt pratique n'y étant immédiatement attaché, même quand elles sont les règles de la pratique, nous les considérons dans je ne sais quelle froide et morne région, comme des objets propres à occuper notre intelligence curieuse, mais incapables de nous toucher au vif de notre être.

La certitude implicite est une certitude réelle : c'est la présence même des choses, c'est leur action sentie et reconnue, qui rend le doute impossible et fait la sécurité de l'esprit. La certitude explicite suppose toujours quelques notions abstraites et quelques généralités : comment réfléchir sans que les principes où s'appuient nos jugements se laissent voir à la pensée? Et dès lors comment ne pas sortir des faits singuliers et des réalités concrètes?

Si nous entendons par *sentiment* toute émotion par nous ressentie en recevant l'impression d'un agent étranger ou en agissant nous-mêmes, si ce qui est réel se fait sentir par son action, si la première information que nous puissions avoir de l'existence d'une chose réelle quelconque ne peut venir que de là, il faut dire que toute pensée suppose un sentiment, et dès lors il n'y a point de réflexion, point de raisonnement, point de liaison rationnelle d'idées, qui n'ait son point de départ réel en quelque action singulière et concrète sentie par l'âme. Ainsi tout commence par l'expérience, quoique l'expérience ne soit pas tout et qu'elle ne contienne pas la raison des choses. Tout commence par l'expérience, parce que toute réalité nous est *donnée* avant que nous en puissions faire l'objet d'une spéculation, et toute réalité nous est donnée telle qu'elle est en son fond le plus intime, c'est-à-dire active et agissante ; nous subissons l'action des choses réelles, ou, réels nous-mêmes, nous agissons : dans l'un et l'autre cas il y a expérience. Avoir l'expérience d'une chose, c'est en éprouver, en subir l'action, ou ressentir quelque effet produit par elle ; mais on a aussi l'expérience de ce qu'on fait soi-même : expérimenter, n'est-ce pas éprouver, au sens d'essayer, et celui qui agit n'essaie-t-il pas ses forces et ne prend-il pas, dans cet essai, une connaissance intime de ce qu'il est? L'expérience est donc la première condition de tout acte intellectuel, parce que l'expérience c'est le point de rencontre et de contact entre les choses et l'âme, le tressaillement de l'âme dans ce commerce, et la première épreuve que fait de son énergie intime la personne humaine, sollicitée à agir par les impressions mêmes qu'elle reçoit. Prétendre à la certitude en ne tenant point compte de l'expérience, c'est donc vouloir que l'homme soit fait autrement qu'il n'est fait, c'est avoir la ridicule ambition de réformer la nature humaine selon je ne sais quel plan idéal, au lieu de la prendre telle qu'elle est et de tirer de ses facultés le meilleur parti possible.

C'est une faiblesse de l'entendement, dit excellemment Aristote, que de chercher des raisons là où la perception donne le fait et la réalité. Pourquoi se livrer à des spéculations quand on a mieux que cela? pourquoi raisonner quand l'expérience rend les raisonnements inutiles? c'est mal distinguer le meilleur du pire, le certain de l'incertain, le principe de ce qui n'est pas principe [1].

Prétend-on donner par des arguments l'idée d'une chose de fait à qui n'en peut avoir la perception? C'est une chimère. Les discours, qui n'ajoutent rien à l'expérience, n'en peuvent non plus tenir lieu. Parlez de la couleur à un aveugle-né : que lui apprendrez-vous? La couleur n'est pour lui qu'un nom, dans ce nom il ne pense rien [2].

L'imagination est liée à l'expérience. Ce qui est proprement objet d'expérience, c'est ce que nous subissons quand tel ou tel agent nous modifie, ou c'est ce que nous faisons nous-mêmes. Sans doute l'action, en tant qu'action, ne saurait être représentée, parce que c'est une chose simple; mais si ce que nous appelons action est en fait un ensemble et une suite d'actions, s'il y a

---

1. *Phys.*, VIII, III. Τὸ μὲν οὖν πάντ' ἠρεμεῖν, καὶ τούτου ζητεῖν λόγον, ἀφέντας τὴν αἴσθησιν, ἀρρωστία τίς ἐστι διανοίας... Τὸ μὲν περὶ τούτου σκοπεῖν, καὶ ζητεῖν λόγον ὧν βέλτιον ἔχομεν ἢ λόγου δεῖσθαι, κακῶς κρίνειν ἐστὶ τὸ βέλτιον καὶ τὸ χεῖρον, καὶ τὸ πιστὸν καὶ τὸ μὴ πιστόν, κα ἀρχὴν καὶ μὴ ἀρχήν.

2. *Phys.*, II, I. Τὸ δὲ δεικνύναι τὰ φανερὰ διὰ τῶν ἀφανῶν οὐ δυναμένου κρίνειν ἐστὶ τὸ δι' αὑτὸ γνώριμον. Ὅτι δ' ἐνδέχεται τοῦτο πάσχειν, οὐκ ἄδηλον· συλλογίσαιτο γὰρ ἄν τις ἐκ γενετῆς ὢν τυφλὸς περὶ χρωμάτων, ὥστε ἀνάγκη τοῖς τοιούτοις περὶ τῶν ὀνομάτων εἶναι τὸν λόγον, νοεῖν δὲ μηθέν. Nous empruntons à M. Ravaisson (*Essai sur la métaphysique d'Aristote*, t. I, p. 381) la traduction vive et forte de la dernière phrase.

diversité et ainsi mobilité dans le temps, et c'est précisément ce que nous expérimentons, alors, il peut y avoir représentation ou image de nos états de conscience, même abstraction faite de tout élément matériel. Tout ce qui est corporel est conçu sous la forme de l'espace ; le propre caractère du corps, n'est-ce pas le mouvement, le mouvement dans l'espace ? Mais si les choses spirituelles échappent à la loi de l'espace, elles peuvent être soumises à celle du temps. En tout ce qui dure il y a tout à la fois permanence et changement : le changement est encore un mouvement, selon la profonde expression grecque, κίνησις, et ce mouvement dans le temps, cette succession, cette série qui se déroule, c'est quelque chose de divers. De l'âme donc, en tant que principe d'action, de l'action même, prise en soi, aucune image, je le répète, n'est possible : comment se représenter ce qui est simple ? Mais ce que nous saisissons à chaque instant en nous-mêmes par l'expérience intime, c'est la vie multiple et diverse, ce sont, si l'on peut ainsi parler, des mouvements spirituels, c'est une perpétuelle diversité dans la continuité de l'être ; et voilà comment l'imagination est sans cesse mêlée à la conscience et à la mémoire. Sans cesse présents à nous-mêmes, et d'une certaine manière à notre passé et même à notre avenir, puisque nous nous rappelons ce que nous avons subi ou fait et que nous nous sentons capables de subir ou de faire mille choses analogues, nous avons sans cesse dans l'esprit une image plus ou moins nette de notre vie intérieure. Ainsi nous pouvons unir à la conception de vérités toutes spéculatives la vivante image de quelque expérience personnelle, et de toutes parts nous retrouvons la réalité sans laquelle il n'y aurait point de certitude.

Que si maintenant la certitude, en devenant explicite, cesse entièrement d'être réelle, pour être purement abstraite, elle renie en quelque sorte son origine première, et elle périt par là même.

La certitude abstraite et spéculative ne peut vraiment exister toute seule que dans un cas unique, celui des mathématiques. Les axiomes, les définitions, les théorèmes démontrés ont une évidence qui produit dans l'esprit une conviction irrésistible, et ce sont des conceptions purement abstraites. Hormis ce cas, les notions entièrement isolées des choses sont sans valeur et sans vertu ; et encore faut-il avouer que dans les mathématiques elles-mêmes, si les rapports intelligibles qu'on y considère sont mis en lumière par des raisonnements tout *a priori,* l'image idéale qui représente le triangle, le cercle, et mille autres combinaisons de lignes concevables, est quelque chose de concret relativement à ces conceptions abstraites, et ensuite les figures visibles, traduisant à leur tour ces images intérieures, viennent, non pas soutenir la démonstration même, qui n'en saurait tirer aucune force, mais soulager et aider l'esprit, tant il est vrai que l'homme ne peut jamais se contenter de l'abstraction pure !

Ainsi, partout ailleurs que dans les mathématiques, et d'une certaine manière encore dans les mathématiques mêmes, la certitude réfléchie et explicite est *réelle* et *pratique,* en même temps que *logique* et *spéculative.* Quand nous réfléchissons sur nos connaissances primitives, nous saisissons entre les idées que nos perceptions nous suggèrent des liaisons universelles, nécessaires, ou simplement constantes : au sentiment et à l'action, inséparables de l'expérience, se joint la *lumière rationnelle* explicite. C'est, si je puis dire, le vœu de notre nature : nous sommes faits pour la lumière. Mais nous ne pouvons nous passer de l'expérience ni du contact des choses, autrement la lumière n'éclaire plus que des ruines, et elle-même disparaît et s'éteint.

Les conditions de la certitude ne doivent être oubliées nulle part. C'est dans l'ordre des vérités morales surtout qu'il importe de ne point les négliger. Il faut se rappeler la vraie nature de l'esprit, et cette indispensable union de l'idée et du fait, de la raison et de l'expérience, et cette nécessité de ne point renoncer aux données réelles, de ne point se séparer des choses, quand on considère les notions abstraites. Les vérités morales sont affirmées avant d'être expressément reconnues : il en est ainsi de tout ce qui est fondamental et essentiel. Pour les reconnaître ensuite, le moindre degré de réflexion suffit : c'est encore le caractère commun de toutes les vérités dont l'esprit humain ne peut se passer. Il y a d'abord certitude purement implicite ; puis certitude explicite déjà et réfléchie, mais pratique encore, et nullement savante. Les préoccupations scientifiques, philosophiques, ne viennent qu'en dernier lieu : la recherche de notions précises, de définitions exactes, l'ambition d'enchaîner les idées les unes aux autres de manière à en former un système clair et solide, voilà ce qui caractérise ce troisième état de l'esprit : la certitude qui se produit alors semble toute spéculative.

Toute vérité de l'ordre moral est d'abord objet d'expérience, en ce sens qu'elle est saisie d'abord dans un *fait* qu'on peut appeler proprement et expressément *pratique*. Les raisonnements mêmes qui peuvent être indispensables pour atteindre telle ou telle vérité, se font primitivement dans telle occasion déterminée, en présence de réalités concrètes qui mettent en jeu notre activité. L'expérience est là avec ses deux caractères essentiels : nous éprouvons quelque chose, nous faisons quelque chose. C'est bien peu connaître la conscience morale que de n'y pas démêler une double action, l'une subie, l'autre produite par nous. En tout fait pratique, il y a d'une part les impressions diverses de la loi morale sur nous, et d'autre part les divers mouvements de notre volonté sous cette influence : toute injonction ayant caractère obligatoire nous émeut et nous sollicite à agir ; la volonté se soumet au commandement ou y résiste : prétendrait-elle demeurer indifférente, ce serait encore une manière de se déterminer et d'agir, car ce ne serait qu'un mode particulier de résistance. Ainsi, en tout fait pratique, il y a une action exercée sur nous par l'irrésistible puissance qui règne dans la conscience, et il y a toujours, à des degrés divers, une action émanant de nous, comme une réponse à l'appel qui nous est adressé. Or, recevoir et ressentir une action étrangère, agir nous-mêmes et sentir notre action propre, qu'est-ce sinon l'expérience? Il y a donc une expérience pratique et morale, et il n'y a pas de vérité de l'ordre moral qui ne soit objet d'expérience, puisqu'il n'y en a aucune qui ne soit aperçue par l'esprit au milieu de ces actions et réactions intérieures dont nous venons de parler. Je connais la loi du devoir parce que je me sens obligé de faire ceci ou d'éviter cela, et que devant cette autorité souveraine ma volonté s'incline ou se révolte. Je connais du même coup ma liberté, parce que je l'expérimente, ayant un parti à prendre. Je connais Dieu parce que les émotions morales que je ressens viennent de lui, et qu'elles me le révèlent comme la voix des hommes arrivant à mon oreille ou leur main se posant sur ma main m'avertit de leur présence. Je connais la nécessité morale d'une vie future, parce que la justice et la bonté qui doivent présider à cet autre monde, commencent à s'exercer dans ma conscience même. Les faits pratiques, où sans cesse est présent ce que j'appelle ici l'invisible moral et divin, voilà le vrai et solide point de départ de toute pensée concernant les choses morales et religieuses.

Toute perception laisse après soi une image. Dans l'ordre moral, ce rôle de l'imagination est fort peu remarqué et très considérable. Il y a l'image du fait pratique avec les détails et les circonstances accidentelles dont le souvenir s'est conservé ; il y a aussi, ce qui est plus important, une sorte d'image des objets moraux eux-mêmes. Là où c'est le fait qui se représente à l'esprit, le temps semble épurer l'image : les détails s'effacent, les circonstances particulières disparaissent, à mesure que les émotions premières s'apaisent. A vrai dire, l'image ne s'épure point, elle s'appauvrit, elle s'atténue, elle tend à s'évanouir. Il ne reste plus à la fin qu'une représentation presque abstraite, si l'on peut parler ainsi, analogue à une notion, sans en avoir l'exactitude. Ainsi le souvenir de quelque circonstance grave où j'ai fait une expérience décisive et solennelle de mon libre arbitre, se peint dans mon esprit, et, en me donnant le spectacle de ma liberté en action, renouvelle en quelque sorte l'intime certitude que j'en ai ; mais d'ordinaire le temps affaiblit le souvenir et peu à peu la vision intérieure s'amoindrit. Les images que nous pouvons nous former des objets mêmes ne souffrent pas du progrès du temps : au contraire, elles s'avivent sans cesse. Ce n'est point un fait particulier qui leur donne naissance, c'est une expérience incessante et une pratique continue. En se conformant au devoir, on prend l'habitude de le considérer comme une chose réelle. On le personnifie. Et il y a là tout à la fois acte de raison et effort de l'imagination. La raison reconnaît le législateur qui commande dans la conscience, le juge qui approuve ou qui blâme, qui récompense ou qui punit, et elle affirme l'être moral par excellence, l'être absolument bon et parfait, Dieu. En même temps l'imagination cherche à se représenter cet invisible objet, et ses tentatives qui ne réussiront jamais, sont néanmoins un secours pour la raison même. « Autant que nous sommes purs, dit quelque part Bossuet, autant pouvons-nous imaginer Dieu : autant que nous nous le représentons, autant devons-nous l'aimer : autant que nous l'aimons, autant ensuite nous l'entendons[1]. » Ses perfections morales se montrent à nous dans des exemples vivants qui les réalisent à des degrés divers et sous des formes diverses. Avec ce qu'il y a de plus pur, de plus noble, de meilleur dans l'homme, nous composons une image de Dieu. Nous verrons plus tard comment la puissance de la raison consiste à dénoncer l'insuffisance de ces images et à maintenir à une hauteur infinie et inaccessible l'objet divin pris en soi et dans son essence. Nous expliquerons comment rien n'est plus légitime que de chercher au-dessous de lui les effets et les traces de sa perfection souveraine ; comment cela ne le rabaisse point, n'altère point sa nature ; comment, en effet, tout ce qui est bon en ce qui n'est pas lui, le supposant lui-même comme principe et comme modèle, nous faisons une chose éminemment raisonnable quand nous nous servons de ces traits épars pour nous faire quelque idée de l'original. Ici, disons seulement que prétendre interdire à l'homme l'usage de ces représentations, c'est méconnaître notre vraie nature et les conditions imposées à notre pensée.

---

1. Bossuet, *Pensées chrétiennes et morales* (t. XV, éd. de Lebel).

La conscience donc, nous intimant à chaque instant des ordres impérieux, nous fait admettre l'existence d'un souverain législateur et d'un maître suprême, et comme ces ordres, même quand ils nous contrarient, nous apparaissent comme absolument bons, ce législateur et ce maître est lui-même absolument bon. Or qui ne voit que ce langage même est métaphorique? Quelque effort qu'on fasse pour parler avec précision, les métaphores sont inévitables, et il y en a de si naturelles, de si expressives, de si admirablement justes, que ce serait folie de vouloir s'en passer.

C'est dès l'enfance que l'imagination commence à jouer un rôle dans la vie morale. Ce n'est pas d'une manière abstraite et générale que nous apprenons à discerner le bien du mal : c'est dans un cas particulier, dans un cas qui nous est propre, qui nous regarde personnellement ; et ce discernement s'opère au milieu d'émotions diverses, d'une nature très remarquable. Ce bien, il le fallait faire, ce mal il fallait s'en abstenir : l'un était commandé, l'autre défendu. Approbation intérieure, paix, joie, si ce qui était commandé a été accompli, reproches intérieurs, trouble, chagrin, si ce qui était défendu a été fait : l'enfant connaît tout cela. Il n'a point de notion nette, il a un sentiment vif ; il ne sait ce que c'est que responsabilité, liberté, loi morale : une expérience propre lui révèle les choses mêmes. C'était lui qui était tenu d'agir bien, et il a mal agi, et il a eu tort, et il mérite d'être puni. Il le sent, il le sait, à sa manière il le dit. Traduisez en langage précis ses paroles d'enfant, et son silence même : liberté, responsabilité, loi morale, voilà les mots qui s'offrent à vous. Ces mots, que l'enfant ne connaît pas, expriment ce qui chez lui est chose vivante. Quand il sera en mesure de les employer lui-même, ils n'auront pour lui de sens que parce qu'ils lui rappelleront ces scènes disparues et en évoqueront l'image.

Voilà l'enfant introduit dans la région de l'invisible. Lui qui est tout entier, ce semble, aux impressions des sens, lui que la nature visible paraît dominer par les charmes ou les mille causes d'effroi qu'elle répand autour de lui, il s'arrête, respectueux, troublé, devant une loi invisible. Invisible aussi est le maître, invisible le juge dont cette loi lui fait sentir la présence. Dieu : nom auguste et sacré qu'il prononçait avec docilité, mais presque sans intelligence ; maintenant réalité mystérieuse dont l'invisible sourire ou les secrètes menaces sont pour lui le plus précieux objet d'espérance ou le plus grand objet de crainte ; Dieu qu'il ne voit pas, mais qui le voit ; Dieu qu'il connaît si peu, mais dont il est parfaitement connu ; Dieu à qui il ne pense que par instants, mais qui pense toujours à lui ; Dieu tout-puissant, sage, bon, toujours bon, complètement bon, meilleur qu'un père, meilleur qu'une mère, bon parfaitement, et juste et saint : et quel soin ne faut-il pas prendre pour ne pas déplaire à Dieu ! quel malheur n'est-ce pas de l'offenser ! comme il faut être bon soi-même, dire la vérité, être juste pour tous, faire du bien ! car tout cela c'est ce que Dieu aime, c'est ce que Dieu commande, c'est ce que Dieu fait lui-même à sa manière sublime, et il faut ressembler à Dieu. Invisibles grandeurs, invisibles beautés : l'enfant qui entre dans la vie avec tous les sens ouverts et avides d'aliments en quelque sorte, peut cependant s'éprendre de ces objets inaccessibles aux sens, aspirer à les mieux connaître un jour quelque part, et enfin regarder la joie de les posséder alors comme la meilleure récompense de la volonté bonne, la douleur d'en être privé comme le plus grand châtiment d'une volonté mauvaise. C'est ainsi que commence la vie morale et religieuse. Un des premiers indices de l'éveil de la raison, c'est la distinction établie dans la conscience entre faire bien et faire mal. Je dis *établie dans la conscience,* car ce n'est point un simple souvenir de paroles entendues. Pour peu qu'on observe un enfant, il est aisé de ne pas confondre ce qui chez lui est écho, et ce qui sort des profondeurs mêmes de son être ; ce qu'il imite ou répète, et ce qu'il dit ou fait de lui-même : non qu'il puisse se passer de recevoir beaucoup et sans cesse ; mais, quand il comprend une chose enseignée, quand il l'accepte comme s'accordant parfaitement avec sa raison et répondant à sa nature même, cette manière de recevoir équivaut à une découverte ; et si de plus il est clair que la chose enseignée demeurerait lettre close, lettre morte, sans cette spontanéité intérieure que la leçon venue du dehors éveille mais ne crée pas, comment ne pas avouer que l'indispensable nécessité de l'éducation, bien loin d'exclure les énergies naturelles, les suppose et les proclame ? Lors donc qu'un enfant met entre faire bien et faire mal une différence comprise par lui, il fait acte de raison. Or cette première vérité morale contient en soi toutes les vérités pratiques essentielles. Il est si bien dans la nature raisonnable de l'homme de les connaître que toutes les opérations intellectuelles indispensables à cette connaissance s'accomplissent comme d'elles-mêmes à mesure que les circonstances extérieures en offrent l'occasion. La raison, à mesure qu'elle se développe, fait son office, et, à moins qu'elle ne rencontre des influences qui la pervertissent presque complètement, elle se trouve, le jour où elle est capable de quelque réflexion, en possession des premières vérités morales et religieuses : elle s'aperçoit alors en les regardant que précisément elles sont essentielles, fondamentales, et qu'y renoncer, ce serait renoncer à elle-même. Mais comment ne pas remarquer que pendant ce développement progressif, de vives images n'ont pas cessé d'être présentes à l'esprit? Images renouvelées par la pratique et devenant elles-mêmes des stimulants pratiques.

Nous venons de montrer : 1° comment se produit une certitude implicite qui devance toute réflexion et qu'on pourrait appeler *habituelle,* pour parler le langage de l'Ecole, car c'est un état plutôt qu'un acte ; 2° comment de cette certitude habituelle naît la certitude *actuelle,* dès qu'une première réflexion s'arrête sur les connaissances qu'on possédait implicitement, et les déclare valables et fondées en raison. Or, dans l'un et dans l'autre cas, dans le second surtout, les vérités morales s'expriment ordinairement en des propositions reçues ou formées par celui qui est certain ; mais dans le cas de la certitude habituelle, ces propositions sont les symboles des faits et des choses, et non les formules de notions précises et d'idées nettes ; et dans le cas de la certitude actuelle même, s'il y a réflexion seulement, et non pas science, l'intérêt pratique dominant l'intérêt spéculatif, le sens réel des propositions occupe beaucoup plus l'esprit que le sens abstrait.

Ainsi les vérités morales peuvent être connues et affirmées d'une manière qui est elle-même pratique et morale ; et elles peuvent l'être d'une manière spéculative et savante. Elles font partie de la *conscience ;* elles peuvent devenir objet de *science.* D'une part, elles sont saisies et senties comme choses vivantes, elles ont de l'influence sur la conduite ; ne s'en fît-on qu'une idée confuse, n'eût-on que des mots inexacts pour exprimer leur nature et les rapports qui les lient entre elles, leur action dans l'âme les rend évidentes, d'une évidence pratique : c'est une expérience morale qui les certifie à la façon des faits, et c'est tout ensemble une vue, un sentiment, une foi qui ne sauraient s'affaiblir sans que la vie morale elle-même fût troublée et amoindrie. D'autre part, l'esprit travaille à en marquer nettement les caractères, à les exprimer en des formules précises, à en donner, si c'est possible, des définitions exactes ; puis il essaie de découvrir les rapports qui les unissent et d'en former ainsi une chaîne continue, un système clair et solide : les notions prennent la place des choses ; l'intérêt théorique se substitue à l'intérêt pratique ; c'est de science qu'il s'agit.

La connaissance réelle, expérimentale, pratique, morale est toujours la première ; la connaissance spéculative et savante ne peut venir qu'après : ni l'une ni l'autre ne suffit à l'homme, mais pour des motifs différents. La certitude pratique ne suffit pas, parce qu'elle ne satisfait pas entièrement notre nature raisonnable. Elle est solide, elle n'est pas assez lumineuse. Combien de fois de fortes convictions, fécondes en œuvres, ne se trouvent-elles pas chez des hommes incapables de rendre compte de leurs croyances à qui les interrogerait ! Ce n'est pas que les raisons de croire leur manquent, c'est seulement le temps ou peut-être la capacité de les démêler qui leur fait défaut. De tels hommes sont dans l'ordre assurément, car c'est la pratique qui avant tout importe, et l'homme est essentiellement un être moral. On sent néanmoins que leur nature a ou peut avoir des exigences très légitimes qui ne reçoivent point de satisfaction. Il y a même des cas où l'insuffisance des connaissances spéculatives produit un effet pénible et singulièrement regrettable. On rencontre des hommes, d'ailleurs instruits, habiles même en certaines professions, qui n'ont en matière de morale et de religion que des connaissances théoriques fort peu nettes, et telles que, prises à la lettre, elles ne rendraient que de la façon la plus inexacte leurs croyances. Une sorte de conflit inaperçu peut exister entre leurs convictions pratiques, très sincères, très raisonnables, mais médiocrement raisonnées, et le peu d'idées philosophiques qu'ils ont acquises, idées confuses, auxquelles ils tiennent avec l'entêtement des demi-habiles, sans pourtant renoncer à leur foi morale et religieuse. Ainsi ils croient au libre arbitre et à l'âme, et si leur profession et leurs études ramènent fréquemment sous leurs yeux des doctrines fatalistes et matérialistes, ils uniront, je ne sais comment, des assertions inspirées par ces doctrines aux affirmations conformes à leur foi. C'est une chose triste et choquante. Notre nature raisonnable et l'excellence des vérités morales demandent que de plus pures et de plus abondantes lumières viennent dissiper ces malentendus et rétablir l'harmonie entre la pratique et la spéculation. Mais si la certitude spéculative ne peut suffire seule, c'est pour un motif plus grave encore : c'est parce que seule elle n'a point de consistance, elle n'a qu'une valeur formelle et logique, elle n'est pas la certitude dont l'homme a besoin et que les vérités morales réclament. Nulle part la certitude ne peut subsister si elle renie ses origines et s'en sépare entièrement. Dans l'ordre moral surtout, cette loi fondamentale doit être observée, et avec cela de propre, que la volonté a un rôle plus marqué qu'ailleurs, un rôle vraiment moral. C'est ce rôle que nous allons maintenant étudier de plus près.

CHAPITRE II

DU ROLE DE LA VOLONTÉ DANS LA CERTITUDE.

Maintenir distincts et unis les éléments d'un tout naturel, c'est la loi de la connaissance vraie, et c'est une grande difficulté pour notre intelligence faible et si souvent distraite. Tantôt nous distinguons jusqu'à séparer, tantôt nous unissons jusqu'à confondre, et ainsi par ces deux mouvements contraires, notre pensée altère la nature des choses et en fausse l'idée.

L'intelligence et la volonté sont distinctes. Il ne faut pas tenter de ramener l'une à l'autre, d'absorber l'une dans l'autre : chacune a ses caractères propres, ses fonctions spéciales, ses actes définis, et ce ne sont pas seulement deux aspects divers d'un même pouvoir. Mais, parce qu'au fond elles sont l'une et l'autre deux puissances d'un même principe vivant, elles sont distinctes sans être séparées : dans le fait, il est très difficile de démêler toujours et partout avec une entière netteté ce qui appartient à chacune d'elles. La volonté, séparée de toute intelligence, s'évanouit et se réduit à rien. D'autre part, jusque dans les opérations proprement intellectuelles quelque élément volontaire se trouve secrètement impliqué.

Etudions le rôle de la volonté dans la connaissance.

C'est une chose incontestable que dans les différents ordres de connaissance, certaines conditions sont requises pour saisir les objets et en bien juger. Il y a donc une préparation qui consiste précisément à s'assurer si ces conditions sont remplies, à écarter les obstacles au fonctionnement régulier de l'intelligence, à rendre, en un mot, la connaissance possible par l'emploi des moyens de connaître adaptés à la nature de l'objet et de l'esprit. Or cette préparation regarde en grande partie la volonté.

Sans doute, s'il s'agit de connaissances essentielles, la nature nous place elle-même sur le terrain convenable pour voir et juger : mais n'est-ce pas à la volonté qu'il appartient de nous y maintenir et de nous y faire avancer, de même qu'elle peut nous déplacer et nous rendre incapables de faire un pas? D'ailleurs, les éléments primitifs et vraiment simples de la connaissance se réduisent à peu de chose ; et dès lors le rôle de la volonté est immense et incessant : elle ne produit pas la lumière, mais elle met en état de la saisir.

Les vérités mathématiques elles-mêmes sont-elles visibles à qui ne les considère que d'un œil distrait? Assurément, si elles sont simples, un peu d'attention suffit; mais cette attention, si facile qu'on la suppose, est un acte de volonté, acte par lequel l'esprit est détourné de tout autre objet et se fixe sur celui-là seul qu'on prétend connaître. Que si maintenant les théorèmes se compliquent, cette volonté actuelle de comprendre ne suffira plus : en vain même serait-elle très énergique, d'autres conditions sont requises : une certaine aptitude d'abord, sans laquelle tout effort risquerait d'être superflu ; ensuite, une certaine habitude, née elle-même de volontés antécédentes : une habitude des choses mathématiques, de premières connaissances fournissant des données indispensables, un premier exercice de l'esprit le mettant à même d'user de ses ressources, et lui communiquant souplesse et vigueur. Qui s'obstinerait à ne point entrer dans l'ordre de conceptions abstraites propre aux mathématiques, se condamnerait à n'y jamais rien comprendre : demeurant attaché aux choses concrètes et sensibles, il serait impuissant à reconnaître des vérités qui pourtant sont évidentes. Qui refuserait de passer par les lenteurs d'une préparation graduelle et d'une initiation, pour s'établir de plein pied au cœur de la science, se rendrait incapable de posséder jamais cette science : prétendant en découvrir les secrets les plus sublimes sans en connaître les éléments, il consumerait en vain son esprit en de pénibles et stériles spéculations. Enfin, qui se flatterait de travailler à tout comprendre sans être soutenu par une volonté éprise de son objet ou très ferme en ses résolutions, serait bientôt détrompé par l'expérience : indifférent à ce qu'il fait, il le ferait sans plaisir, sans goût, et s'arrêterait découragé devant les plus faibles obstacles.

La volonté choisit l'objet auquel elle applique l'esprit. L'attention est essentiellement préférence et choix. Née de l'attrait seul, elle durerait peu : un nouvel attrait y mettrait fin en transportant ailleurs notre mobile regard. Le propre de la vraie attention est au contraire de s'arrêter sur un objet et de s'y fixer. L'activité naturelle de l'esprit, sollicitée par la nouveauté des choses, peut commencer le travail intellectuel : seule la volonté le continue et le termine. C'est bien un travail en effet. « Que, dans un axiome, il n'y ait rien qui arrête et qui applique naturellement l'esprit, il faudra vouloir le considérer, et même avec un peu de constance et de fermeté, pour en reconnaître la vérité avec évidence. Il faudra que la force de la volonté supplée à l'attrait sensible[1]. » Si un axiome peut réclamer un effort pour se faire admettre, que dire de tout cet enchaînement de propositions qui constitue la science? Penser, pour tout être, est un acte; mais certainement, pour l'homme, c'est un labeur. La volonté est partout présente et agissante, dans toute la série de ces opérations laborieuses et fécondes, et elle est vraiment, en ce sens, l'ouvrière de toute science.

Ainsi, c'est la volonté qui place ou fixe l'esprit sur le terrain où il doit opérer; c'est elle qui accomplit la

---

[1]. Malebranche, *Recherche de la vérité*, l. IV, ch. xi, § 2.

préparation indispensable à cette opération; c'est elle qui, au début, porte avec une ardeur passionnée, ou avec une froide résolution, toutes les forces intellectuelles sur l'objet qu'il s'agit de connaître; c'est elle qui les y maintient appliquées. La volonté, la bonne volonté, a partout, jusque dans l'ordre scientifique pur, une influence que rien ne peut remplacer.

Il y a plus. Considérons l'acte de juger en lui-même, et nous y verrons la volonté tellement impliquée que des philosophes ont pu dire : c'est la volonté qui affirme et qui nie.

Selon Descartes, par l'entendement, on aperçoit ou on conçoit seulement les idées des choses [1]; mais « assurer, nier, douter, sont des façons différentes de vouloir [2], » car ce sont des façons différentes de se déterminer.

Cette distinction, ainsi énoncée, appartient à Descartes. Sans la discuter encore, disons qu'elle en rappelle et en suppose une autre, fort vieille, admise dans l'École et remontant jusqu'à Aristote, la distinction entre la *simple appréhension* et l'*assentiment*.

Ces deux opérations sont attribuées l'une et l'autre à l'intelligence, mais la seconde laisse à la volonté quelque place. Il importe de voir comment.

L'intelligence humaine est essentiellement discursive. Au-dessous de l'homme, l'instinct, et au-dessus, l'intuition suppriment, ici, la nécessité, là, la possibilité

---

1. Descartes, *Méditations*, IV, 7.
2. Descartes, *Principes de la philosophie*, I, 32.

de réfléchir, et par suite ne permettent guère l'hésitation. Chez l'animal, le jugement suit l'impression sensible, et, comme tout se fait par instinct, tout se fait sans effort. Supposons une nature supérieure à l'homme, une nature angélique, par exemple, la lumière intellectuelle, très vive, rend inutile tout travail; et ce n'est pas défaut, c'est perfection. Le jugement suit infailliblement la vue. La raison de l'homme travaille et hésite avant de prononcer, parce qu'elle n'obéit point à l'instinct et ne possède pas non plus une abondante lumière. Son procédé propre, c'est ce qu'on nommait autrefois la *composition* et la *division*. Elle assemble ou sépare les différents termes ou éléments de la pensée, obtenus eux-mêmes par l'abstraction et la généralisation. Pour elle, affirmer ou nier, c'est assurer que tel attribut convient ou ne convient pas à tel sujet, et la proposition où s'effectue cet assemblage ou cette disjonction, est la traduction régulière de toute pensée distincte [1].

Ce procédé propre à la raison humaine établissant une sorte d'intervalle entre l'appréhension et l'assentiment, on comprend que l'assentiment puisse dépendre

---

1. Saint Thomas, *Summa theologica*, Pars Iᵃ, quæst. 58, art. 4; — q. 83, a. 1; — q. 85, a. 2, 5, 6. — Voir dans Aristote, *Métaphysique*, E (VI), ch. IV : σύνθεσις καὶ διαίρεσις... ἢ γὰρ τὸ τί ἐστιν, ἢ ὅτι ποιόν, ἢ ὅτι ποσόν, ἢ εἴ τι ἄλλο, συνάπτει ἢ διαιρεῖ ἡ διάνοια. Comparez Z (VII), ch. XII; — Θ (IX), ch. X; — Λ (XII), ch. VII. — Dans le *De Anima*, III, ch. VI, Aristote dit : ἡ μὲν οὖν ἀδιαιρέτων νόησις ἐν τούτοις περὶ ἃ οὐκ ἔστι τὸ ψεῦδος· ἐν οἷς δὲ τὸ ψεῦδος καὶ τὸ ἀληθές, σύνθεσίς τις ἤδη νοημάτων. Bacon emploie ces mots « componendo et dividendo » en plusieurs endroits. Voir notamment *De Augmentis*, l. II, ch. I, §§ 4 et 5.

en quelque chose de la volonté, d'abord indirectement, parce qu'il appartient à la volonté d'user de la raison ou de n'en pas user en telle circonstance, et de faire ou non attention (c'est ce que nous avons déjà expliqué), mais aussi parce que l'acte même de juger n'est pas complètement déterminé par la seule représentation intellectuelle : l'assentiment demeure, un instant au moins, suspendu ; une sorte de choix entre le *oui* et le *non* est proposé à l'esprit, un double parti lui est offert ; l'hésitation est possible : la décision dernière est donc en notre pouvoir, et juger est ici un acte mixte où la volonté a part comme l'intelligence.

En est-il toujours ainsi? Le prétendre, ne serait-ce pas renverser toute barrière fixe entre le vrai et le faux? Ne faut-il pas qu'il y ait des points tellement assurés qu'aucune hésitation même d'un moment ne soit possible? Si tout est en mouvement, le mouvement même, ne se conçoit plus : car il n'a ni point d'appui ni terme, et comme il est vain, étant sans but, il est impossible, étant sans base d'élan. Il y a donc des cas où l'assentiment est déterminé tout de suite par cette lumière de l'évidence que la volonté ne contribue pas à produire. C'est ainsi que nous affirmons la vérité des premiers principes : là, c'est la nature qui fait tout; dès que la lumière se montre, l'esprit subit l'empire de la vérité présente sans songer un seul instant à s'y soustraire [1].

---

[1]. Saint Thomas, *Summa theologica*, Pars Iª, quæst. 17, art. 3; —

Il en est de même des premières données de l'expérience externe ou interne, réduites à ce qu'elles ont de vraiment simple et primitif. Elles échappent complètement à notre pouvoir : là aussi c'est la présence même des choses qui produit la connaissance, et l'assentiment est tellement lié à la première appréhension qu'il semble ne faire qu'un avec elle. Comment appeler ces premières pensées soit dans l'ordre de l'expérience, soit dans l'ordre purement intellectuel? Aristote les compare à l'opération de la vue ou à celle du toucher. L'acte de l'esprit est simple comme l'objet qu'il atteint. Cet objet, c'est une vérité évidente par elle-même, ou c'est un tout naturel, une réalité concrète, saisie dans le fait même et comme dans le vif. On affirme ce qu'on voit, ce qu'on touche : c'est donc bien, ce semble, un jugement, jugement primitif, immédiat, spontané. Mais l'opération est si soudaine et si naturelle qu'elle précède tout discernement : or y a-t-il jugement véritable sans discernement? Certains philosophes aiment mieux appeler croyances ces affirmations primitives. Il leur semble que ce mot en marque bien la force invincible et la spontanéité. On peut hésiter sur le choix du nom. Le meilleur a peut-être encore bien des inconvénients. Nous aurons occasion de revenir sur celui de croyance. Appelons provisoirement *premières intuitions* ces vues de l'esprit accompagnées d'un assentiment qui ne peut sur-le-champ s'en sé-

---

quæst. 85, art. 6 : « In rebus simplicibus, in quarum diffinitionibus compositio intervenire non potest, non possumus decipi. »

parer. Ce qui nous importe ici, c'est de les distinguer nettement des autres opérations de l'intelligence, toutes discursives, et de marquer, avec leur caractère singulier, leur rôle unique aussi : elles ne sont point soumises au mode ordinaire de la raison humaine, précisément parce qu'elles sont les conditions essentielles de l'exercice de la raison ; elles servent de fondement à toutes ses opérations subséquentes et de lumière à toutes ses démarches.

Seulement la nature propre de l'homme se retrouve bientôt. Ces premières vérités, il faut, pour en avoir une intelligence nette et distincte, les énoncer par des mots, et se faire un discours au moins intérieur. Ces premières données de l'expérience, il leur faut aussi trouver des noms pour les fixer devant le regard de l'esprit, et dès lors il faut commencer à les définir et, pour cela, analyser, abstraire, généraliser. La proposition la plus élémentaire sur le plus humble objet suppose tout ce travail intellectuel. Le mode discursif propre à la raison humaine reparaît donc dès le début même de la connaissance, et autant il est vrai qu'il y a des vérités fondamentales placées en dehors et au-dessus de toute contestation, autant il est vrai que dans l'exercice régulier de l'intelligence humaine toute pensée nette et distincte suppose l'emploi de ces procédés discursifs, qui rendent possible un intervalle entre l'appréhension et l'assentiment et donnent à la volonté un rôle dans le domaine intellectuel.

C'est notre honneur, et, comme dit Descartes, « ce

nous est un avantage très grand de pouvoir agir librement. » « Maîtres de nos actions, nous sommes dignes de louange lorsque nous les conduisons bien. De même, on doit nous attribuer quelque chose de plus de ce que nous *choisissons ce qui est vrai,* lorsque nous le distinguons d'avec le faux par une *détermination de notre volonté,* que si nous y étions déterminés et contraints par un principe étranger[1]. » Ainsi la connaissance, même dans l'ordre purement scientifique, prend un caractère moral, une valeur morale. « Si je m'abstiens de donner mon jugement sur une chose lorsque je ne la connais pas avec assez de clarté et de distinction, il est évident *que je fais bien;* mais si je me détermine à la nier ou assurer, alors je ne me sers pas comme je dois de mon libre arbitre. » Il y a une règle, règle évidente, qui domine tous nos jugements : elle est, dans l'ordre du vrai, ce que la loi morale est dans l'ordre du bien, et elle-même, je le répète, a quelque chose de moral. « La lumière naturelle nous enseigne que la connaissance de l'entendement doit toujours précéder la détermination de la volonté[2]. » C'est donc à nous qu'il appartient de travailler à bien juger. Malgré notre faiblesse, nous pouvons acquérir l'habitude de ne point faillir, et n'est-ce point en cela (si on y joint la vertu) que consiste la plus grande et « la principale perfection de l'homme[3] ? »

1. Descartes, *Principes de la philosophie,* I, 37.
2. Descartes, *Méditations,* IV, 11.
3. Descartes, *Principes de la philosophie,* I, 37.

De la théorie commune nous voilà, par un mouvement insensible, revenus à la théorie de Descartes. Dirons-nous donc avec Descartes qu'affirmer ou nier sont des formes différentes de vouloir et que le jugement appartient à la volonté ?

D'abord, nous avons fait beaucoup plus expressément que Descartes une exception pour les premiers principes. Il est vrai qu'il dit que « la raison naturellement nous dicte que nous ne devons jamais juger de rien que de ce que nous connaissons distinctement avant de juger[1] : » il met donc hors des prises de la volonté cette loi qui doit en régler les déterminations. Il est vrai aussi qu'il exclut de son doute méthodique et volontaire, que pourtant il déclare universel, les premières et simples notions et les choses manifestes par elles-mêmes[2] : il reconnaît donc qu'il y a des

---

1. Descartes, *Princ. de la phil.*, I, 44. — Dans une lettre à M. de Buitendiick (III° vol., édit. in-12, lettre 10 ; — édit. Garnier, lettre 60, t. IV, p. 217), il dit : « Existimo distinguendum esse in dubitatione inter id quod ad intellectum atque id quod ad voluntatem pertinet : nam quantum ad intellectum quæri non debet utrum aliquid illi liceat, necne, quandoquidem non est facultas electiva, sed solum an possit. » Dans une autre lettre (III° vol., édit. in-12, lettre 32, au P. Mersenne, appendice dans l'exemplaire de la bibliothèque de l'Institut ; — dans l'édit. Garnier, t. IV, p. 279-280), Descartes dit qu'il a pour règle de la vérité : « la lumière naturelle » ; et comme lord Herbert, dont il examine les opinions, « veut qu'on suive surtout l'instinct naturel, duquel il tire toutes ses notions communes », Descartes distingue deux sortes d'instincts : « L'un est en nous en tant qu'hommes, et est purement intellectuel, c'est la lumière naturelle, ou *intuitus mentis*, auquel seul je tiens qu'on se doit fier ; l'autre est en nous en tant qu'animaux, et est une certaine impulsion de la nature à la conservation de notre corps, etc..., lequel ne doit pas toujours être suivi. » Voir encore sur la distinction entre la lumière naturelle et l'inclination naturelle à croire, par exemple, à l'existence des choses matérielles, la VI° *Médit.*, surtout 8 et 9.

2. Descartes, *Princ. de la phil.*, I, 10. Voir aussi *Rép. aux object.*, passim.

choses que nous ne pouvons nous abstenir de recevoir en notre croyance[1]. Mais, au même endroit presque, il veut que l'on doute « des démonstrations, de mathématiques et *de leurs principes*, encore que d'eux-mêmes ils soient assez manifestes[2], » et, comme d'ailleurs il dit absolument que c'est la volonté qui assure ou nie, on est tenté de trouver dans l'exposition de sa pensée en ce sujet capital quelque équivoque et, si je l'ose dire, quelque indécision. La théorie de l'École et d'Aristote est plus précise et plus ferme, parce qu'elle établit très nettement le caractère propre de ce que nous appelions tout à l'heure les premières intuitions.

En second lieu, nous expliquons le rôle de la volonté par le mode discursif de la raison humaine. Mais la théorie de Descartes a plus de généralité : elle fait tellement du jugement un acte volontaire que la pleine lumière même déterminant d'une manière infaillible l'assentiment, ne lui semble pas supprimer la liberté de l'arbitre ; et c'est peut-être pour cela que parlant des premiers principes, il ne les soustrait pas formellement à l'empire de la volonté. Sa théorie que nous trouvions tout à l'heure un peu indécise, redevient, ce semble, consistante si nous la considérons de ce côté, et c'est, sans doute, le vrai point de vue pour la comprendre et la juger. Descartes admet une liberté qui exclut toute

---

1. Descartes, *Principes de la philosophie*, I, 6.
2. Descartes, *Principes de la philosophie*, I, 5.

indifférence. « Examinant ces jours passés, » dit-il, « si quelque chose existait véritablement dans le monde et connaissant que de cela seul que j'examinais cette question il suivait très évidemment que j'existais moi-même, *je ne pouvais pas m'empêcher* de juger qu'une chose que je concevais si clairement était vraie ; non que je m'y trouvasse forcé par aucune cause extérieure, mais seulement parce que d'une grande clarté qui était en mon entendement a suivi une grande inclination en ma volonté ; et je me suis porté à croire avec d'autant plus de liberté que je me suis trouvé avec moins d'indifférence[1]. » « La liberté, » dit-il encore, « consiste en ce que nous pouvons faire une même chose ou ne la faire pas, c'est-à-dire affirmer ou nier, poursuivre ou fuir une même chose, ou plutôt elle consiste seulement en ce que, pour affirmer ou nier, poursuivre ou fuir les choses que l'entendement nous propose, nous agissons de telle sorte que nous ne sentons point qu'aucune force extérieure nous y contraigne. Car afin que je sois libre, il n'est pas nécessaire que je sois indifférent à choisir l'un ou l'autre des deux contraires : mais plutôt, d'autant plus que je penche vers l'un, soit que je connaisse évidemment que le vrai et le bien s'y rencontrent, soit que Dieu dispose ainsi l'intérieur de ma pensée, *d'autant plus librement j'en fais choix* et je l'embrasse, et certes la grâce divine et la connaissance naturelle, bien loin de diminuer ma liberté,

---

1. Descartes, *Méditations*, IV, 10.

l'augmentent plutôt et la fortifient; de façon que cette indifférence que je sens lorsque je ne suis point emporté vers un côté plutôt que vers un autre par le poids d'aucune raison, est le plus bas degré de la liberté, et fait plutôt paraître un défaut dans la connaissance qu'une perfection dans la volonté : car, *si je connaissais toujours clairement ce qui est vrai et ce qui est bon, je ne serais jamais en peine de délibérer quel jugement et quel choix je devrais faire;* et ainsi je serais entièrement libre, sans jamais être indifférent[1]. »

Ainsi Descartes distingue toujours la connaissance et le jugement : le jugement est en toute circonstance un choix, un discernement, il suppose deux contraires possibles entre lesquels il y a à prendre parti ; mais si la connaissance est évidente, le choix se fait sans hésitation : ce qui assurément est plus excellent. Ce n'est donc pas la faiblesse de notre intelligence qui donne à la volonté un rôle dans l'assentiment. Juger, c'est choisir ; choisir, c'est vouloir. Le choix se fait mieux là où l'intelligence est plus parfaite : mais nulle part l'assentiment n'est forcé; jusque dans la pleine lumière de la vérité, là où l'évidence est entière, l'assentiment est libre ; c'est même là seulement qu'il est entièrement libre.

C'est toute une théorie de la liberté qui est ici en cause. Or, si dans l'idée de l'acte libre Descartes, excluant la contrainte du dehors, laisse subsister une nécessité intérieure, sommes-nous vraiment maîtres de notre

---

1. Descartes, *Méditations*, IV, 7.

choix, étant invinciblement déterminés au parti que nous prenons? Un être qui n'est point par soi n'a point de vraie liberté, si c'est sa nature, même sa nature raisonnable, qui décide de ses actes, et si ce qu'il *fait* est une suite inévitable de ce qu'il *est* : vous cherchez le principe de son mouvement dans ce qui est en lui sans lui, en vain l'exemptez-vous de toute coaction, vous ne lui donnez pas pour cela le libre arbitre. Mais, cette réserve une fois faite, il faut remarquer avec Descartes que l'essence de la liberté n'est pas d'être hésitante[1].

Notre liberté, à nous, se déploie dans la lutte, et rien n'en met dans un relief plus saisissant la réalité que l'effort par lequel elle tâche de vaincre ce qui lui fait obstacle. C'est sa nature, en ce monde, d'être militante, et de peiner pour s'établir et pour grandir. Mais pourquoi faudrait-il voir dans les conditions faites à la liberté de l'homme la forme essentielle de toute liberté? Sans remonter jusqu'à Dieu même, on peut concevoir des natures supérieures à l'homme, où la perfection de l'intelligence et de la volonté rend impossible toute hésitation, inutile tout effort, et alors la liberté loin de décroître est elle-même plus entière. La possibilité du choix opposé subsiste, et dans une créature, si par-

---

[1]. C'est ce que dit saint Thomas avec beaucoup de netteté et de force, *Summa theol.*; III^a, quæst. 18, art. 4. « Hæc dubitatio non est de necessitate electionis; quia etiam Deo convenit eligere..., quum tamen in Deo nulla sit dubitatio. Accidit tamen dubitatio electioni, in quantum est in natura ignorante... Si aliquid judicetur ut agendum, absque dubitatione et inquisitione præcedente, hoc sufficit ad electionem. Et sic patet quod dubitatio vel inquisitio non per se pertineat ad electionem, sed solum secundum quod est in natura ignorante. »

faite qu'on la conçoive, dès qu'on ne la suppose point en des conditions surnaturelles, une défaillance n'est jamais impossible. Là où l'ignorance ne se rencontre pas, tant la lumière intellectuelle est vive et abondante, l'oubli se peut encore concevoir. Un esprit créé ne ramasse point toute vérité sous un regard unique : il peut omettre de penser à ceci ou à cela, il peut penser avec moins de vigueur à ceci ou à cela, et ainsi, quand il embrasse le vrai, il pourrait choisir le faux[1]. La soudaineté du choix ne prouve pas qu'il n'y ait pas de choix. Dans l'ordre pratique, une telle nature se porterait librement vers le bien sans avoir besoin de délibération et de recherche : elle n'hésiterait point avant de prendre un parti, et son choix, un vrai choix, serait une soudaine acceptation du bien. De même, dans l'ordre spéculatif, une telle nature se porterait librement vers le vrai sans avoir besoin de le chercher péniblement et avec effort : elle n'hésiterait point avant d'affirmer, et son choix, un vrai choix encore, serait une soudaine acceptation de la vérité[2].

1. Nous appliquons ici à l'erreur ce que saint Thomas dit du péché. Selon lui, il y a deux manières de pécher. Dans le premier cas, l'on choisit un mal, et un tel péché provient toujours de quelque ignorance, ou de quelque erreur. Mais il y a un second cas : « Alio modo contingit peccare per liberum arbitrium, eligendo aliquid quod secundum se est bonum, sed non cum ordine debitæ mensuræ aut regulæ... Et hujusmodi peccatum non præexigit ignorantiam, sed absentiam solius considerationis eorum quæ considerari debent. Et hoc modo angelus peccavit, convertendo se per liberum arbitrium ad proprium bonum, absque ordine ad regulam divinæ voluntatis. » *Summa theolog.*, Iª, q. 63, a. 1, ad. 4ᵐ.

2. Saint Thomas, *Summa theolog.*, Iª, q. 59, a. 3. «] Sicut existimatio hominis in speculativis differt ab existimatione angeli, in hoc quod una est absque inquisitione, alia vero per inquisitionem; ita et in operativis. Unde

Maintenant épurons de plus en plus la notion de la liberté, nous verrons que même la possibilité d'une défaillance n'entre point essentiellement en son idée. La possibilité de faire une chose ou de ne la pas faire suffit au libre arbitre : l'acte libre consiste en une détermination entre deux partis opposés. Pourquoi l'alternative serait-elle nécessairement entre le mal et le bien? Dieu, en tant que Créateur, est libre, parce que rien dans l'idée de la créature ne rendant la création nécessaire ou seulement obligatoire, Dieu peut créer ou ne créer pas. Ici il y a pleine liberté, sans aucune possibilité d'une défaillance quelconque. Dans la créature même, le libre arbitre peut s'exercer sans qu'il y ait lieu de choisir entre le bien et le mal. On peut choisir entre différentes formes du bien, et puis, là où l'objet du choix n'admet point cette diversité, ne peut-on pas embrasser cet objet avec plus ou moins d'ardeur et d'énergie? Car enfin si la liberté précisément prise n'admet pas de degrés, en ce sens qu'elle est ou n'est pas selon qu'il y a oui ou non faculté de choisir, elle est extrêmement variable en un autre sens, si l'on considère l'intensité de la volonté et la façon dont elle s'attache à la chose voulue.

Ainsi nous ôtons successivement de la notion de la liberté tout ce qui est défaut, imperfection, et nous n'y trouvons plus ni hésitation ni effort : la possibilité même d'une défaillance disparaît. Pouvons-nous aller plus loin

in angelis est electio, non tamen cum inquisitiva deliberatione consilii, sed *per subitam acceptionem veritatis.* »

encore, et ôter jusqu'à la possibilité de faire ou de ne faire pas?

En Dieu, qui est par soi, ne sera-t-il point permis de dire qu'il y a liberté encore, quoiqu'il n'y ait plus libre arbitre? Je sais bien que pour marquer l'infaillible sagesse et la parfaite sainteté de Dieu, on dit que Dieu veut nécessairement le vrai et le bien, qu'il aime nécessairement ses perfections infinies, qu'il aime et veut nécessairement sa bonté, qu'il s'aime et se veut pour ainsi dire lui-même nécessairement. On a raison de parler ainsi, puisque Dieu ne peut se démentir lui-même, et qu'il cesserait d'être Dieu si c'était chose possible, chose concevable qu'il aimât et voulût autrement. Mais dans cette volonté et dans cet amour, rien d'étranger à lui ne le détermine. Il n'a rien qu'il ait reçu du dehors, rien qui lui soit imposé ou donné. Si la *nature* des autres êtres consiste en ce qu'ils tiennent de lui[1], il n'a point lui-même une *nature,* au sens propre et original du mot, puisqu'il n'est point *né.* Quand on parle de sa nature, c'est donc en un sens plus relevé, et l'on exclut tout ce qui ressemble à la fatalité, à l'instinct, puisqu'on exclut toute origine extérieure. La divine spontanéité s'explique non par une nature reçue, mais par l'*essence* même de Dieu. Cette essence souverainement parfaite, voilà le fond absolument original, si puis dire, de toute la vie divine. Or, comme Dieu est de soi et par soi tout ce qu'il est, de même, ce qu'il veut, il le

---

1. « Id quod naturæ a Deo recipiunt, est earum natura. » Saint Thomas, *Summa theolog.*, 1ᵃ, quæst. 103, art. 1.

veut entièrement de soi et par soi, sans qu'aucun principe étranger puisse exercer sur lui une influence quelconque. On peut donc dire que Dieu est libre en voulant le vrai et le bien, en s'aimant et en se voulant soi-même : la souveraine indépendance n'est-elle point liberté? Ainsi nous voyons cette bienheureuse et divine nécessité dont nous parlions tout à l'heure s'allier, dans les profondeurs mystérieuses de l'être divin, à une liberté parfaite. Dieu n'est point déterminé, il se détermine ; et parce qu'il se détermine pleinement de soi et par soi, il est libre. Voilà donc la pure essence de la liberté : agir de soi et par soi, se déterminer de soi et par soi.

A la lumière de cette notion, considérons de nouveau l'être créé. Si la liberté consiste à se déterminer de soi et par soi, seule la possibilité d'une alternative entre deux partis permettra à un être qui n'est point par soi-même d'échapper à la nécessité déterminante de sa nature : la liberté pour lui sera donc libre arbitre. D'un autre côté, la volonté créée pourra n'avoir besoin ni de recherche ni d'effort, et être libre néanmoins dans l'acceptation soudaine de la vérité : accueillir la vérité avec amour, s'attacher à elle avec énergie, n'est-ce point agir par soi, se déterminer par soi ? dès lors n'est-ce point être libre ? Ajoutons que chez l'être qui doit faire effort pour atteindre ses fins, l'œuvre du libre arbitre est de diminuer la peine et l'effort même : de là le rôle salutaire de l'habitude (je ne dis pas de la routine, je dis de l'habitude), laquelle met entre les actes de la volonté une suite, une continuité féconde, et finit par rendre presque impossible un autre mode de détermination que celui qui a été librement choisi par l'être moral : ainsi le libre arbitre nous achemine vers un état où nous sommes doublement libres, puisque toute entrave à notre action disparaît peu à peu, et que c'est un effet de nos libres efforts. Maintenant montons plus haut encore, et supposons la pleine lumière de la vérité enveloppant et pénétrant l'âme tout entière : un état se produirait, dont nous n'avons aucune idée directe, état presque divin, où ce serait pour l'âme une heureuse et glorieuse nécessité d'adhérer au bien parfait dont elle aurait la claire vue. Un tel état, obtenu après une épreuve méritoire, serait comme le terme du libre arbitre, mais le libre arbitre lui-même n'y aurait point de place, en ce qui concerne l'adhésion au bien absolu. Avec quel soin toutefois il faudrait se tenir en garde contre toute métaphore qui risquât d'assimiler au jeu d'un ressort mécanique les opérations de l'âme en ce sublime état! Voudrait-on que ce qui lui apporterait la plus haute perfection, la réduisît à la passivité pure et lui enlevât son propre caractère? Au don divin, elle répondrait par un acte à elle, par un acte d'amour; et cet amour, qui se produirait infailliblement, invinciblement, serait néanmoins consentement, d'une certaine manière, et don de soi : en sorte qu'en ce fond intime de l'être transfiguré, subsisterait, jusque dans la nécessité même, je ne sais quelle liberté encore de consentir et de se donner. Mais ce sont là des conditions d'existence qui passent et notre expérience et nos conceptions : c'est ce que la théologie nomme la *vision béatifique*. Ce cas excepté, aucune créature n'est tellement dans la pleine lumière que le libre arbitre soit rendu inutile ou impossible. Toute recherche, tout effort, toute défaillance ayant disparu, la liberté demeure avec son caractère essentiel : se déterminer de soi. La vérité éclatante semble subjuguer, entraîner, emporter parce qu'elle charme et enchante : mais ce charme fait qu'on se donne à elle en l'accueillant en soi. Libre don, libre consentement, sans hésitation, sans réserve, image admirable de la liberté parfaite et divine elle-même !

Nous touchons au nœud de la question. L'acte de juger est-il enfin, oui ou non, un acte de volonté ? Descartes, qui le dit, ne fait entre *assentiment* et *consentement* aucune distinction. Pour nous, tout ce que nous disons du rôle de la volonté implique précisément cette distinction. Développons-la, et nous y trouverons la réponse à la question posée.

Assentiment, en soi, n'est point consentement. On ne déclare point une chose vraie parce qu'on le veut : l'acte de volonté n'est point dans la décision même par laquelle on prononce sur le vrai et le faux. Hors le cas où une certaine obscurité fait naître des difficultés que la volonté doit surmonter, la décision n'est point, en soi, un acte libre. C'est la lumière qui détermine l'assentiment : on affirme ou l'on nie légitimement, parce qu'on voit qu'il faut affirmer ou nier, et l'on n'est pas libre de le voir ou non. On est seulement libre de regarder : ce qui est autre chose. Or, si l'on voit malgré soi et si le jugement suit la vue, le jugement, considéré en son essence même, n'est pas libre : il a son motif, son origine, son fondement, son principe dans la connaissance, laquelle ne dépend point de la volonté; mais comme les facultés les plus distinctes sont unies et non séparées, comme elles se pénètrent mutuellement, voici que la volonté se mêle d'une certaine manière à un acte qui en soi est purement intellectuel. L'*assentiment* est involontaire, mais le *consentement* qui s'y ajoute, ou plutôt qui y est comme impliqué, est volontaire. Le consentement, c'est cette acceptation de la vérité dont nous parlions tout à l'heure ; ce n'est point l'acte même d'assurer ou de nier, lequel est dicté pour ainsi dire par la vérité, mais c'est la réponse de l'âme à cette voix supérieure. L'assentiment tout seul pourrait être démenti par une volonté inutilement, mais obstinément rebelle : et n'est-ce point ce qui arrive quand, la force de l'évidence produisant la conviction, on voudrait cependant que la vérité ne fût pas vérité ? elle déplaît, et on l'anéantit pour ainsi dire tout en avouant qu'elle est et ne peut pas ne pas être. Que si au contraire on la trouve bonne, si on l'aime, le consentement se joint, se mêle à l'assentiment. La secrète nécessité qui détermine le jugement de l'esprit, ne s'étend point jusqu'à la volonté : consentir demeure en son pouvoir ; c'est quelque chose qui sort des profondeurs mêmes de l'âme, et le même éclat de la vérité qui force la conviction, laisse libre ce parfait acquiescement. On ne peut s'empêcher de voir, on ne peut s'empêcher de juger comme on voit. Mais répondre à la vérité par l'amour, cela n'appartient qu'à la seule volonté; car cela c'est se donner, comme nous le disions plus haut, et comment se donner si l'on ne se possède point, et se posséder, n'est-ce point être libre ?

Pour nous, dont la raison est discursive et assujettie à la loi du travail, la volonté se mêlant au jugement est la plupart du temps un effort, et comme il nous faut réfléchir avant de juger, nous nous arrêtons en quelque sorte pour considérer les choses que nous devons assurer ou nier. Cet arrêt dépend de la volonté, et la détermination qui y met fin, semble volontaire aussi : elle ne l'est réellement que si quelque hésitation était encore, je ne dis pas raisonnable, mais possible, même après un examen sérieux. Il est vrai que c'est un cas très fréquent et même ordinaire pour l'homme qui ne sait le tout de rien, qui procède par abstraction et généralisation, et qui n'a des vérités les plus simples une intelligence nette et féconde qu'à la condition de les énoncer par des mots, c'est-à-dire d'en faire cette analyse et cette synthèse que nous nommons proposition.

Nous sommes ramenés à notre point de départ. Nous ne disons pas avec Descartes : assurer ou nier sont des formes différentes de vouloir. A vrai dire, ce n'est point la volonté qui juge. Mais l'assentiment diffère de la simple appréhension; or, il y a des cas où l'assentiment ne dépend en aucune manière de la volonté, mais le consentement qui s'y joint est volontaire; il y a d'autres cas où le discernement réfléchi du vrai et du faux dépend de la volonté, en ce sens que c'est elle qui rend possible ce discernement, en arrêtant toute décision avant que la lumière se fasse, puis en présidant à tout le travail intellectuel indispensable pour voir et juger : une fois que la lumière paraît, l'assentiment est déterminé par l'évidence, non par la volonté ; mais ici encore le consentement à la vérité est un acte volontaire. Enfin, il y a des cas où l'assentiment lui-même dépend de la volonté : c'est lorsque les raisons ne convainquent point l'intelligence, et qu'une hésitation étant toujours possible, il faut se décider par un acte de volonté[1]. On peut dire alors qu'on affirme parce qu'on le veut. Néanmoins, on ne dira pas pour cela qu'on déclare vrai ce qu'on veut, car la décision n'est légitime que si l'hésitation était jugée déraisonnable.

Ainsi, en aucun cas, le jugement n'est tellement

---

1. Saint Thomas, *Summa theolog.*, 1ª, 2ᵃᵉ, quæst. 17, art. 6. « Actus rationis potest considerari dupliciter. Uno modo, *quantum ad exercitium actus;* et sic actus rationis semper imperari potest : sicut quum indicitur alicui quod attendat et ratione utatur. Alio modo, *quantum ad objectum,* respectu cujus duo actus rationis attenduntur : primo quidem, ut veritatem circa aliquid *apprehendat; et hoc non est in potestate nostra,* hoc enim contingit per virtutem alicujus luminis vel naturalis vel supernaturalis; et ideo, quantum ad hoc, actus rationis non est in potestate nostra, nec imperari potest. Alius autem actus rationis est, *quum his quæ apprehendit, assentit.* Si igitur fuerint talia apprehensa *quibus naturaliter intellectus assentiat* (sicut prima principia), *assensus talium vel dissensus non est in potestate nostra,* sed in ordine naturæ; et ideo proprie loquendo naturæ imperio subjacet. Sunt autem quædam apprehensa quæ non adeo convincunt intellectum quin possit assentire vel dissentire, *vel saltem assensum vel dissensum suspendere* propter aliquam causam ; et in talibus assensus vel dissensus in potestate nostra est, et sub imperio cadit. »

remis à la volonté que la vérité devienne arbitraire; mais en tous la volonté a quelque chose à faire : aussi est-ce un mérite de bien juger. Nous faisons bien si nous prenons les moyens de ne point faillir; nous faisons mal si nous les négligeons. L'erreur vient de ce que nous jugeons sans connaître assez, et cette précipitation même procède en général ou d'une impatience, ou d'une paresse, ou de préventions que nous pouvons, que nous devons combattre [1]. Sans doute, il y a des erreurs involontaires, parce qu'il ne nous est pas toujours possible, en fait et pratiquement, de retenir notre jugement quand nous ne connaissons pas assez. Mais ce qui dépend de nous et ce qui est un devoir, c'est de nous mettre d'une manière générale en état de bien juger en purgeant l'entendement de ses vices, et puis, dans les occasions particulières, lorsque les choses en valent la peine, de nous appliquer de notre mieux à bien user de notre esprit. Point de scrupules ridicules; point de craintes exagérées de se tromper, qui paralysent l'esprit : il s'agit moins encore d'éviter le faux que de s'attacher au vrai. Ne serait-ce pas folie de ne plus marcher pour ne jamais tomber? mais quoi de plus sage, et quoi de plus nécessaire que de prévenir les défaillances par un salutaire régime? Le succès n'est pas toujours assuré : l'effort est toujours commandé, toujours possible, toujours louable.

---

[1]. On reconnaît ici la théorie cartésienne de l'erreur, admirablement résumée par Bossuet, *Connaissance de Dieu et de soi-même*, ch. I, art. 17.

Tel est le rôle de la volonté en tout ordre de connaissances : dans l'ordre moral comme partout ailleurs, nous la trouvons préparant l'esprit à voir et à juger, soutenant et maintenant l'attention, intervenant jusque dans l'adhésion à la vérité. Et naturellement son rôle est en rapport avec l'objet de la connaissance : tout prend ici un caractère proprement moral, parce que c'est de choses morales qu'il s'agit. L'attention est consentement au bien, amour du bien, fidélité au bien. Se placer sur le terrain convenable pour voir et juger, c'est vivre de la vie morale. Parmi les conditions requises pour l'exercice complet et légitime de la raison, les conditions morales sont au premier rang.

Sans doute les principes, dans l'ordre pratique comme partout, sont soustraits en eux-mêmes à l'empire de la volonté. Néanmoins, comme pour les bien voir il faut les regarder, et que ce regard est un acte d'attention, et que cet acte d'attention ne va pas sans quelque amour de cette vérité dont les conséquences pratiques sont au moins entrevues ou soupçonnées, l'évidence propre aux principes n'ôte pas à la volonté toute action dans l'adhésion qui leur est donnée. Les mots qui nous servent à les exprimer nous les présentent avec les caractères d'une connaissance discursive, et une sorte d'arrêt se produit dans l'esprit, mis en demeure de les découvrir dans ce qui les enveloppe, d'y démêler la vérité, et de l'embrasser comme par un choix. Du reste, eussent-ils même dans les mots une clarté parfaite, qui rendît impossible toute hésitation, c'est ici surtout que l'adhésion n'est complète que si l'âme tout entière la donne et la maintient. On pourrait être vaincu par la vérité sans se décider à la reconnaître; on pourrait même la reconnaître, n'ayant pas de moyen d'échapper à sa force convaincante, et néanmoins ne l'avouer qu'en regimbant : elle subjuguerait l'esprit, on lui disputerait, et, finalement, on lui déroberait le cœur. N'est-ce point la vérité morale surtout qui produit dans les âmes ces effets opposés? Quand la nier est impossible, quand l'empire qu'elle exerce sur la raison se trahit par des aveux presque inconscients, on lui échappe de mille manières par des efforts voulus, et, si l'on ne peut l'empêcher d'être lumière, on refuse du moins de la prendre pour règle. L'assentiment n'est point consentement, et ce n'est qu'un assentiment troublé, arraché par l'évidence, démenti par la volonté : peut-on dire alors que la vérité est affirmée comme il faut? Est-ce que c'est là l'adopter, l'admettre? Non : mais ces expressions mêmes, *adopter, admettre,* ne marquent-elles pas que la vérité n'entre définitivement dans l'esprit que si on lui en ouvre les portes et si on lui fait bon accueil?

En toute perception, la chose même s'impose à l'esprit, qui ne saurait mettre en doute ce qui agit sur lui. Mais, dans l'ordre moral, si les premières perceptions ont comme ailleurs ce caractère, la volonté a aussi, plus tôt qu'ailleurs, quelque chose à faire. Dès le premier moment, elle est tenue d'agir en réponse à l'appel qui lui est adressé. C'est dans une circonstance, où d'une manière ou d'une autre le devoir est en cause, que l'ordre des réalités invisibles s'entr'ouvre devant nous. C'est une tentation, en proportion avec nos forces naissantes, qu'il faut surmonter; c'est un premier sacrifice qu'il faut accomplir; c'est une faute qu'il faut réparer par un repentir sincère et effectif. La vérité morale n'est pas donnée en spectacle; elle n'est pas pur objet de contemplation : essentiellement pratique, elle exige de nous un assentiment pratique, et, si nous prenons l'habitude de le lui refuser, la vivacité des impressions premières diminue : à mesure que nos réponses à l'appel intérieur deviennent plus rares et moins satisfaisantes, l'appel lui-même est moins puissant. De temps en temps quelques éclats, quelques pressantes objurgations, et comme de violents retours d'un amour méconnu qui voudrait triompher d'indignes résistances; mais, régulièrement, c'est presque le silence, et je ne sais quoi de morne. La volonté refusant d'agir, l'action exercée sur l'âme s'affaiblit. La conscience ne disparaît pas tout à fait : chez l'homme le plus dégradé, il en reste encore quelques traces; mais tout consentement au mal, toute préférence volontaire donnée au mal, toute négligence coupable ôte à la perception morale ou de la délicatesse ou de la force. Comme en ce qui nous regarde nous n'avons pas fait ce que nous devions faire, les choses morales finissent par ne plus nous toucher de la même manière : elles ne nous sont plus aussi présentes, elles ne nous paraissent plus aussi vivantes. Les notions que nous avons des plus simples et des plus élémentaires, s'obscurcissent; les mots qui expriment ces notions se voilent, ou encore se rétrécissent pour ainsi dire, ou se dessèchent. Ainsi, les défections de la volonté troublent l'intelligence, et la certitude réelle et pratique étant ébranlée, l'esprit hésite : parce qu'on a préféré le mal au bien, on ne sait plus reconnaître la vérité.

En un tel état, comment ce travail incessant qui, à partir des premières données, opère la connaissance humaine, essentiellement discursive, comment ce travail compliqué, et souvent difficile et pénible, s'accomplirait-il avec régularité et succès? La volonté, négligente, rebelle, ou prévenue, fait mal son office : l'esprit, qu'elle ne dirige plus comme il faut, remplit lui aussi sa tâche d'une manière incomplète et défectueuse. De là ces égarements et ces perversions du jugement qui étonnent un sens droit; de là aussi ces écarts moins visibles, mais non moins réels et beaucoup plus fréquents, que tous commettent en tant de circonstances, et qui, s'ils se répètent sans cesse, faussent enfin l'esprit. Il y a des principes assurés, oui, sans doute, mais il faut bâtir sur ces fondements; sinon, ils semblent s'ébranler. Il y a des points de départ fixes et un sol ferme, mais il faut marcher; sinon, ces points fixes semblent se mouvoir et le sol se dérober. Il y a une lumière qui brille à l'esprit, mais il faut s'en servir, sans quoi elle s'évanouit et semble s'éteindre. Il y a des germes déposés dans la raison, dans la conscience; mais il faut les cultiver, sans quoi ils semblent étouffés. Ce qui nous est donné, si nous ne faisons rien, nous est ôté.

Encore une fois, cela qui se vérifie partout, a lieu principalement dans l'ordre moral, où la nature de la vérité exige que l'âme tout entière l'accepte et l'embrasse. Nul n'y adhère comme il faut, s'il ne veut qu'elle soit.

Ainsi, l'intelligence la plus vive et la plus clairvoyante ne s'attacherait à la vérité morale comme il convient, que si à l'assentiment produit par l'évidence elle joignait le consentement du cœur. Une intelligence assujettie, comme celle de l'homme, à la loi du travail et à la nécessité de n'atteindre son objet que par une série plus ou moins longue et pénible d'opérations discursives, une telle intelligence ne peut bien juger sans l'intervention de la volonté qui soutient l'attention et semble se mêler à l'assentiment même : elle a à faire entre le vrai et le faux une sorte de choix qui, dans les choses morales, est proprement moral lui-même. Que dis-je une sorte de choix? C'est vraiment un choix dans toute la rigueur du terme, quand les raisons qui éclairent l'esprit ne déterminent point l'assentiment; c'est alors à la volonté qu'il appartient de décider. L'objet connu demeure en partie obscur : l'acte qui, malgré ces ombres persistantes, affirme que les choses sont, dépasse la connaissance proprement dite : quel est-il, sinon un acte de volonté? et qu'est-ce que cet assentiment d'un genre particulier, sinon la croyance ou la foi? Les vérités morales sont mêlées d'obscurités qui rendent la foi possible et nécessaire. Comment cela ? Quels sont les caractères de cette foi ? C'est ici que l'intellectuel et le volontaire se mêlent et se pénètrent étrangement. Comment la volonté peut-elle avoir à faire un choix proprement dit entre le vrai et le faux ? comment est-ce un choix si le vrai se reconnaît encore à des marques certaines ? et, au cas contraire, comment parler de vérité ? Question délicate, qu'il importe d'examiner avec soin. Avant d'en commencer l'étude, arrêtons-nous un instant encore sur le rôle général de la volonté dans la connaissance.

C'est une chose bien remarquable que la variété de la vie humaine, comme dit quelque part Bossuet [1]. Le sens du vrai lui-même se diversifie avec les individus, et l'originalité de chaque âme humaine, cette originalité qui vient à la fois des dons de la nature et de l'action personnelle, se montre jusque dans la manière de voir et de juger, dans les appréciations, dans les affirmations, dans toutes les opérations de l'intelligence [2]. C'est que l'intelligence n'est point un simple miroir où se reflète la vérité, ni un pur mécanisme produisant en vertu de certaines règles fixes certains résultats uniformes. L'intelligence est vivante, agissante, et elle opère de mille façons ; et telle de ses opérations, prompte, énergique, délicate, sûre, échappe à toute analyse : aucun des procédés intellectuels étiquetés et

---

1. *Connaissance de Dieu et de soi-même*, ch. v.
2. Le P. Newman a sur ce sujet des pages très remarquables, particulièrement dans le chap. ix de son *Essay*.

classés n'en saurait rendre compte : c'est une vive action qui a son principe dans la personne même. En combien de circonstances ne faisons-nous pas l'épreuve de ce que j'avance ici ! Embarrassés et inquiets, ne sachant quel parti prendre, où trouvons-nous la résolution de nos doutes et la fin de nos angoisses ? Est-ce dans l'application de quelque formule abstraite, raide, froide ? n'est-ce pas plutôt dans une sorte de réponse intérieure que nous rend notre intelligence sérieusement consultée, ou dans un avis que nous donne un homme sage et éclairé ? Que ce soit au dedans ou au dehors, il y a un arrêt prononcé avec autorité par un *juge*. La décision est le fruit de l'action d'un esprit, guidé et contenu par des règles assurément, mais souple néanmoins, souple comme la réalité et la vie, capable de se plier aux circonstances, et par cela même de les dominer. Voilà bien cette vraie prudence, ce bon sens, φρόνησις, dont Aristote a si bien parlé : « esprit de finesse, » comme disait Pascal, ou encore « esprit de justesse, droiture de sens, rapide jugement de ceux qui ont la vue bonne, raisonnement tacite et sans art, qui a ses principes, mais trop déliés pour être tous aperçus, trop nombreux pour être comptés ; » sagacité naturelle à laquelle s'ajoute l'expérience personnelle de chacun, ce composé de nos impressions, de nos actions, de nos réflexions, de nos habitudes : en sorte que, ayant à prononcer sur ceci ou cela, nous n'arrivons pas vides et nus, sans autres raisons de juger que certains principes abstraits et généraux, mais nous avons avec nous nos principes, nos motifs, nos vues personnelles, nos sentiments, tout notre esprit, toute notre âme, tout ce que nous sommes par nature, et tout ce que nous nous sommes faits nous-mêmes par l'usage de la vie, par l'habitude, par l'étude; et de même que telle détermination à prendre trouve notre volonté non pas toute neuve et comme intacte, mais préparée, fortifiée ou affaiblie par la suite de nos déterminations antérieures, de même tel jugement à porter trouve notre intelligence non pas déserte en quelque sorte, mais enrichie ou encombrée de mille connaissances, et prédisposée par ses jugements antérieurs à agir maintenant de telle ou telle manière. Juger est la fonction essentielle, naturelle, de l'intelligence ; mais en l'homme la nature ne fait pas tout. La nature, nous l'avons dit, c'est ce qu'on reçoit et ce qu'on est par le fait de la naissance : l'homme n'a point par sa seule nature tout ce que demande la tâche où sa nature même le destine. Sans parler en ce moment des secours extérieurs ou supérieurs, il doit se compléter lui-même par sa propre action. Il est né pour être juge : à lui de se rendre bon juge ; à lui d'exercer de telle manière son naturel office, qu'il y excelle, autant que le permet la faiblesse humaine, et que cette excellence, venant en partie de sa liberté, soit pour lui un mérite.

L'intelligence divine n'est point guidée par des lois, contenue par des règles qui lui seraient en quelque sorte étrangères : en elle rien de passif, rien qu'elle ait reçu, rien qui lui soit imposé, rien qu'elle subisse comme une condition, rien qu'elle ne fasse par son action ou qu'elle ne soit elle-même. Elle opère sans cesse, et tout est vie en elle. Des vérités en quelque manière indépendantes d'elle, ce serait je ne sais quoi d'inerte et de mort dans cette intelligence vivante et toute en acte. Si c'est cela qu'au fond, et en dépit d'expressions très inexactes, Descartes a voulu dire quand il a déclaré que Dieu est l'auteur des essences et des vérités éternelles, Descartes a raison : non pas que la divine législation des esprits soit arbitraire, non pas qu'elle soit née du caprice ni qu'elle puisse être changée ou détruite par le caprice ; mais, de même que le génie dans ses démarches n'obéit souvent à aucune règle abstraite, à aucune formule, mais se fait à lui-même des règles vivantes que les critiques énonceront plus tard en termes abstraits, ainsi, et beaucoup mieux, Dieu n'a d'autres règles que sa Sagesse même : il est le Sage, et sa pensée, éternellement bonne et inséparable de son essence parfaite, est la règle, la loi, la vérité.

L'intelligence humaine ne peut avoir l'absolue indépendance qui n'appartient qu'à Dieu. Les principes d'éternelle vérité qui la guident, n'ont point en elle leur raison d'être : la voilà dès là assujettie à une loi ; mais Dieu a voulu que ces principes fussent si naturellement présents à l'intelligence qu'en s'y soumettant elle semblât encore autonome : elle les trouve en elle-même par le fait de sa nature, comme Dieu les possède en soi par la fécondité de son essence infinie ; ils font partie d'elle-même, ils sont presque elle-même, et elle paraît n'obéir qu'à elle-même en leur obéissant. Puis, à la faveur de ces principes, elle juge des choses. C'est là qu'elle se montre active et agissante : sans doute sa nature imparfaite la condamne à se servir de notions abstraites, de formules générales, et d'artifices logiques ; mais, à moins que par un abus funeste ce qui lui devait être secours et moyen ne lui devienne entrave et obstacle, c'est dans les ressources vives renfermées en elle-même qu'elle puise ses raisons, ses décisions, ses jugements, toute sa sagesse et tout son art. Admirable image de l'inépuisable activité de Dieu! Aussi Aristote a-t-il pu dire que la règle et la mesure de la vertu, c'est non pas une sorte de code, non pas un formulaire, mais l'homme vertueux[1] : ce qui signifie apparemment que la conscience ne proclame jamais ses lois universelles que dans tel ou tel cas particulier, et que c'est l'âme même, l'âme vivante et agissante, qui, dans l'occasion, semble se prescrire à elle-même telle conduite ; et plus elle a été fidèle aux premières inspirations de la conscience, plus vite aussi et plus sûrement elle prononce sur ce qui est à faire ou à éviter : l'homme de bien est donc juge et même législateur dans le for intérieur, décidant au nom d'un plus grand que lui sans doute, mais par cela même avec compétence et autorité.

Enfin c'est une chose manifeste que, dans l'ordre

---

1. *Eth. Nicom.*, III, IV, 5. Ὁ σπουδαῖος... ὥσπερ κανὼν καὶ μέτρον αὐτῶν (τῶν καλῶν καὶ ἡδέων) ὤν. Voir encore en plusieurs autres endroits, notamment IX, IV, 2. Ἔοικε μέτρον ἑκάστῳ ἡ ἀρετὴ καὶ ὁ σπουδαῖος εἶναι.

des vérités morales, l'adhésion de la volonté est requise comme condition de l'assentiment complet et définitif de l'esprit. L'homme est libre dans l'acceptation de ces vérités : non qu'il ait le droit de les méconnaître, de les rejeter ; mais il a le devoir de vouloir qu'elles soient quand elles se montrent à lui ; il ne les voit bien que si sa volonté les accueille. La certitude de Dieu, si l'on peut parler de la sorte, est la certitude de l'Être qui, étant par soi, possède tout dans l'infinie richesse de son essence parfaite : ce qu'il sait, c'est ce qu'il est, et ce qu'il fait, ce qui n'est pas lui dépendant encore de lui comme de la cause absolument première. La certitude de l'homme a quelque analogie avec cette divine certitude : pour adhérer comme il faut au bien, il faut qu'il soit bon et pratique le bien ; pour reconnaître comme il faut la vérité morale, il faut qu'il soit d'une certaine manière semblable à son objet, selon le mot des philosophes anciens, il faut qu'il *fasse* la vérité, selon l'admirable parole de l'Évangile : ce qu'il sait, il faut qu'il le soit en quelque manière, et qu'il le fasse. La certitude complète est *personnelle* : elle est l'acte total de l'âme même embrassant par un libre choix, non moins que par un ferme jugement, la vérité présente, lumière et loi, objet de contemplation et d'amour, de respect et d'obéissance.

CHAPITRE III

DE LA FOI MORALE.

Vous me parlez de faits que je n'ai point vus, que je ne puis voir : votre témoignage me garantit la vérité que je suis incapable de constater moi-même. J'ai confiance en vous, je vous crois. Ce qui rend mon adhésion raisonnable, ce n'est point la connaissance intrinsèque des choses en elles-mêmes, puisque précisément elles m'échappent ; c'est la connaissance que j'ai de votre compétence et de votre véracité : ma certitude s'appuie, non sur la nature de l'objet, clairement connue, mais sur les raisons de vous croire.

Que dois-je dire de cet assentiment au témoignage? Est-ce un mode spécial de connaissance, ou diffère-t-il essentiellement de la connaissance même? Si les mots sont pris dans une acception large, on connaît ce qu'on croit, comme aussi l'on croit à ce que l'on connaît. Dès qu'un objet est légitimement atteint, quelle que soit la nature du procédé qui a servi à l'atteindre, il est *connu*. En ce sens, je connais ce qu'un témoin autorisé me révèle : bien que les choses dont il me parle ne soient pas à ma portée, son discours me les rend en quelque sorte présentes, et, si je ne les vois pas en elles-mêmes, je les vois par lui et dans ses paroles : il me les fait donc connaître, et ce qu'il m'apprend, je le sais. D'un autre côté, quand j'affirme, avec une pleine et ferme assurance, une vérité évidente de soi ou démontrée, je puis dire que j'y crois. Mais si je viens à considérer moins le résultat que l'origine des informations parvenues à l'esprit, je trouve que croire et connaître diffèrent essentiellement, et ces deux mots, pris alors en leur sens strict, s'opposent nettement l'un à l'autre. Tout à l'heure la croyance avait précisément pour effet de procurer une connaissance; maintenant elle diffère de la connaissance proprement dite ou du savoir proprement dit. Admettre ce qu'un témoin révèle, c'est *croire*; admettre une vérité évidente de soi ou démontrée, c'est *savoir*. Pourquoi? C'est qu'on connaît ou l'on sait proprement, quand on *voit* une chose, ou en elle-même, ou par quelque autre chose ayant avec elle une naturelle relation, et qu'ainsi l'assentiment est déterminé par l'objet ou par ce qui en vient et y tient en quelque sorte. On *croit* quand la chose affirmée demeure cachée, et que par conséquent la raison de l'assentiment est, d'une certaine manière, extérieure à ce qu'on affirme[1].

1. Sur la distinction entre *voir* et *croire,* je trouve dans saint Thomas des

La connaissance proprement dite peut donc être in-

choses fort nettes qu'il me semble utile d'indiquer et même de citer en partie. Voir *Summa theologica*, 2ᵃ 2ᵃᵉ, quæst. 1, art. 4. « Assentit intellectus alicui dupliciter. Uno modo, quia ad hoc movetur ab ipso objecto, quod est vel per seipsum cognitum (sicut patet in principiis primis, quorum est intellectus), vel per aliud cognitum (sicut patet de conclusionibus, quarum est scientia.) Alio modo intellectus assentit alicui, non quia sufficienter moveatur ab objecto proprio, sed per quamdam electionem, proprie declinans in unam partem magis quam in aliam. Et si quidem hæc sit cum dubitatione et formidine alterius partis, erit *opinio*. Si autem sit cum certitudine absque tali formidine, erit *fides*. Illa autem *videri* dicuntur, quæ per seipsa movent intellectum nostrum vel sensum ad sui cognitionem. Unde manifestum est quod nec fides nec opinio potest esse de ipsis visis, aut secundum sensum, aut secundum intellectum... Ea quæ subsunt fidei, dupliciter considerari possunt. Uno modo, in speciali; et sic non possunt esse simul visa et credita, sicut dictum est. Alio modo, in generali, scilicet sub communi ratione credibilis; et sic sunt visa ab eo qui credit. Non enim crederet nisi videret ea esse credenda, vel propter evidentiam signorum, vel propter aliquid hujusmodi. » — Citons encore le chapitre (2ᵃ 2ᵃᵉ, q., 2, a. 1) où saint Thomas, examine les différents modes de penser (et il prend ici penser, *cogitare*, dans le sens restreint, désignant par ce mot non plus tout acte intellectuel, quel qu'il soit, mais ceux-là seulement qui supposent une recherche, *consideratio intellectus... cum aliqua inquisitione*) : il distingue entre le *doute*, le *soupçon*, l'*opinion*, et la *foi :* dans les trois premiers cas, il n'y a qu'une pensée informe, sans ferme assentiment (quidam actus intellectus habent quidem *cogitationem informem absque firma assensione*): ou l'on n'incline ni vers l'un ni vers l'autre parti, c'est le doute, (sive in neutram partem declinent, sicut accidit *dubitanti*) ; ou l'on incline vers un parti, mais l'on n'est tenté de se décider que par quelque léger indice, c'est le soupçon (sive in unam partem declinent, sed tententur aliquo levi signo, sicut accidit *suspicanti*) ; ou l'on adhère à un parti, non sans crainte toutefois du parti contraire, (on se dit qu'il pourrait très bien être vrai), c'est l'opinion (sive uni parti adhæreant, tamen cum formidine alterius, quod accidit *opinanti*.) Quand on croit, on adhère fermement à un parti, et c'est en quoi *croire* convient avec *savoir* et *entendre* (sed actus qui est credere, habet *firmam adhæsionem* ad unam partem, *in quo convenit credens cum sciente et intelligente*), et cependant la connaissance n'est point alors une connaissance parfaite produite par la claire vue (et tamen ejus cognitio non est *perfecta per manifestam visionem*), et c'est en quoi croire a du rapport avec douter, soupçonner, avoir une opinion (*in quo convenit cum dubitante, suspicante et opinante*). Le propre de l'acte de croire, c'est donc d'être une pensée avec assentiment (et sic proprium est credentis, ut cum assensu cogitet). Voir encore 2ᵃ 2ᵃᵉ, q. 5, a. 2. « Intellectus credentis assentit rei directe et médiate[1] sans se confondre pour cela avec la croyance proprement dite. S'il y a démonstration rigoureuse, la conséquence liée aux prémisses devient évidente comme les prémisses : c'est une même lumière qui se répand de proche en proche depuis la première proposition evidente par soi jusqu'à la dernière, obscure d'abord, et à la fin rendue claire par la vertu du raisonnement démonstratif. Ce qui est démontré est parfaitement clair en tant que démontré; ce qui est démontré est, dans son rapport avec le principe, évident comme ce principe même, et, dans ces limites, parfaitement connu. Que l'on considère maintenant les autres relations et particulièrement la relation de la cause à l'effet, à laquelle peut-être toutes les autres sont réductibles : la connaissance indirecte et médiate, obtenue par le raisonnement fondé sur ces relations, est une vraie connaissance, au sens strict et propre du mot. Pourquoi? Parce que les effets, sans être précisément du même ordre que la cause, tiennent à la cause, sans quoi ils ne seraient point effets : ils s'expliquent par elle; ils ont en elle leur raison d'être et leur principe; si donc ils la font connaître, c'est que venant d'elle, ils

---

creditæ, non quia ipsam videat, *vel secundum se,* vel *per resolutionem ad prima principia per se visa,* sed quia convincitur per auctoritatem divinam (il s'agit de la foi surnaturelle) assentire his quæ non videt, et propter imperium voluntatis moventis intellectum. » — On peut aussi consulter Suarez, *De Fide.*

1. On avait dans le langage de l'école des termes très nets et très forts pour marquer la différence entre la connaissance immédiate et la connaissance médiate. Dans le premier cas on disait que l'objet était connu *per præsentiam,* ou *per propriam speciem;* dans le second, qu'il était connu *per speciem impropriam seu alienam.*

ont en eux d'une certaine manière quelque chose d'elle, et ainsi ils l'expriment et la manifestent : ils ont avec elle un lien si particulier qu'on ne peut les connaître sans connaître du même coup quelque chose de ce qu'elle est elle-même. Demeurât-elle d'ailleurs enveloppée de beaucoup de nuages, il serait encore vrai qu'elle est connue dans une lumière qui part d'elle. En vain sa nature intime se déroberait au regard : si quelques rayons déchirent le voile, c'est en elle qu'ils ont leur source première. N'y eût-il pour la révéler qu'un pâle reflet, n'y eût-il même qu'une pure ombre, ce serait encore la connaître que d'en affirmer par là l'existence : car le reflet, et l'ombre même, n'existent que par l'objet dont ils reproduisent la forme. La connaissance médiate a bien des degrés divers; mais, si incomplète qu'on la suppose, c'est une connaissance proprement dite : atteindre une chose par le moyen d'une autre qui la représente parce qu'elle a avec elle une relation naturelle et intrinsèque, comment ne serait-ce pas connaître? L'esprit peut suivre les anneaux de la chaîne qui rattache les deux termes : c'est un raisonnement qui relie à la cause ses effets les plus lointains, et il est rigoureusement vrai de dire que les effets font connaître la cause qui les produit et y laisse ou une image, ou un reflet, ou du moins un vestige et comme l'ombre d'elle-même.

Bien différente est la croyance proprement dite. Quand, le sens de l'attestation étant saisi et la valeur du témoignage établie, on a vu qu'il y avait lieu de croire, le rôle de la connaissance est fini : c'est un rôle purement préalable. Ici la seule évidence requise, et la seule possible, c'est celle du témoignage et de l'autorité. Sans doute, ce que je n'apprends que par les récits de mes semblables, a été pour le témoin primitif objet de perception ; et la chaîne des témoignages, si longue qu'elle soit, est toujours suspendue à une première connaissance de fait. Mais qu'importe ? Ce que j'affirme parce que vous me l'attestez, est chose de fait pour vous qui l'avez vu vous-même : moi qui n'ai rien vu, j'adhère à votre parole parce que je me fie à vous, et mon assentiment qui s'attache, non aux choses mêmes, puisqu'elles sont hors de ma portée, mais à vous, à vous seul et à votre témoignage, mon assentiment est un acte de foi : il y a ici non pas connaissance proprement dite, mais croyance. Ainsi voir la cause par ses effets et dans ses effets, c'est la voir dans ce qui vient d'elle, dans ce qui la suppose, et c'est connaître proprement ; mais ne voir un objet que par les paroles et dans les paroles qui en affirment l'existence, ce n'est plus voir, ni connaître à proprement parler, c'est croire, car c'est saisir les choses par un intermédiaire qui n'a point avec elles un rapport fondé sur leur nature même.

Ces différences étant bien établies, il demeure vrai que la connaissance médiate et la croyance ont un trait commun, c'est que l'une et l'autre supposent entre l'objet et l'esprit un intermédiaire. Cela permet-il de les rapprocher assez pour qu'en certains cas elles ne soient plus séparées que par des nuances délicates? C'est ce que nous allons examiner.

Quand il y a raisonnement par déduction et démonstration rigoureuse, la connaissance médiate qui en est le fruit, demeure toujours parfaitement distincte de la croyance. Mais en est-il de même des autres relations que nous considérions tout à l'heure? Ne remarquions-nous pas que la relation entre les deux termes pouvant être plus ou moins intime, celui des deux qui est connu le premier peut donner de l'autre une connaissance qui est elle-même plus ou moins parfaite? Supposons, par exemple, qu'entre l'effet et la cause il n'y ait que tout juste assez d'analogie pour rendre possible le lien causal qui les unit, l'effet ne donnera de la cause qu'une idée fort insuffisante. Il faudra reconnaître que cette cause existe, mais on ne saura presque rien de ce qu'elle est. La nature de l'effet déterminé qu'on lui rapporte introduira forcément quelque détermination dans l'idée qu'on se fera d'elle, mais quelle notion vague néanmoins et peu propre à satisfaire l'esprit! Il se peut qu'on ne voie pas comment la chose qu'on affirme est possible; on voit qu'il faut qu'elle soit, mais on sait trop peu ce qu'elle est pour voir comment il est possible qu'elle soit. Elle est incompréhensible. Je ne dis pas qu'elle est inintelligible, inconcevable : cela seul est inintelligible, inconcevable, qui, à cause de la contradiction intrinsèque qu'il renferme, ne peut exister. Entre ne pas comprendre comment une chose est possible, et comprendre qu'une chose est impossible, la différence est extrême : ici, il y a une connaissance claire, la connaissance de l'impossibilité, connaissance qui est une raison suffisante, que dis-je, invincible de rejet et de négation ; là, il y a une ignorance, l'ignorance du comment, ignorance qui ne peut justifier le rejet et la négation, si l'existence de l'objet est d'ailleurs établie. Mais il faut avouer que c'est une connaissance bien imparfaite que celle où il y a tant d'ombres et si peu de lumière : quand une chose est incompréhensible en soi, elle a beau être légitimement affirmée, et connue d'une manière certaine, elle offre si peu de prises à l'esprit qui la considère, qu'il n'en peut rien affirmer qu'avec réserve.

En tout cas, dès qu'entre une cause et un effet il y a une grande disproportion, et que le seul moyen de connaître la cause, c'est de considérer l'effet, la connaissance ainsi obtenue est une connaissance très imparfaite et très limitée, et c'est une nécessité de concevoir plus et mieux que ce qui est dans l'effet, bien qu'on ne puisse concevoir la cause que par l'effet même. C'est dire que c'est une nécessité de dépasser ses *représentations* et ses idées. Or, si l'on sait qu'elles doivent être dépassées, sait-on, à parler rigoureusement, ce qu'on affirme quand on les dépasse ?

Ce surplus qui échappe à nos prises est-il objet de connaissance dans le sens strict du mot ? Au raisonnement qui en établit l'existence ne se mêle-t-il pas une sorte de témoignage ? Ce qui est connu d'abord a assez de rapport avec ce qu'il sert à faire connaître pour en procurer une connaissance légitime et sûre ; mais aussi ce qui est connu d'abord diffère tellement de ce qu'il sert à faire connaître, que l'affirmation du surplus invisible, inaccessible, semble un acte de confiance, un acte de foi, en même temps qu'un acte de raison.

Nous voici en présence d'une grande composition, œuvre d'un peintre de génie, la *Dispute du Saint-Sacrement,* par exemple, ou l'*Ecole d'Athènes*. Une contemplation respectueuse et émue nous donne peu à peu le sens de ces pages sublimes étalées sous nos regards. La pensée qui en est l'âme se révèle à nous. Qu'est-ce qui nous la fait saisir ? C'est cela même qu'elle a produit, et qui l'exprime. Entre le tableau et la pensée il y a donc une relation naturelle, puisque celle-ci est la cause exemplaire et la cause efficiente de celui-là ; mais en même temps, ces deux choses diffèrent l'une de l'autre : le tableau ne possède que d'une manière incomplète, imparfaite, et relativement grossière, ce qui est dans la pensée d'une façon beaucoup plus éminente. Il est le seul moyen que nous ayons de nous représenter cette pensée ; et il nous invite, il nous oblige à la déclarer incomparablement plus grande, plus belle, plus parfaite que lui-même. C'est lui qui la fait connaître, mais il est insuffisant à la faire connaître tout entière. Ces figures et ces couleurs ne sont, après tout, que des signes ; et entre ces signes et ce qu'ils signifient, il y a, non pas ressemblance complète, mais analogie. Aller du signe à l'objet qu'il exprime, c'est une interprétation. Il y a là un raisonnement, parce qu'entre les deux termes dont l'un mène à l'autre, il y a une naturelle relation. Il y a là aussi comme une sorte de témoignage. Ce qui paraît nous *dit* ce que doit être ce qui ne paraît pas. Ce qui paraît ayant dans ce qui ne paraît pas sa raison et son principe, c'est vraiment une connaissance que l'un nous donne de l'autre ; mais ce qui ne paraît pas étant plus grand, plus riche, plus noble que ce qui paraît, l'expression est incomplète, et, parce que l'expression est incomplète, l'esprit, pour se représenter ce surplus de grandeur et de beauté, se trouve court. Ne pourrait-on pas dire qu'il y croit plutôt qu'il ne le connaît ? Quand la connaissance du supérieur est puisée dans la connaissance de l'inférieur, c'est une nécessité que la conception du supérieur soit elle-même au-dessous de son objet : avouer que cette conception est défaillante, c'est déjà la relever ; car, en niant qu'elle atteigne l'objet, on déclare la grandeur et l'excellence de ce qu'elle est condamnée à ne jamais égaler ; mais enfin cette inévitable inégalité laissant précisément les hauteurs de l'objet hors de nos prises, l'esprit, en affirmant au delà de ce qu'il voit même indirectement, se fie à une sorte de témoignage. Ce qu'il sait lui est un sûr garant que ce qu'il ne sait pas existe et a une dignité incomparable.

Ainsi la connaissance indirecte et médiate est, en certains cas, comme mêlée de croyance et de foi.

J'avais d'abord dit *croyance* : insensiblement j'ai été amené à dire *foi*. Ce n'est point sans raison. La croyance exprime simplement ou le fait d'admettre un témoignage ou ce que l'esprit acquiert en l'admettant ; c'est ainsi qu'on dit une croyance, des croyances. La foi marque quelque chose de plus intime et de plus profond : ou elle se dit d'une croyance très vivace, très sérieuse, très puissante, ou elle désigne ce qui est comme le ressort même et aussi le fondement de l'acte de croire, quel qu'en soit l'objet, je veux dire la confiance. En ce sens l'adhésion au témoignage de nos semblables nous attestant le fait le plus vulgaire, suppose la foi. Un homme parle ; on croit ce qu'il dit : mais pourquoi ? parce que préalablement on le croit lui-même, et croire un homme qui parle, qu'est-ce, sinon avoir confiance en lui ?

Il y a plus. Je puis mettre en un homme ma confiance d'une manière bien autrement remarquable.

Je suis dans une situation difficile, délicate, embarrassante ; ma perplexité est extrême, et j'ai le sentiment que je n'ai ni assez de lumières ni assez d'expérience pour me décider par moi-même. J'ai recours à vous. Je connais votre sagesse, votre prudence, votre droiture d'esprit et de cœur. J'ai confiance en vous. Je veux être guidé par vous. Prononcez, je ferai ce que vous jugerez convenable et bon. Ma raison, en présence de difficultés qui dépassent ses forces, aura rempli sa tâche si elle voit qu'elle doit se soumettre à vos décisions. C'est tout ce qu'elle peut faire, c'est tout ce qu'elle doit faire. Et qu'est-ce que cela ? de la confiance, une confiance raisonnable, en votre autorité. Je n'appellerai pas croyance l'assentiment que je donne à vos décisions : je l'appelerai *foi*.

Il y a dans la foi un mélange de lumière et d'obscurité. L'objet, sans être connu en lui-même, n'est pourtant pas entièrement plongé dans l'ombre. Que le fait qui m'est attesté, soit, non pas invraisemblable, extraordinaire, étrange, mais absolument impossible en soi, absurde au sens propre du mot : je rejetterai le témoignage sans hésitation. L'absurdité du moins est manifeste. De même, que l'ami en qui j'ai mis ma confiance, devienne fou au moment où je vais le consulter : je saurai reconnaître son déplorable état, et, au lieu de m'appuyer sur lui, c'est moi qui tâcherai de soutenir sa raison chancelante. Ma foi ne suppose donc pas une absence complète de jugement. Je m'incline, je me soumets, je m'abandonne ; mais ma nature d'être raisonnable m'interdit une soumission absolument et complètement aveugle : seule une autorité infaillible rendrait inutile tout contrôle ; mais la soumission serait absolue sans être aveugle pour cela, car l'infaillibilité elle-même, évidente de soi ou prouvée, serait le motif parfaitement raisonnable de cet entier abandon.

Veut-on se rendre compte des caractères de cette foi qui est essentiellement confiance ?

Il faut lire ces admirables pages où saint Paul définit la foi[1]. C'est de la foi à la révélation surnaturelle, c'est de la foi chrétienne, que parle l'Apôtre ; mais ces paroles peuvent s'appliquer, *mutatis mutandis*, à toute foi. Il résume tout en ces mots que je vais citer en latin, puis en grec :

1. *Epître aux Hébreux*, xi, 1.

Est fides sperandarum substantia rerum, argumentum non apparentium. Ἔστι δὲ πίστις ἐλπιζομένων ὑπόστασις πραγμάτων, ἔλεγχος οὐ βλεπομένων.

Il faut méditer cette définition. La foi est le fondement de l'espérance : ce qui n'est pas encore reçoit dans l'esprit de celui qui a la foi une sorte d'existence anticipée; ce qu'on ne tient pas encore en réalité, on le possède presque par l'espérance, si celle-ci est appuyée sur une foi solide. De même, ce qu'on ne voit pas, on l'affirme par la foi comme si on le voyait, non que l'objet devienne en effet visible, mais, malgré les obscurités qui l'enveloppent, l'existence en est tellement assurée que la vue même n'ajouterait rien à la certitude : l'esprit serait plus content, il ne serait pas plus ferme en ses affirmations. Voilà bien l'idée de la foi, la voilà admirablement rendue. En toute circonstance cela se vérifie. Vous me dites que si je suis cette route, j'arriverai en tel lieu que je ne connais pas : je vous crois. Cet objet de mon voyage, pour moi, n'existe pas encore en réalité, je ne le tiens pas, je ne le vois pas; mais, puisque je pars, c'est que j'ai l'espoir de trouver ce que vous me dites : l'objet espéré prend dans mon esprit je ne sais quelle subsistance, et, sans le voir encore, je l'affirme comme si je le voyais : je marche dans cette espérance. Si l'invisible n'était pas pour moi comme si je le voyais de mes yeux, pourquoi marcherais-je? Mais quel est le fondement de mon espérance même ? c'est la foi que j'ai en vous et en votre témoignage. Qu'est-ce qui me tient lieu de preuve directe et de démonstration, et me rend certain de l'existence de l'invisible ? c'est la foi que j'ai en vous et en votre témoignage. Je suis sûr que vous ne vous trompez pas et que vous ne me trompez pas : cela me suffit.

De même, on dit d'un homme qu'il a foi en lui-même, en ses propres forces, en son avenir. Cette confiance le rend capable d'une heureuse hardiesse : elle l'anime, elle le pousse, elle le soutient. L'espérance du succès réalise par avance sous ses regards charmés un avenir encore lointain, et cette image vive et présente lui communique à chaque pas une nouvelle jeunesse et une énergie croissante. C'est la foi qui fait ces merveilles. Que cet homme doute de lui, son ardeur tombe, et de médiocres difficultés sont au-dessus de son courage.

Qu'est-ce encore qu'avoir foi en une idée ? c'est la croire tellement vraie et efficace que, malgré toutes les apparences contraires, on n'admet pas qu'elle puisse ne pas finir par triompher. On espère donc quand tout semble fait pour décourager l'espérance : c'est qu'on puise les raisons d'espérer, non dans les circonstances qui sont ce qu'elles peuvent, mais dans l'excellence même de l'idée ; c'est à la vertu de la vérité qu'on se fie : si l'on attendait le succès des faveurs de la fortune, les moindres menaces de rigueur déconcerteraient une espérance si mal assurée ; mais on a la foi, on a la conviction ferme, profonde, énergique que l'idée est bonne et que ce qui est bon se fait toujours sa voie. *Fata viam invenient.*

Ainsi la foi est le fondement de l'espérance, et la

preuve de ce qui n'apparaît pas. Elle a son évidence ; mais ce n'est point son objet qui est clair, c'est le témoignage où elle s'appuie. Et on peut dire qu'il y a témoignage au sens le plus large du mot, toutes les fois que ce qu'on voit répond de ce qu'on ne voit pas et en est la garantie. C'est la beauté éclatante de l'idée qui fait croire à sa fécondité et à son triomphe final : ce qui paraît est le signe, l'indice de la puissance intime dont les effets sont affirmés d'avance, ce qui paraît nous *dit* qu'il y a là quelque chose d'excellent, et appuyés sur ce témoignage, nous avons le ferme espoir que ce qui n'est pas encore, sera. De même, c'est l'expérience déjà faite de nos forces et le sentiment de la vie surabondant en nous, qui nous permet de présumer si bien de nous et d'aborder avec une juste audace une tâche difficile : ce que nous savons de nous, est le signe, l'indice de ce que nous sommes, et nous répond de ce que nous pourrons encore. Notre vigueur déjà éprouvée nous *dit* que nous suffirons aux difficultés de l'entreprise, et ce témoignage, en fondant notre conviction, assure notre marche et enhardit notre espérance.

L'évidence de l'autorité du témoignage, tel est le motif, telle est la raison de la foi. Celui qui parle mérite d'être cru, c'est son autorité, plutôt que ce qu'il dit, qui décide à le croire. Or, cette évidence peut-elle être de telle nature qu'elle soit contraignante ou presque contraignante? S'il en était ainsi, la foi reviendrait, ce semble, à la connaissance proprement dite, car la confiance qu'elle a pour caractère propre et essentiel serait inutile et s'évanouirait.

Il y a des cas où l'on est comme entraîné par une force dont la volonté n'est point le principe et dont elle ne peut se rendre maîtresse. Il y a des croyances naturelles et irrésistibles. Mais il faut répéter de ces croyances ce que nous avons dit dans le chapitre précédent des premières intuitions, avec lesquelles d'ailleurs elles se confondent presque. Ce qui est tout à fait primitif se réduit à peu de chose, et partant l'action de la volonté se retrouve presque partout. Ce qui est placé hors de nos prises, ce sont moins des croyances que des éléments ou encore des germes de croyance et des besoins de croire. Quoi qu'il en soit, cette confiance primitive sera ailleurs l'objet de notre étude. Nous ne parlons en ce moment que des croyances nées de l'exercice de l'intelligence ; et nous demandons si l'évidence des motifs de crédibilité qui les fondent est telle qu'elle emporte de force l'assentiment. Supposons ces motifs clairs et convaincants. Ni cette clarté ni cette puissance ne supprimeront la foi, car la chose même qui est attestée n'est point évidente en soi, et pour aller jusqu'à elle en quelque sorte et lui dire sans la voir : Vous êtes ; pour le dire surtout avec cœur, avec âme, il faut ajouter quelque chose aux motifs de crédibilité, et ce consentement final ou acquiescement dépasse la simple conclusion qui sortait des motifs de crédibilité comme de prémisses bien fondées et satisfaisantes pour l'intelligence. Là même où les signes ou indices seraient d'une telle clarté que résister deviendrait presque impossible, cela ne serait vrai que de la résistance de l'esprit, non de celle du cœur. Ces indices évidents produiraient une croyance tout intellectuelle que la volonté démentirait : on ne pourrait s'empêcher de voir qu'il faut croire, on ne pourrait même s'empêcher de croire, c'est-à-dire que malgré soi on affirmerait sans voir parce que les raisons de le faire seraient évidentes au point d'être contraignantes[1]. Mais serait-ce atteindre comme il faut l'objet caché sous le voile ? Serait-ce croire comme il faut ? Cette foi révoltée que l'évidence des signes déterminerait en blessant la volonté, serait-ce bien de la foi ? La confiance demeure donc le caractère de la foi véritable ; or ce n'est pas tout que celui qui me parle me montre ses titres à ma confiance : il reste que je lui accorde ma confiance, et c'est un adage que la confiance ne se commande pas. Cela signifie que dans la confiance il y a quelque chose de volontaire et de personnel. La confiance est de la nature de l'amour. Elle suppose deux termes entre lesquels un accord consenti s'établit. L'objet opère par ses charmes : la puissance de ses attraits semble irrésistible ; mais si, de l'autre côté, la volonté ne fait rien, rien n'est fait. C'est là le caractère de tout ce qui est *moral*. La contrainte, la violence, la nécessité proprement dite, tout cela disparaît. Des liens d'une autre sorte attachent

---

1. « Dæmonum *fides est quodam modo coacta ex signorum evidentia ;* et ideo non pertinet ad laudem veritatis ipsorum quod credunt..... *Coguntur ad credendum ex perspicacitate naturali intellectus..... Hoc ipsum dæmonibus displicet quod signa fidei sunt tam evidentia ut per ea credere compellantur :* et ideo in nullo malitia eorum minuitur per hoc quod credunt. » Summa theologica, 2ᵃ 2ᵐ, q. 5, a. 2.

les êtres les uns aux autres. L'attraction est bien encore la grande loi du monde moral, comme elle est la grande loi du monde physique, mais c'est une libre attraction. L'amour, l'amour véritable, volontaire, librement donné et reçu unit les âmes entre elles et les unit à la vérité et au bien ; l'obligation, cette nécessité morale, est le caractère de cet ordre nouveau où la règle même domine la volonté sans la forcer. Le consentement libre est partout requis. Dans la foi donc, il y a consentement. Affirmer plus qu'on ne voit, sans raison suffisante, ce serait téméraire crédulité. Affirmer plus qu'on ne voit avec de bonnes raisons de croire, c'est sagesse ; mais le témoignage a beau être assez autorisé pour exclure tout doute raisonnable, toujours est-il qu'il faut s'y fier, et dans cette démarche il y a un acte de volonté. C'est un pas qu'il faut faire en avant : on ne le fera que si on le veut faire. Les motifs de le faire sont évidents : ils ne le déterminent pourtant pas. Ils rendent le consentement raisonnable, obligatoire même : mais à qui appartient-il de consentir ? à la volonté.

En étudiant l'acte même du jugement, nous admirions le rôle de la volonté dans la connaissance. Nous la retrouvons ici exerçant une action bien plus profonde. C'est une faiblesse assurément d'être incapable de saisir certaines choses en elles-mêmes ou du moins dans ce qui dépend d'elles : mais n'est-ce point une heureuse faiblesse, puisque cela rend possible la confiance ? C'est une faiblesse plus grande encore de n'avoir souvent que des motifs de croire qui laissent quelque place à l'hésitation : mais n'est-ce pas un bien, puisque cela rend la confiance plus méritoire ? Il y a une obscurité essentielle à la foi, c'est celle qui consiste en ce que l'objet affirmé demeure toujours enveloppé de mystère ; si à cette première obscurité s'en ajoute une autre, si les indices révélateurs eux-mêmes ne sont pas d'une clarté irrésistible, c'est à l'honneur de la volonté que ces infirmités doivent tourner : sa vertu éclate dans les obstacles qu'elle surmonte par un noble et généreux effort.

Maintenant, examinons les vérités de l'ordre moral.
Nous les avons rangées sous quatre chefs :
    La loi morale.
    La liberté.
    L'existence de Dieu.
    La vie future.
Tout le système des vérités morales se résume en ces quatre termes.

Y a-t-il connaissance proprement dite de la loi morale, de la liberté, de Dieu, de la vie future ?

Y a-t-il de ces mêmes objets connaissance mêlée de foi ? et, si cela est, comment, en quel sens, dans quelle mesure y a-t-il foi ?

Il faut remarquer d'abord que ces quatre objets s'offrent à nous avec des caractères différents.

La loi morale est une idée, une idée-principe, qui est donnée dans un fait, l'obligation morale.

La liberté est chose de fait, et en même temps elle apparaît comme une conséquence ou mieux encore comme une condition de la loi morale.

Dieu est une cause, la cause première et souveraine, saisie par le moyen de ses effets.

La vie future est une promesse, une promesse de la loi morale, et par conséquent elle est pour nous objet d'espérance.

Si, dans les quatre cas, il y a connaissance, ce sera avec des caractères propres à chaque cas.

Mais y a-t-il connaissance?

Pour la loi morale, poser la question, c'est la résoudre. La loi morale est objet de connaissance proprement dite, objet de savoir. Saisie d'abord dans un fait, qui n'a de sens que par elle, le fait de l'obligation, elle est, à ce titre, objet d'expérience : je veux dire qu'elle prouve sa réalité objective dans les actions même qu'elle règle, qu'elle qualifie, qu'en un sens elle détermine. Nos actions, dont nous avons conscience, recevant de la loi morale leur direction et leur valeur, et pouvant même être suscitées par elle, il est impossible de ne pas la considérer comme exerçant elle-même sur nous une action réelle, une action qui se fait sentir, et qui partant est un fait. En même temps la loi morale apparaît entourée d'évidence. Elle est vérité, vérité universelle et nécessaire, valable pour tous les esprits. Elle est donc objet de connaissance rationnelle; et, pour parler le langage de Kant, elle doit être rangée parmi les *Scibilia*.

La liberté est chose de fait. Nous la sentons, nous

en faisons l'épreuve. Celui qui résiste au plaisir, par exemple, pour demeurer fidèle au devoir, celui-là sent et sait ce qu'il lui en coûte. Il a des motifs, assurément, et il s'y appuie. Mais l'idée du devoir qui lui communique la pensée de résister, qui l'anime, qui le soutient, ne fait point tout en lui : il faut que lui-même fasse quelque chose : dans ce secret endroit où se prennent les résolutions, alors que l'âme, tous les sens soulevés, se détourne violemment du plaisir dont elle sentait le charme la gagner, et se suspend avec une généreuse confiance au devoir et au bien, n'y a-t-il pas là un effort vraiment personnel? N'est-ce pas de soi, et comme du fond des entrailles mêmes, que sort l'énergie qui éclate en un tel acte? et qu'est-ce que cela, sinon la liberté? La liberté est chose de fait, objet d'expérience morale. Elle est, en même temps, connue rationnellement. Si, en fait, la loi morale ne nous prescrit rien sans la mettre en jeu, rationnellement la loi morale la suppose comme une conséquence, ou comme une condition, ou comme un terme corrélatif nécessairement lié à elle, si bien que le concept de la loi morale entraîne avec soi le concept de la liberté, et que la raison ne peut admettre l'un sans l'autre. Or, la loi morale étant connue comme vérité nécessaire, universelle, valable pour tous les esprits, la liberté, liée étroitement à la loi morale, est par cela même objet de connaissance, connaissance indirecte et médiate, mais connaissance proprement dite et connaissance rationnelle.

Dieu est la cause première de toutes choses : cause

première, cause transcendante, mais non absolument inaccessible. Dieu est connu, connu au sens strict du mot. Pourquoi? parce que c'est la relation de l'effet à cause qui nous prouve l'existence de Dieu. Il est clair d'ailleurs que de la cause parfaite du monde le monde imparfait ne donne que des concepts *analogiques* : comment en serait-il autrement? Si le même mot appliqué à Dieu et aux choses de la nature ou de l'homme, avait absolument le même sens, pourrait-il convenir à Dieu? mais si d'un autre côté il avait un sens absolument différent, comment aurait-il pour nous un sens quelconque, et ne désignant rien du tout, que serait-ce sinon un vain son? La vérité est que n'étant ni *univoque*, ni *équivoque* comme disait l'École, il est pris dans un sens *analogue* : la chose nommée convient à Dieu éminemment, mais nous la concevons à notre manière[1]. Quand nous nommons Dieu ou une perfection

1. Il faut lire dans la *Summa theologica* de saint Thomas les douze articles de la treizième question de la première partie, et dans sa *Summa contra Gentes* les chapitres XXIX-XXXVI du livre Iᵉʳ, où la théorie des *concepts analogiques* est exposée d'une manière très remarquable. Il serait intéressant de chercher dans la distinction établie par Aristote entre les λεγόμενα ὁμωνύμως, les λεγόμενα συνωνύμως, et les λεγόμενα κατ' ἀναλογίαν, les premières origines de cette théorie ; on la verrait ensuite recevant un développement original et prenant une portée toute métaphysique, d'abord chez les Pères de l'Eglise et les écrivains chrétiens des premiers siècles qui la combinent à leur manière avec la méthode néoplatonicienne de transcendance et de négation (voir le *De divinis Nominibus*, attribué à saint Denys l'Aréopagite), puis dans la scolastique qui l'expose avec une précision et une rigueur nouvelle ; enfin on la retrouverait au dix-septième siècle dans Descartes, dans Malebranche, dans Leibniz, modifiée dans la forme, mais la même au fond. Kant, à son tour, parle de l'*analogie*, notamment dans la *Critique du jugement*, § 89, note 1. La théorie des *conceptions symboliques* de M. Herbert Spencer (*Premiers Principes*, première partie, ch. II), fait encore

de Dieu, nous cherchons dans nos états de conscience quelque moyen de nous représenter ce que nous nommons : c'est une nécessité. Or, que trouvons-nous ? Rien qui ne soit infiniment disproportionné avec le divin objet dont nous voulons nous faire une idée. Seulement nous reconnaissons cette disproportion infinie. Et d'où vient que nous la reconnaissons, sinon de ce que nous avons cette idée que Dieu doit dépasser infiniment toute autre chose ? Ainsi notre connaissance est obtenue par un moyen détourné, si nous en considérons pour ainsi dire la matière : car ce que nous nous représentons est emprunté à l'expérience, et partant ne convient point tel qu'il est à Dieu ; mais ce qui est le principe même, ou l'âme de cette connaissance, c'est une idée très positive, l'idée de l'infini. Le mélange de ces deux éléments est précisément ce qui constitue les concepts analogiques, et l'on voit par cette analyse que de tels concepts fournissent une connaissance incomplète, limitée, sans doute, mais une vraie connaissance.

Il suit de là que toute affirmation concernant les perfections divines est mêlée de négation : il faut exclure de Dieu les imperfections inévitables de nos conceptions humaines et finies ; cette négation rétablit les droits de Dieu, pour ainsi dire, et restitue à l'idée la pureté sans laquelle elle ne serait plus digne de la Divinité. Négation puissante et féconde : l'intelligence par là ne se

---

songer à la théorie des conceptions analogiques, mais elle la dénature. Nous parlerons de Kant dans notre chap. iv, de M. Herbert Spencer dans notre chap. v.

resserre point, elle ne retranche rien, que la limite, le défaut, l'imperfection, et par conséquent elle s'enrichit, elle s'agrandit, elle s'élève. Elle est, par sa constitution même, assujettie à la nécessité de concevoir les choses d'une certaine manière qui lui est propre; mais elle déclare qu'elle n'attribue point aux choses qu'elle conçoit la manière dont elle les conçoit[1].

Par exemple, je dis que Dieu est bon. La bonté, c'est une chose excellente. La bonté convient à Dieu. En disant cela, je sais ce que je dis, mais comment concevoir la bonté en Dieu sans avoir recours à des images humaines? Je ne puis ni m'empêcher ni me dispenser de songer à l'homme quand je nomme Dieu. J'agrandis, j'épure le plus possible cette notion, mais je ne puis faire disparaître les éléments empruntés à l'expérience : si je les supprimais tous, la notion s'évanouirait, et je n'aurais plus dans l'esprit qu'un mot vide de sens; d'un autre côté, si je me servais de ces éléments sans rien faire qui en corrigeât la nature imparfaite, la notion serait forcément décevante, et en parlant de Dieu je ne concevrais jamais qu'un homme indéfiniment agrandi. Un seul moyen me reste : c'est, en gardant tout le positif de la notion, de nier sans cesse qu'elle soit proportionnée à l'objet. Mais cela même suppose cette autre idée positive, à savoir que Dieu est infiniment au-dessus de tout. J'essaie donc de me représenter la bonté de Dieu : cette belle image est-elle exacte? Non. Et cette

---

1. « Non enim intellectus modum quo intelligit rebus attribuit intellectis. » *Summa contra Gentes,* I, ch. xxxvi.

autre, plus belle encore, rend-elle toute la perfection du modèle ? Non. Et ainsi, je dépasse la bonté des meilleurs des hommes, et je ne suis pas encore content ; je dépasse mes conceptions les plus hautes, mes idées les plus pures, et je ne suis pas satisfait : Dieu est meilleur que tout ce que je connais ou puis concevoir de meilleur. A chaque image qui se présente à moi, je dis : c'est beau, c'est grand, c'est noble, c'est excellent, mais ce n'est pas encore cela ; non, ce n'est pas encore cela : le divin objet est plus, est mieux, infiniment plus, et infiniment mieux.

Ainsi le mode suréminent selon lequel les perfections se trouvent en Dieu, ne peut être signifié qu'au moyen de la négation : nous ne pouvons comprendre ce que Dieu est, nous saisissons seulement ce qu'il n'est pas, et le rapport qui rattache les autres êtres à lui ; or, cette relation même suppose que ce qui est dans les autres choses, n'est point en Dieu de la même manière qu'en elles ; quand la dénomination ne serait point négative, la conception enfermerait encore une négation, sans quoi elle serait sans valeur : supposer qu'une conception humaine quelconque est suffisante quand elle a pour objet Dieu, c'est la rendre irrémédiablement insuffisante ; reconnaître cette insuffisance forcée, c'est y apporter le seul remède que souffre la faiblesse de notre intelligence. Mais aussi, être capable de ces salutaires négations, comprendre qu'on ne peut comprendre ce que Dieu est, savoir qu'il n'est rien de ce que nous trouvons dans la nature et dans l'homme, n'est-ce pas savoir très positivement ceci : Dieu doit être infini, Dieu est infini?

Concluons : la connaissance que nous avons de Dieu est une connaissance imparfaite et limitée, mais c'est une vraie connaissance; fondée sur la relation entre la cause et l'effet, elle est le produit d'un raisonnement très simple et très sûr : c'est une connaissance dans l'acception propre et stricte du mot.

La vie future est-elle objet de connaissance? Examinons les raisons qui nous font admettre une vie future, et nous verrons qu'elles ne sont point étrangères à l'objet même dont elles établissent l'existence. De quelle nature sont-elles en effet? Toutes reviennent à ceci : les exigences de l'éternelle justice ne sont pas satisfaites dans la vie présente. C'est là le ressort de tout raisonnement destiné à prouver qu'il y a une autre vie. Dès lors cette autre vie est conçue comme plus propre que celle-ci à remplir les exigences de l'éternelle et souveraine justice; dès lors encore on ne peut pas dire qu'elle soit entièrement inconnue. Nous savons que le dernier mot doit appartenir à la loi morale. Il ne se peut pas que le bien soit vaincu : il faut qu'il triomphe définitivement soit en se faisant connaître et aimer comme il le mérite, soit en ramenant à l'ordre par une juste peine la volonté obstinément rebelle. C'est une nécessité morale que cela soit : tout autre état de choses est transitoire. Ou la loi morale n'est qu'un vain mot, ou la victoire doit lui rester et lui reste en effet. Affirmer cela et affirmer qu'il y a des vérités morales, une ordre moral, une justice, c'est la même chose. Mais si la vie future n'est que la conséquence de cette affirmation, nous savons ce que nous disons en parlant de la vie future ; le raisonnement par lequel nous la rattachons à ce principe évident, nous procure d'elle une connaissance qui, tout imparfaite qu'on la suppose, est une vraie connaissance, une connaissance proprement dite.

Ainsi les quatre vérités morales fondamentales sont très véritablement objets de connaissance. Ne sont-elles pas en même temps objets de foi? Cette connaissance n'est-elle pas mêlée de foi, et, si elle l'est, comment l'est-elle, en quel sens, dans quelle mesure? c'est ce que nous avons maintenant à examiner.

Reprenons donc ces quatre vérités fondamentales, et reprenons-les suivant un ordre complètement inverse : il convenait tout à l'heure de commencer par celle qui est presque incontestablement objet de connaissance ; il convient maintenant de considérer d'abord celle où il semble le plus naturel de faire la part de la foi.

La vie future est bien établie : un raisonnement solide en prouve l'existence parce qu'il en prouve la nécessité morale. Elle est donc connue. Mais quelle connaissance imparfaite et bornée! Peut-on prononcer ces mots : « une autre vie, une vie immortelle, » en arrêtant sur ce qu'ils signifient un regard attentif, sérieux, et ne point sentir un trouble secret, une sorte de frémissement, et je ne sais quel effroi? Une autre vie après celle-ci; quelque chose au delà de la vie présente, et entre ceci et cela, un abîme, la mort. Les apparences sont contre cette autre vie : la seule vie que nous connaissions par expérience, c'est une vie accessible aux sens, c'est la vie dans le corps, et voici qu'il en faut admettre une qui se passe des sens et du corps. La raison même s'étonne. L'universelle mobilité dont elle a le spectacle, lui suggérerait, ce semble, l'idée d'une transformation analogue à celle que subit la matière : rien ne se perd, rien n'est anéanti, soit, mais cette indestructibilité de la substance n'empêche point de profonds changements et de continuelles métamorphoses. Notre immortalité ne serait-elle pas tout simplement une immortalité sans souvenance, sans conscience? Notre être subsisterait sans que la personne persistât. Ne serait-ce pas plus conforme à l'analogie des choses? Voilà les apparences contraires que la raison peut nous présenter : ces apparences, il les faut mépriser, pour admettre la vie future. Il faut donc affirmer ce que les sens ne peuvent atteindre, et même ce que la raison ne comprend pas. Je sais bien qu'une raison épurée trouve la persistance de la personne très intelligible, et même que toute autre conception la choque; mais une raison qui ne contemplerait que le cours ordinaire de la nature, n'aurait point l'idée de cette immortalité personnelle : c'est chose contraire au cours ordinaire de la nature; et, pour admettre cela, il faut s'élever au-dessus de la nature, entrer dans une sphère supérieure, dans un ordre de choses nouveau, et là, s'appuyant sur la loi morale, confesser que, puisque le dernier mot doit lui appartenir, il y a pour l'homme une autre vie. Or, quel démenti donné en cela à l'expérience ! Ce lien entre la loi morale et une autre vie est mis en lumière par un raisonnement : sans doute, nous l'avons dit, et nous le maintenons ; mais dans le monde que nous connaissons, la loi morale triomphe-t-elle de tous les obstacles ? Il est clair que non. Donc, pour dire qu'à elle appartient l'empire, pour déclarer qu'elle régnera à jamais, il faut se fier à elle : comme l'homme convaincu de l'excellence d'une idée se fie à cette idée, et en dépit de tous les obstacles, de toutes les difficultés, de tous les insuccès, espère qu'elle viendra à bout de tout. La connaissance ici n'est-elle point mêlée de croyance ? C'est détruire la loi morale que de supposer un seul instant qu'elle puisse être définitivement vaincue dans le monde : son efficacité morale est donc *connue* en même temps qu'elle-même ; mais les apparences étant contraires, c'est *croire* que d'admettre cela en fait. L'expérience montre le fait trop souvent en opposition avec le droit, et l'on vient déclarer que finalement le fait sera conforme au droit. N'y a-t-il pas dans cette assurance je ne sais quel élan de l'âme, je ne sais quelle hardiesse qui surmonte les obstacles, et se moque des apparences ? et qu'est-ce que cela, sinon de la foi ?

> Quod non capis, quod non vides,
> Animosa firmat fides,
> Præter rerum ordinem.

Kant parle de la promesse de la loi morale : c'est

bien dit[1]. La loi morale nous promet qu'elle triomphera, et, si nous sommes bons, son triomphe sera le nôtre. Promesse et confiance, comment ne pas remarquer ces mots ? ils viennent naturellement sur les lèvres : il y a ici quelque chose d'analogue au témoignage et à la confiance qui est donnée à la parole de l'homme. Celui qui admet la vie future se fie à quelque chose, disons mieux, il se fie à quelqu'un : car pour parler exactement, on ne se fie point aux choses, on ne se fie qu'aux personnes. Il a donc confiance en celui, quel qu'il soit, qui est le principe de la morale, et qui est le Bien par excellence ; il attend de lui le triomphe définitif de la justice, et il espère en une autre vie. La foi est le fondement de cette espérance, la foi qui rend presque présentes les choses qui ne sont pas encore, la foi qui rend presque visible ce qui ne paraît pas.

Examinons maintenant si Dieu est objet de foi.

Dieu est connu, non en soi, mais comme cause du monde. Le raisonnement qui établit que Dieu est, établit aussi ce que Dieu est. C'est une connaissance, imparfaite et limitée, mais c'est une connaissance. Nous l'avons montré, nous le maintenons. Mais ne dit-on pas que l'on croit en Dieu ? on le dit, et l'on a raison. Savoir que Dieu est, c'est trop peu. C'est trop peu parce que cette science est nécessairement incomplète et infiniment disproportionnée avec son objet. C'est

---

1. *Critique du Jugement*, § 90. De l'espèce d'adhésion produite par une foi pratique, note 4. « Er ist ein Vertrauen auf die Verheissung des moralischen Gesetzes. »

trop peu aussi, parce que le savoir est chose purement intellectuelle, et que Dieu ne peut pas, ne doit pas être l'objet de la seule intelligence. Il se trouve que l'imperfection de notre connaissance se change en un moyen d'aller à Dieu d'une manière moins indigne de Dieu même. En ce monde où il s'agit non de jouir, mais de travailler, non de se reposer, mais de lutter, en ce monde où se prépare dans l'effort et dans la peine le triomphe définitif de la vérité et du bien, c'est une chose convenable que Dieu ne soit connu qu'au milieu des ombres [1]. De ces ombres il sort assez de clartés pour nous donner confiance; mais ces ombres mêmes laissent, dans l'acte par lequel nous reconnaissons Dieu, une place à la volonté, à la liberté morale, par conséquent au mérite. C'est ce qu'expriment fortement ces mots : croire en Dieu. Je sais que Dieu est : cela est froid, cela n'a point de valeur morale. Je sais que Dieu est, comme je sais que deux et trois font cinq, et que la somme des trois angles d'un triangle est égale à deux angles droits. Je sais que Dieu est : le raisonnement destiné à prouver l'existence de Dieu, est concluant; une lumière sèche, sans éclat, sans chaleur, frappe mon esprit; je cède à l'évidence. Est-ce assez? non. Si je n'ai que ma

---

1. Saint Thomas, *Summa theolog.*, 2ᵃ 2ᵉ, q. 5, a. 1. « In statu primæ conditionis hominis (ante peccatum) vel angeli (ante confirmationem), non erat obscuritas pœnæ vel culpæ, inerat tamen intellectui hominis et Angeli *quædam obscuritas naturalis*, secundum quod omnis creatura tenebra est comparata immensitati divini luminis; et *talis obscuritas sufficit ad fidei rationem.* »

science courte par tant d'endroits, je risque d'oublier qu'elle est solide et de la laisser emporter par les sophismes dont ma raison surprise ne voit pas la faiblesse. Il faut que j'accueille et que je garde avec toute l'âme une vérité qui s'adresse à toute l'âme[1]. Je dis donc que je crois en Dieu : et cela marque l'énergie, la profondeur, la vivacité de mon adhésion; cela en déclare le caractère moral. La raison n'est point le moins du monde diminuée par là; elle n'est nullement mise en suspicion : c'est à elle qu'il appartient de connaître et de juger, et aucune autre faculté ne prend sa place; seulement il est bien établi qu'elle ne connaît et ne juge régulièrement que si elle est sur son vrai terrain, et dans les conditions naturelles et normales qui lui sont faites. Je crois en Dieu. Puis-je jamais prétendre, quand il s'agit d'un tel objet, Dieu, l'Etre infini, que les preuves les plus solides réduisent à néant toutes les difficultés, dissipent tous les nuages ? Si je suis sincère, je ne puis prétendre cela ; ce ne sont à vrai dire que vaines apparences et fantômes : sans doute, mais encore faut-il que j'ose les mépriser, ces fantômes et ces apparences : *aude contemnere*. Il faut que j'ose mépriser le vulgaire empirisme qui se contente des phénomènes et ne cherche rien au delà, il faut que j'ose mépriser le vulgaire savoir qui trouve dans l'enchaînement régulier des phénomènes les raisons de tout et déclare inutile toute recherche ulté-

---

1. « Quærendum enim bonum animæ, non cui supervolitet judicando, sed cui hæreat amando. » Saint Augustin, *De Trinitate*, VIII, 3.

rieure. Il faut que j'ose mépriser et les sens pour lesquels Dieu n'est pas et une raison inférieure qui se passe de Dieu. *Quod non capis, quod non vides, animosa firmat fides, præter rerum ordinem.*

Pensons à la manière dont nous entrons en commerce avec une âme amie. Que connaissons-nous d'abord de nos semblables? Les signes par lesquels ils expriment leurs pensées et leurs sentiments. Entre ces signes et les choses signifiées il y a un rapport établi par la nature même, et en allant des uns aux autres, nous obéissons à une loi constitutive de notre esprit : l'opération par laquelle nous les interprétons est naturelle et légitime. C'est une induction, c'est un raisonnement par analogie : sans avoir conscience de ce qui se passe en nos semblables, nous leur attribuons la pensée et le sentiment, parce que nous saisissons chez eux des indices, des signes expressifs et révélateurs, analogues à ceux par lesquels nous manifestons nous-mêmes notre propre vie intérieure[1]. Ainsi nous leur attribuons plus que nous ne voyons, et, sans atteindre par nos sens autre chose que des mouvements, nous pénétrons dans leur âme. Comment y pénétrons-nous? Ne faut-il pas dire que la présence de la personne aimée se fait sentir? Si elle se fait sentir, ne nous est-elle point donnée dans une expérience, et n'en avons-

---

1. Voir dans l'*Essay on a grammar of Assent* du P. Newman une fort intéressante étude de la manière dont nous connaissons nos semblables, notamment p. 99. Voir aussi dans les *Causes finales* de M. Paul Janet, l. Ier, ch. III, p. 145 et suiv. des remarques très importantes sur ce sujet si négligé.

nous pas une sorte de perception? Ceux-mêmes qui nous sont à peu près indifférents, ne nous apparaissent point comme des fantômes sans vie auxquels un raisonnement aurait la vertu de communiquer l'existence. La moindre action qu'ils exercent sur nous, nous donne le sentiment de la réalité. Quand nous sentons l'action d'un de nos semblables sur nous, nous percevons cette action, et dans cette action même, l'être réel qui la produit. Mais c'est une perception obscure qui nous avertit et nous assure que l'objet est présent, sans nous le dévoiler. La croyance se mêle donc ici au raisonnement et à la perception, au raisonnement qui des apparences conclut l'être, à la perception qui dans l'action saisit l'être. C'est là un fait très remarquable et très peu remarqué. Kant, qui fait de nos connaissances une si sévère critique, suppose partout, sans examen, l'existence des esprits semblables aux nôtres : ce qu'il dit de notre constitution intellectuelle s'applique à toutes les intelligences humaines. C'est bien de l'esprit humain qu'il prétend parler, et l'esprit humain, ce n'est pas le sien seulement, c'est le mien, c'est le vôtre, c'est tout esprit d'homme. La connaissance que nous avons de nos semblables est donc si naturelle, que l'on ne songe guère à chercher comment elle se produit. Et pourtant elle n'est ni directe, ni immédiate ; si elle est perception en un sens, elle suppose aussi un raisonnement et elle est mêlée de croyance. C'est pourquoi Malebranche l'appelait *conjecture* : le mot n'est pas exact, mais l'observation mérite d'être notée. Malebranche a bien vu que cette connaissance, toute naturelle qu'elle est, n'est point aussi simple qu'elle le semble ; il a vu que parmi les éléments de cette affirmation il y a un raisonnement tacite, ordinairement inaperçu, et une croyance. C'est ce qu'il a voulu dire en l'appelant conjecture[1]. Sentiments, désirs, idées, volontés de nos semblables, tout cela, en soi, nous échappe, et tout cela nous est connu par le moyen de signes expressifs. Une induction, trop familière pour être remarquée, nous fait juger des autres par nous et d'après nous, et ainsi provoqués par les signes, nous nous représentons des états de conscience dont la réalité immédiate ne peut jamais être saisie par nous qu'en nous. Mais, par ce moyen qui semble si détourné et si défectueux, nous entrons jusque dans l'âme même. Notre nature nous engage d'une manière générale à nous fier à ces signes ; et, dans les cas particuliers, un je ne sais quoi qui se dérobe à l'analyse, nous invite à avoir confiance : ce n'est plus seulement l'existence de nos semblables que nous admettons, c'est un commerce intime qui s'établit entre une âme et une âme, entre une personne et une personne, entre notre ami et nous. Les qualités intellectuelles et morales nous deviennent visibles dans les signes imparfaits où elles s'expriment ; nous avons de l'estime, du respect, de l'amour pour la personne même, quoique nous ne puissions l'atteindre sans voiles ; nous la

---

1. *Recherche de la Vérité*, l. III, deuxième partie, ch. VII, § 5.

jugeons aimable, nous disons que nous l'aimons, nous disons qu'elle nous aime. Nous le savons, nous y croyons. Nous y croyons, c'est bien dit : car, si nous nous arrêtions aux seules apparences, le fond, qui n'est point visible en soi, nous demeurerait à jamais fermé ; si nous n'avancions pas pour ainsi dire sous le voile et à travers les ombres, nous pourrions (ce serait étrange, mais possible) nous demander si tout cela n'est pas illusion ; nous allons hardiment au delà de ce que nous voyons, nous passons de la sphère du visible dans celle de l'invisible, et, tenant cette main où nous sentons circuler la vie, contemplant ce visage où se reflète l'âme, lisant dans ces yeux où se peignent les plus intimes sentiments, nous avons confiance, nous croyons à l'affection, à l'amitié, à l'amour. C'est bien de la foi. Ce que nous saisissons témoigne en faveur de ce qui n'apparaît pas ; nous nous fions au témoignage, et l'invisible nous devient présent.

Ainsi nous connaissons Dieu par les signes qui le manifestent : ses œuvres sont comme un langage qu'il nous adresse, comme un témoignage qu'il nous rend de lui-même. Nous sommes portés naturellement à entendre ce langage, et à admettre ce témoignage. Mais après tout l'on peut se contenter des apparences, et traiter d'illusions tout ce qui est au delà ; on peut jouir de l'univers ou le contempler sans y rien chercher de plus, comme on pourrait ne considérer les signes dont se compose le langage que comme des mouvements purs et simples sans se soucier du sens. Pour reconnaître Dieu, il faut passer de la sphère du visible dans celle de l'invisible ; il faut avancer au travers des obscurités, et en dépit de l'étonnement des sens et de l'imagination, malgré les difficultés qui peuvent assaillir la raison elle-même. Vivant dans un monde imparfait, imparfaits nous-mêmes, sujets à l'erreur et au péché, tour à tour victimes et auteurs du mal, nous affirmons Dieu, c'est-à-dire l'absolue perfection et le Bien souverain. Le pouvons-nous sans donner un démenti aux apparences, puisque ce monde et nous-mêmes, en proie au mal comme nous le sommes, nous nous rattachons à Dieu comme au principe et à la fin de notre existence ? Ce démenti est raisonnable, mais enfin c'est un démenti, et pour faire cela, il faut que nous ayons confiance, une ferme et profonde confiance, en l'absolue perfection, en la souveraine bonté, que nous ne voyons pas. On se fie, malgré les apparences, à la loyauté, à la justice, à la tendresse des hommes : ainsi et bien mieux il faut se fier à Dieu. On ne réussit à se faire de sa bonté infinie qu'une mesquine image : n'importe, on admet qu'elle est infinie, et on croit en elle. La raison démontre qu'elle doit être, et que partant elle est : c'est là le ressort de toute pensée, le principe de toute affirmation, dans cette sphère transcendante et divine. Ce qui est suggère l'idée de ce qui doit être, et ce qui doit être est. Il y a une bonté finie, mêlée, incomplète, imparfaite : cette bonté suggère l'idée de la bonté pure, de la bonté telle qu'elle doit être : elle doit être, elle est : dans l'ordre transcendant, ce qui doit être est. Cela est affaire de raison ;

mais comment ne pas ajouter que c'est en même temps affaire de foi? Il n'y a pas de représentation proprement dite de ce qui doit être ; il faut affirmer sans comprendre: on comprend que cela doit être; on ne comprend pas comment cela qui doit être, est. La foi comble les lacunes de la connaissance. Je crois en Dieu ; je crois à son existence réelle, et à son infinie perfection, comme je crois à l'existence réelle et à la bonté morale de cet ami dont mes sens ne saisissent que l'extérieur, dont ma raison ne comprend peut-être pas toujours la conduite. Dieu se révèle par son action, dans son action en nous et sur nous : à ce titre, peut-on dire, il est objet d'expérience ; mais ce qui est ainsi connu, est senti plutôt que vu, et, s'il y a perception, il n'y a point intuition. Dieu est connu comme cause première par le moyen du monde, son effet, son œuvre : à ce titre, il est connu par raisonnement ; mais ici entre l'effet et la cause la disproportion est extrême : ce qui sert à faire connaître l'existence de Dieu étant infiniment au-dessous de Dieu, la connaissance est forcément très limitée et très imparfaite. La croyance donc se mêle à la connaissance, et s'y ajoute.

La liberté est chose de fait, et en même temps elle est prouvée par un raisonnement, puisqu'elle est la conséquence ou la condition de la loi morale elle-même. Elle est donc connue. Mais quelle chose mystérieuse que notre volonté dans ses profondeurs intimes ! Quand on a fait le compte de toutes les influences bonnes ou mauvaises, quand on a analysé le mieux possible toutes les conditions du vouloir, il reste à savoir ce qu'est le vouloir même. Qui dira jamais le dernier mot sur ce pouvoir de se décider pour le bien ou pour le mal? Rien de mieux connu en un sens : c'est notre fond le plus intime, c'est ce que nous avons le plus en propre, c'est ce qu'il y a en nous de plus personnel. Et, en même temps, rien de moins connu. Plus je veux approfondir la vérité, plus les difficultés se multiplient et grandissent. Nulle part, dans l'ordre sensible, la liberté ne se rencontre; et si je me mets à réfléchir sur les choses, la raison semble m'offrir, et presque m'imposer l'idée de l'universelle liaison des antécédents et des conséquents comme le seul moyen de tout expliquer. Je puis être tenté de regarder la liberté comme une chimère, et, quoique j'aie de bonnes raisons d'en admettre l'existence, tant d'oppositions s'élèvent contre elle, tant de difficultés l'entourent qui fournissent des prétextes à la résistance et au doute, tant d'ombres l'enveloppent où elle semble s'évanouir, que pour l'affirmer il y faut croire. Aussi bien c'est une vérité morale : qui n'y verrait qu'une vérité métaphysique n'en comprendrait ni le sens ni la valeur. Or, si c'est une vérité morale, l'adhésion qu'elle réclame est morale elle-même. L'assentiment n'est point déterminé forcément et comme brutalement par l'évidence de fait ou par l'évidence rationnelle : il y a un fait, mais un fait moral; il y a des raisons, mais des raisons morales; et, pour entendre ce qui est moral, il faut des dispositions morales. La liberté échappe à qui n'en use point, et à qui ne se soucie point du lien par où elle se rattache au devoir. Au contraire, qu'importe qu'elle soit très peu connue en soi, qu'on ne voie pas bien comment elle est possible, que le cours ordinaire des choses ne semble pas s'accorder avec elle? Qu'importent les difficultés de toutes sortes qu'elle soulève? Qu'importe tout cela, si elle atteste sa réalité dans les actions morales où en fait elle est sentie, où en principe elle est impliquée? Mais la reconnaître en dépit de tant d'obstacles, et malgré les obscurités qui en dérobent la nature, c'est y croire. Ici encore il s'agit de passer de la sphère du visible dans celle de l'invisible, de la région inférieure où la raison est asservie aux sens à la région supérieure où elle conçoit les choses de l'esprit. Tant qu'on est au degré inférieur, on ne connaît en quelque sorte le dessus que par oui-dire; on connaît comme des témoignages qui en révèlent l'existence : témoignages clairs, bien établis, mais enfin témoignages qui n'emportent point de vive force l'assentiment, et auxquels il faut se fier pour les admettre. Cette confiance, c'est de la foi.

Nous venons de montrer que pour trois des vérités morales fondamentales, la croyance se mêle à la connaissance. La nature même de ces vérités, d'un ordre à part et supérieur, les obscurités inévitables que les preuves les plus solides ne réussissent point à écarter, enfin, de secrètes convenances qui demandent que l'adhésion aux vérités morales soit morale comme elles, tout concourt à donner ici à la confiance, partant à la volonté, un rôle dans l'affirmation. Et c'est ce qu'exprime bien le mot *foi*.

Nous dirons donc que la vie future, que l'existence de Dieu, que la liberté morale sont, en un sens, objets de foi.

Le dirons-nous de la loi morale elle-même?

Il semble que nous ne le pouvons pas, que nous ne le devons pas. La loi morale est connue, connue dans le fait de l'obligation, connue comme vérité universelle et nécessaire. Et pourtant la lumière éclatante qui l'environne ne laisse-t-elle obscur aucun recoin? Nous n'avons ni de la loi morale ni du bien une connaissance tout intuitive. Si donc nous ne sommes ni assez attentifs ni assez fidèles à ce que nous connaissons, le voile peut s'épaissir et s'étendre. Nous entrons parfois en des doutes étranges, et nous tentons de résister à l'évidence même : résistance condamnée par la conscience, ce qui montre bien que nous ne pouvons nous soustraire à l'autorité de la loi morale, mais résistance possible, ce qui prouve que l'évidence n'exerce pas ici sur nous une absolue contrainte.

On peut nier toute distinction entre le bien et le mal : on a tort, mais enfin c'est possible. La distinction entre le bien et le mal est évidente sans doute, mais des nuages venant de l'âme peuvent l'obscurcir. A l'origine même de toute notion morale, ne peut-on pas dire qu'il y a, en même temps que l'évidence qui frappe l'esprit, une acceptation volontaire, un consentement, un acte de volonté, de bonne volonté, qui accueille, qui embrasse la vérité? La loi est tellement évidente en soi, et tellement indépendante de nous, que si nous la violons ou la nions, elle ne nous laissera pas de repos, et elle nous fera avouer ou du moins sentir que nous avons tort. Mais, d'un autre côté, il y a tellement, à l'origine même, acceptation volontaire, choix, libre préférence, que si l'on est rebelle ou indifférent, certaines notions morales s'obscurcissent et finissent presque par disparaître. Les mots qui expriment les choses les plus délicates ou les plus hautes, les plus exquises ou les plus sublimes, n'ont point de sens pour les hommes en proie aux passions viles ou tout entiers à de grossières occupations. Les plus belles vertus ne sont que chimères pour ceux qui en ont étouffé en eux jusqu'aux germes. Aristote dit que les voluptueux n'estiment que la vie de jouissance[1] : ils sont incapables de concevoir un autre idéal, c'est folie, selon eux, de peiner pour l'amour de la gloire, comme le font les ambitieux ; c'est folie d'aspirer à cette vie que les sages appellent bienheureuse et divine. Les voluptueux ne comprennent point les ambitieux, ni les uns ni les autres ne comprennent les sages. C'est la même pensée que Pascal a si admirablement rendue dans le célèbre morceau que nous citons au début de ce livre, le morceau sur les trois ordres de grandeurs. Au fond, toute la morale repose sur ce principe, qu'il y a des choses d'inégale valeur, qu'il y a des degrés de perfection, que l'esprit,

---

1. *Eth. Nicom.*, I, v, 2. Οἱ μὲν πολλοὶ καὶ φορτικώτατοι... βίον ἀγαπῶσι τὸν ἀπολαυστικόν.

si l'on donne à ce mot son plus grand sens, vaut mieux que la matière, et que l'homme est tenu de vivre selon l'esprit. Est-ce évident? oui, sans doute ; mais celui qui s'enferme dans la région inférieure peut nier qu'il y ait rien au-dessus. Les rapports de perfection sont invisibles à qui veut ne les pas voir, et c'est vouloir ne les pas voir que de s'arrêter au plus bas degré en prétendant tout y terminer, et ses propres désirs, et les choses mêmes. C'est donc avec raison que l'on dit : croire au droit, au devoir, à la justice. L'homme est de toutes parts assujetti à la matière : tout effort qu'il fait pour s'élever au-dessus est d'une certaine manière un acte de foi. Il croit à l'idée, du milieu même des faits, et souvent malgré les faits ; il croit au droit en face de la force triomphante ; il croit au devoir qui, retenant sa fougue frémissante ou stimulant sa paresse, lui impose une gêne et des sacrifices ; au sein de ce qui est petit et mesquin, il croit à ce qui est grand et noble ; il croit sans voir, il croit sans comprendre : il admire, il aime, il révère, il pratique ce que la vulgaire raison, chez les autres et souvent même chez lui, appelle folie. Oui, vraiment, la vérité fondamentale de la morale est d'une certaine manière objet de foi : car la supériorité de l'esprit n'est visible ni pour les sens ni pour la raison asservie aux sens ; et ce n'est point un raisonnement qui peut l'établir. Elle est partout supposée comme un principe ; c'est une donnée initiale sans laquelle on ne pourrait parler de morale. Qu'un philosophe essaie d'effacer toute différence essentielle entre l'ordre physique et l'ordre moral; qu'il rejette comme des rêveries mystiques les vérités *a priori,* qu'il travaille à établir la morale sur des fondements tout empiriques : si c'est un penseur, et s'il a l'âme sincère, vous l'entendrez dire bientôt que « la culture d'une noblesse idéale de volonté et de conduite est pour les êtres humains individuels une fin à laquelle doit céder, en cas de conflit, la recherche de leur propre bonheur ou de celui des autres. » Et il ajoutera que « si cette noblesse idéale de caractère était assez généralement répandue, ou si du moins un assez grand nombre de personnes en approchaient, cela contribuerait plus que toute autre chose à rendre la vie humaine heureuse : heureuse, à la fois, dans le sens comparativement humble du mot, par le plaisir et l'absence de douleur, et, dans le sens le plus élevé, par une vie qui ne serait plus ce qu'elle est maintenant presque universellement, puérile et insignifiante, mais telle que peuvent la souhaiter des êtres humains dont les facultés sont développées à un degré supérieur[1]. » Ainsi, on a beau faire, on ne peut effacer toutes les différences : ou il faut rayer le mot « morale, » ou il faut admettre que la loi morale introduit dans la série des choses un terme absolument nouveau par rapport à ce qui la précède, à ce qui est concevable avant elle et sans elle. Or, de cette nouveauté, il n'y a point de démonstration ni d'explication : la démontrer ou l'expliquer, ce serait la rattacher

---

1. John Stuart Mill, A *System of Logic, ratiocinative and inductive,* dernière page du second et dernier volume.

à quelque chose de préexistant. Elle est première en son ordre, ou plutôt avec elle commence un ordre à part, un ordre supérieur à tout le reste. Nul, à moins d'entrer dans cet ordre, ne peut avoir l'idée de la dignité, de la valeur, de l'excellence, de la qualité des choses : jusque-là il n'y a que du plus ou du moins ; ici, il y a le bien et le mal, il y a une grandeur absolument différente de la grandeur qui se mesure, il y a une grandeur qui est perfection, laquelle ne se mesure point, mais s'apprécie ; laquelle est objet non de calcul, mais d'estime, de respect, d'amour. Refusez-vous de reconnaître cela ? Vous le pouvez, mais vous vous condamnez vous-même à déchoir. Car, enfin, la nature a donné à tout homme accès dans cet ordre supérieur, dans ce domaine du bien et de la perfection : c'est précisément ce qui fait que l'homme est homme : autrement, il ne serait qu'animal. Donc chacun a, par nature, accès dans ce monde supérieur ; mais chacun peut librement refuser d'y avancer, chacun peut en sortir, chacun, au contraire, peut y pénétrer et y faire des progrès. Et il est bon que cela soit ainsi. Et cela donne un caractère moral à l'acceptation de la première de toutes les vérités morales. La volonté a quelque chose à faire dès le début, ce qui est souverainement convenable, puisque la vérité morale est vérité pratique. Il ne dépend pas de nous que la vérité soit : mais, d'une certaine manière, elle n'est pour nous que si nous le voulons. Et comme les ombres qui se mêlent à la lumière où elle se montre, rendent possible l'hésitation, le doute, la résistance, la reconnaître et la saluer malgré ces ombres, c'est aller en avant avec confiance ; et comme la confiance c'est la foi, notre adhésion à la loi morale, et à la distinction fondamentale et essentielle du bien et du mal, est un acte de foi. Une persuasion intime, qui vient de la nature et qui est aussi notre œuvre, soutient toutes nos pensées : la persuasion que le bien, que la perfection existe, et que la perfection est digne de respect et d'amour. Toute la morale suppose cela, et en définitive c'est en quelqu'un que nous avons confiance ; au plus intime de notre être, la confiance et l'évidence se rencontrent : la lumière vient de celui qui est le Principe de tout être, la Cause première, la souveraine Raison et le souverain Bien ; la confiance s'adresse à lui, qui, invisible et présent, nous anime et nous soutient.

CHAPITRE IV

DU DANGER D'EXAGÉRER LE ROLE DE LA FOI MORALE.

Il est difficile de faire à la foi sa part : quand il est bien établi qu'elle est un des éléments de la certitude dans l'ordre des vérités morales, c'est une tentation naturelle de ne plus voir qu'elle. On néglige, on oublie, on finit par méconnaître l'élément rationnel : la foi envahit tout.

Nous devons combattre ces exagérations, et il nous importe pour cela de voir nettement en quoi elles consistent, et à quoi elles tiennent.

On peut, en substituant ainsi la croyance au savoir, regarder la croyance comme un mode d'affirmation supérieur, ou au contraire comme un mode inférieur.

De là, la division naturelle de notre étude. Et il nous semble qu'en examinant successivement les théories qui exaltent la foi, et celles qui la rabaissent, nous entendrons mieux ce qu'elle est et en quoi consiste le juste rôle qu'il convient de lui attribuer.

Il y a des heures où l'âme profondément pénétrée de l'éminente dignité des vérités morales, n'a plus pour le reste ni goût ni attention. Que les difficultés opposées par le raisonnement à ces sublimes vérités, s'offrent alors au regard : on les trouve pitoyables, on sourit, et l'on passe outre. Les preuves mêmes destinées à réfuter le faux et à soutenir le vrai, sont jugées importunes : à quoi bon ce labeur quand on porte en soi la certitude vivante de la vérité pratique ?

Rendez permanentes ces dispositions, et puis mettez-les dans un esprit puissant mais extrême. La spéculation sera bientôt déclarée inutile, et incertaine, et pénible. A la science on abandonnera les abstractions mathématiques et les faits physiques, région inférieure : on se glorifiera de ne point *savoir* les vérités supérieures. On fera un procès en règle à la raison : on déclarera fièrement qu'on se passe d'elle parce qu'on a mieux qu'elle. On croit, et cela suffit : on croit malgré les objections, on croit parce qu'on aime, on croit parce qu'on veut croire ; le sentiment, la volonté, ces forces vives que négligent les sectateurs de la seule raison, voilà ce que l'on considère de préférence, voilà ce qu'on finit par considérer seul, et résumant tout en ce mot « la foi », on dit : la foi prime tout, la foi vaut mieux que tout, la foi est ce qu'il y a de plus sûr : elle va plus haut et plus loin que la connaissance. C'est elle qui pénètre dans le monde moral, c'est elle qui soutient l'ordre intellectuel tout entier : non seulement elle donne ce que la connaissance ne donnerait jamais, ce qu'il y a de plus haut dans la pensée, mais elle est le fondement de la connaissance même. Connaître se réduit à peu : au delà il faut croire ; mais avant même de connaître, et pour connaître, il faut croire. La croyance, la foi, voilà ce qui est au faîte et à la base de la pensée.

Ainsi la réaction contre l'abus de la raison peut emporter l'esprit, et le jeter à la fin dans un excès contraire.

Comment résister à l'entraînement ? par des notions très nettes, qui dissipent les équivoques, qui préviennent les confusions, qui écartent les malentendus.

Méthode sévère et d'un difficile emploi. En peut-on user sans injustice et sans pédanterie avec des penseurs qui n'ont point de système ? Leur demander compte de chaque proposition, de chaque mot, n'est-ce pas, sous prétexte de sagesse, briser tout élan, éteindre toute flamme, et s'ôter à soi-même, par la recherche outrée de l'exactitude, le plaisir des nobles et salutaires émotions ? Et cette exactitude même est-elle possible ? La nature de l'esprit humain la comporte-t-elle ? Si le langage philosophique est si flottant, n'y a-t-il pas à cette indécision des raisons profondes qui la rendent irrémédiable ? C'est un droit sans doute de soumettre à un examen méthodique une doctrine réduite en système ; mais n'est-ce point trop d'ambition que de prétendre, par cet examen, dissiper toutes les équivoques et faire avec une précision rigoureuse la part du vrai et la part du faux ?

Je ne méconnais point cette double difficulté, mais

j'espère montrer comment aux penseurs de la première sorte on peut appliquer la méthode en question sans injustice et sans pédanterie ; comment avec ceux de la seconde, on peut, sans présomption, attendre de l'emploi de cette même méthode un réel et sérieux profit.

I

LA RAISON ET LA MÉTHODE MORALE. PASCAL ET MAINE DE BIRAN. DES DIFFÉRENTS SENS DU MOT RAISON.

Pascal met en relief avec une merveilleuse vigueur le caractère singulier, unique des vérités morales et religieuses[1]. Entre les grandeurs de la chair et celles de l'intelligence, il y a un abîme ; entre les grandeurs intellectuelles et les grandeurs de la sagesse, de la sainteté, de la charité, il y a un autre abîme. Distinguer d'une manière si profonde ces trois ordres de grandeur, c'est expliquer comment les moyens de les atteindre doivent être différents. Quiconque n'aime que les grandeurs

---

1. En parlant de Pascal, nous tenons à dire d'abord que nous n'oublions pas le vrai caractère de ses *Pensées* : le troisième ordre de grandeur dont il parle, c'est l'ordre surnaturel et chrétien, et ce dont il s'agit dans les *Pensées*, c'est en définitive de croire en Jésus-Christ. Mais, demeurant dans ce qui est de notre sujet, nous pouvons étudier, dans les limites de l'ordre naturel, l'admirable méthode morale recommandée et pratiquée par Pascal, pourvu que nous n'omettions pas de rappeler que par cette méthode, suivie jusqu'au bout, il entend mener les âmes au christianisme.

charnelles ne connaît point ce qui est au-dessus, et n'en est pas juge ; quiconque est tout entier dans les recherches intellectuelles, n'entend point les choses divines, et n'en peut juger. Chacun termine tout à ce qu'il aime. Il méconnaît ou méprise ce qui dépasse la sphère où il s'arrête. Il faut se déprendre des choses inférieures pour reconnaître les supérieures : tout occupé de celles-là on ne voit pas celles-ci, ou on les voit sans les voir[1].

Comment s'élever jusqu'aux grandeurs suprêmes ? voilà ce que Pascal enseigne, et il l'enseigne admirablement : ce que nous appelons ses *Pensées*, c'est l'ébauche, ce sont les débris épars de cet art de monter, qui est l'art même de croire. Ce que la volonté doit faire, comment elle s'aide de tout, comment elle tire parti de toutes les ressources de la nature humaine, comment elle tourne en moyens les faiblesses mêmes, il le fait voir de toutes les manières : ses *Pensées* n'ont pas d'autre dessein ni d'autre sens. Tout y est une réponse passionnée à cette question unique : comment croire ? Dès lors les paroles violentes et excessives s'expliquent. Quand on est en haut, tout ce qui est au-dessous paraît petit. Il y a plus. On s'étonne et l'on s'en veut d'avoir trouvé grand ce qui, vu d'en haut, est petit. Pascal semble dédaigner les sciences. Pascal, parlant de la raison, prodigue les ironies, les plaintes, les insultes. Ne cherchez pas en tout cela un système. Pascal est arrivé à comprendre la grandeur souveraine des choses

---

1. Relire cet admirable morceau sur les trois ordres de grandeur : tout Pascal s'y résume.

morales et religieuses. Il est désabusé des autres grandeurs ; il en veut désabuser tout le monde. Il s'indigne de voir des hommes « tranquilles et satisfaits [1] » quand ils n'ont dans les mains que des biens inférieurs; il les plaint, et, pour les tirer de leur illusion, il veut porter dans leur âme un « trouble salutaire [2]. » Il n'expose pas une philosophie : il indique, il pratique une méthode morale, un traitement des âmes. A ceux qui veulent toujours raisonner, et n'admettre que ce qu'ils comprennent, il dit : « Le cœur a ses raisons, que la raison ne connaît point [3]. » A ceux qui pensent que l'adhésion à la vérité morale dépend d'un argument, il rappelle qu'il vient un moment où « ce n'est point par l'augmentation des preuves qu'il faut travailler à se convaincre, mais par la diminution des passions [4]. » Il dit « qu'il faut ouvrir son esprit aux preuves, mais qu'il faut s'y confirmer par la coutume, et surtout qu'il faut s'offrir par les humiliations aux inspirations qui seules peuvent faire le vrai et salutaire effet [5]. » Qu'est-ce à dire? Sans l'action de la grâce, sans l'action de Dieu dans les âmes, et sans une réponse courageuse de la volonté à l'appel divin, on ne croira

---

1. *Pensées.* C'est dans le morceau connu sous ce titre : *Contre l'indifférence des athées.*

2. Pascal, *Opuscules.* Sur la conversion du pécheur. « L'âme... entre dans une sainte confusion, et dans un étonnement qui lui porte un trouble bien salutaire. » Pascal dit aussi, dans l'*Entretien avec M. de Saci,* que la lecture de Montaigne et celle d'Epictète, jointes ensemble, seraient utiles, parce qu'elles peuvent, non pas donner la vertu, mais « troubler dans les vices. »

3. *Pensées.* Il dit à la fin du même morceau : « Voilà ce que c'est que la foi : Dieu sensible au cœur, non à la raison. »

4. *Pensées.* C'est dans le célèbre morceau du *pari.*

5. *Pensées.* Ce passage très net et très beau, est à relire tout entier.

pas. Suivez Pascal dans cette étude des conditions morales de la certitude : vous entendrez des paroles étranges, vous rencontrerez des hardiesses qui vous étonneront, vous serez troublé, déconcerté, choqué même ; mais ne perdez pas de vue son dessein, et ce qu'on nomme son scepticisme ne vous paraîtra que l'expression très vive de l'incomparable grandeur de l'ordre moral et comme une adjuration pressante, passionnée, ardente à ceux qui se contentent de ce qui est au-dessous. Vous jugerez donc équitablement ce grand esprit; vous ne lui ferez pas de vaines chicanes, vous vous laisserez gagner et séduire par cette grande parole : oui, gagner et séduire. Mais sera-ce au point de vous livrer tout entier à lui ? livrez-vous à son âme, non à sa logique ; gardez le droit de noter les excès de son langage ou de sa pensée. Sera-ce donc lui faire tort ou sera-ce agir avec pédanterie ? Si, parlant du troisième ordre de grandeur, il ne fait aucune distinction entre ce que les théologiens appellent l'ordre naturel et l'ordre surnaturel, vous rappelez et maintenez cette indispensable distinction. Si, étalant aux yeux les faiblesses de la raison, il s'emporte jusqu'à dire : « Le pyrrhonisme est le vrai[1], » vous déclarez cette proposition inacceptable. Si, expliquant le rôle du sentiment, du cœur, de la volonté, il a un langage inexact, vous avez recours à des définitions précises. Ce n'est point

1. *Pensées.* Encore faut-il lire cette pensée dans sa vraie place. « Le pyrrhonisme est le vrai; car, après tout, les hommes, avant Jésus-Christ, ne savaient où ils en étaient, ni s'ils étaient grands ou petits. Et ceux qui ont dit l'un ou l'autre, n'en savaient rien, et devinaient sans raison, et par hasard, et même ils erraient toujours, en excluant l'un ou l'autre. »

là vous renfermer dans une étroite et mesquine sagesse, ce n'est point vous rendre incapable de vous plaire à Pascal et de profiter dans son commerce. Mais vous voyez par un illustre exemple combien il est facile d'exagérer le rôle de la foi, vous voyez en même temps combien c'est dangereux : on risque d'ôter à la foi tout fondement rationnel, et partant de ruiner la certitude des vérités morales et religieuses que l'on prise plus que tout. De là se tire cette utile conclusion, qu'il est mauvais de ne savoir qu'en gros ce que c'est que connaissance et croyance, raison et foi, et cela vous détermine à porter dans vos idées une plus parfaite netteté.

Maine de Biran offre un autre exemple de la méthode morale indiquée par Pascal. Il convient de procéder avec lui de la même manière. Philosophe au sens propre du mot, il a eu le souci de concilier avec la philosophie née de ses premières réflexions les résultats où le menait peu à peu sa méthode morale, et plusieurs projets ou fragments d'ouvrages appartenant à la dernière partie de sa vie attestent cette préoccupation[1]. Mais sa méthode elle-même n'est point un système, et dans le *Journal intime* où nous en suivons les progrès, elle est pratiquée tout de bon, et décrite à mesure qu'elle est mise en œuvre. La discipline de la

1. Voir *Maine de Biran, sa vie et ses pensées*, publiées par M. Ernest Naville, 2ᵉ édit., 1874. C'est ce que l'on nomme le *Journal intime*. Nous lisons à la date du 28 décembre 1818 : « La présence de Dieu opère toujours la sortie de nous-mêmes, et c'est ce qu'il nous faut. Comment concilier cela avec ma doctrine psychologique du *moi* ? »

volonté est pour lui la chose importante, essentielle. Comme Pascal distinguait trois ordres, Maine de Biran distingue trois vies. L'unique question pour Pascal était de passer des sphères inférieures à la sphère suprême : Maine de Biran cherche la même chose[1]. Il y a la vie commune, vulgaire, la vie des sens ; puis il y a la vie intellectuelle, et aussi la vie morale ordinaire, « vie moyenne » qui ne peut suffire à l'homme, parce qus ni les spéculations de l'esprit ne lui découvrent les vérités les plus essentielles et les plus hautes, ni un froid stoïcisme ne lui donne la force de se délivrer de ses misères. Au-dessus, il y a la vie morale par excellence, la vie religieuse, où l'âme reçoit de Dieu même la lumière et la force[2]. Il y a donc comme trois points de vue : d'abord celui des sens, de l'imagination, des passions : l'animal y est borné ; ensuite celui de la raison proprement dite : l'homme purement homme s'y arrête ; enfin un troisième point de vue, qui est celui de Dieu : l'homme que Dieu soutient s'y élève. « Il ne faut pas s'arrêter au dernier ordre de facultés comme si c'étaient là nos

---

1. Même remarque à faire au sujet de Maine de Biran qu'au sujet de Pascal. La troisième vie dont parle Maine de Biran est de l'ordre surnaturel et chrétien, et c'est à la religion, au christianisme, que sa méthode morale aboutit. S'il n'est pas de notre sujet de suivre ici cette méthode tout entière, nous devons au moins rappeler que telle en est la portée. Cela bien entendu, il nous est permis de l'étudier dans les limites de l'ordre naturel où elle est déjà d'un indispensable usage.

2. *Journal intime*, 8 décembre 1821, et en beaucoup d'autres endroits. Voir aussi les *Nouveaux essais d'anthropologie*, introduction (3e et dernier vol. des *Œuvres inédites* de Maine de Biran, publiées par M. Ernest Naville, 1859) : les trois divisions de l'ouvrage correspondent aux trois vies, *vie animale, vie propre de l'homme, vie spirituelle*.

limites[1]. » Mais « comment passer de l'état *inférieur* à l'état *supérieur*[2]? » Comment s'élever à la troisième vie ? Comment atteindre ce point de vue suprême qui seul permet de bien juger des choses ? « La philosophie qui n'admet que l'étude[3], » ne suffit plus. « Il faut agir, pratiquer la loi morale dans toute sa pureté pour avoir en soi quelque chose de supérieur à la science[4]. » « Le monde invisible, Dieu, objet et but de la pensée quand on perd de vue le monde extérieur et soi-même[5] », c'est « le royaume intérieur de la raison et de la foi. Heureux qui a des yeux pour voir ce royaume ! La chair et le sang n'en ont point ; la sagesse de l'homme animal est aveugle là-dessus et veut l'être : ce que Dieu fait intérieurement lui est un songe. Pour voir les merveilles de ce monde intérieur, il faut renaître ; pour renaître, il faut mourir[6]. » Cette mort et cette renaissance spirituelle, c'est l'œuvre de Dieu et de l'homme, de la grâce que Dieu donne et de la libre volonté qui opère sous cette action divine. Maine de Biran décrit avec une attachante sincérité ce travail d'âme. Lui aussi, comme Pascal, emploie à la recherche de la vérité morale et religieuse l'homme tout entier. Il ne veut négliger aucune des ressources de la nature humaine, et il déclare que pour arriver à la troisième vie et la main-

---

1. *Journal intime*, 22 septembre 1823.
2. *Journal intime*, 25 décembre 1822.
3. *Journal intime*, 20 octobre 1823.
4. *Journal intime*, 30 juin 1818.
5. *Journal intime*, 13 décembre 1818.
6. *Journal intime*, juin 1820.

tenir en soi, un régime approprié est nécessaire, régime physique en même temps que régime intellectuel et régime moral[1]. Enfin, l'âme parvenue à ces hauteurs sublimes, « voit et apprécie les choses comme elles sont. » Que lui importent alors les jugements de ceux qui parlent de cette vie intérieure sans compétence? « On ne conçoit pas parmi nous la vie intérieure, on la regarde comme folle et vaine, tandis que ceux qui connaissent cette vie regardent du même œil les gens du monde qui sont tout hors d'eux-mêmes. Qui est-ce qui a raison? ceux qui nient ce qu'ils ne connaissent pas et ne veulent pas connaître? Je connais aussi bien que vous le monde extérieur et je le juge; vous n'avez pas l'idée de mon monde intérieur, et vous voulez le juger[2]! »

Maintenant, dans Maine de Biran, comme dans Pascal, nous trouvons des paroles excessives. « La science m'importune », s'écrie-t-il quelque part[3]. Mais qu'est-ce que cela? un cri du cœur, l'aveu et comme le repentir d'une âme qui a jusque-là interverti l'ordre des choses, qui a mis au plus haut rang dans son estime ce qui n'en était pas digne, qui a préféré à l'unique nécessaire des choses inutiles au point de vue suprême, et qui maintenant est désabusée. Ce dédain de Maine de Biran pour la science n'a rien de systématique. Je ne jugerai donc pas cette parole et d'autres analogues

---

1. *Journal intime,* 14 avril 1820.
2. *Journal intime,* 20 juillet 1817.
3. *Journal intime,* 30 juin 1818.

comme on juge un système. Je remarquerai pourtant, et je noterai ces excès. Je me tiendrai sur mes gardes, surtout quand je verrai Maine de Biran chercher dans la croyance le moyen unique d'atteindre la réalité supra-sensible. Je m'inquiéterai de l'ombre où il laisse la raison. Je me demanderai si l'élément proprement intellectuel n'est pas trop négligé ; et m'adressant alors à ses écrits spéculatifs, j'examinerai si cette négligence n'y porte pas des fruits funestes. Or, que verrai-je dans ces écrits ? Qu'il y a deux systèmes, le système de nos connaissances et celui de nos croyances. Et quel est de ces deux systèmes celui qui est le fondement de l'autre ? c'est le système de nos croyances [1]. Mais de quelles croyances s'agit-il ? Les caractères de la croyance opposée à la connaissance sont-ils assez nettement signalés ? Et puis, la croyance morale est-elle suffisamment distinguée de la croyance naturelle ? Voilà ce que je demanderai à Maine de Biran. J'admire sa méthode morale, je n'accepte point toute sa philosophie.

Pascal et Maine de Biran sont les maîtres de quiconque attribue à la foi un rôle dans la certitude des vérités morales. Comment parler d'eux autrement qu'avec res-

---

1. Voir notamment, dans les Fragments des Œuvres inédites de Maine de Biran, publiés par M. Jules Gérard, professeur de philosophie à la faculté des lettres de Nancy, à la suite de sa belle étude sur *Maine de Biran*, l'*Essai sur les rapports des sciences naturelles avec la psychologie*, où Maine de Biran établit « une distinction essentielle entre le système de nos croyances et celui de nos connaissances, » puis montre « comment les discussions métaphysiques tiennent à la confusion des principes de la croyance et de la connaissance, » et explique « le passage du sentiment du *moi* à la notion des réalités absolues. »

pect et reconnaissance? La primauté de l'ordre moral, l'impossibilité d'entrer dans ce monde supérieur sans le concours de la volonté, les moyens de rendre la volonté bonne, de la guérir, de la fortifier et de disposer par elle la raison à bien voir et à bien juger, voilà ce qu'ils établissent, l'un avec l'ascendant et l'éclat du génie, l'autre avec la tranquille autorité d'un esprit profondément philosophique, tous les deux avec une admirable sincérité, et en pratiquant eux-mêmes la méthode qu'ils enseignent. Mais tous les deux aussi tendent à exagérer le rôle de la foi : tous les deux tendent à ne plus considérer qu'elle, et dans l'ordre moral et à la base de toute pensée. Il faut savoir, même dans les écrits de tels maîtres, reconnaître et signaler ce péril.

Il y a là une équivoque. On se fait une fausse idée de la raison. On dit : la raison aspire à se rendre raison des choses, c'est sa loi; mais elle est bornée par les deux bouts, car elle trouve en haut des objets qui la passent, et en bas elle plonge ses racines dans des profondeurs où elle ne peut pénétrer. Laissez-la faire : elle niera ce qu'elle est impuissante à atteindre; elle se prendra elle-même pour la mesure des choses; elle rejettera ce qu'il lui est impossible de comprendre. Il faut donc se passer d'elle, soit qu'on considère les hauteurs ou les abîmes de la pensée, le faîte ou la base des choses.

Quand on dit cela, on calomnie la raison : parce

qu'elle nous expose à être raisonneurs, faut-il donc oublier qu'elle nous fait raisonnables?

Il y a une raison étroite, isolée en soi, disputeuse, qui n'admet que ce qu'elle comprend et explique. Mais est-ce être raisonnable que de la suivre? N'est-on pas raisonnable plutôt quand on admet d'une part qu'il y a des choses certaines qui passent l'esprit de l'homme, et d'autre part qu'il y a des vérités indémontrables où s'appuie la pensée? Il ne faut donc pas appeler raison tout court la raison incomplète, la raison orgueilleuse, la raison pervertie. Il ne faut pas oublier que ce mot « raison » a plusieurs sens. Pensez-vous, en le prononçant, à la lumière de l'intelligence, à la règle du jugement? Voilà une raison que vous ne pouvez proscrire : prétendrez-vous supprimer la lumière ou la règle? Dites que des nuages venus d'ailleurs obscurcissent cette lumière et que des obstacles venus d'ailleurs aussi empêchent d'appliquer cette règle : mais ni la lumière en elle-même ne peut s'éteindre, ni la règle en elle-même fléchir. Nommez-vous raison la faculté que nous avons de voir et de juger? L'œil intellectuel peut être malade, le juge peut être prévenu et corrompu ; sans doute : mais direz-vous que, les yeux crevés, on verra mieux, et que, tout juge supprimé, la règle sera mieux appliquée? Non : vous ne pouvez nulle part vous passer de la raison, si par là vous entendez ce qui voit et juge. Il peut y avoir des précautions à prendre, pour bien voir et bien juger, un traitement à suivre, des secours à recevoir, des moyens déterminés à employer :

mais cela même, n'est-ce point dans la lumière intellectuelle que vous le trouvez véritable, n'est-ce pas avec l'œil intellectuel que vous en discernez la convenance ou la nécessité?

Reste un troisième sens du mot raison : il désigne l'ensemble de ces opérations plus ou moins compliquées et laborieuses par lesquelles nous analysons, nous dirigeons, nous employons la lumière, ou encore nous appliquons la règle. Si dans le premier sens, la raison désignait les principes fondamentaux de la pensée, si dans le second, elle était l'intelligence même ou l'esprit, dans ce troisième et dernier sens, elle diffère peu du raisonnement, ou plutôt le raisonnement en est le mode le plus accompli. On exprime fort bien ce qu'elle est en la qualifiant de « discursive. » Or, à ce titre, elle a presque partout quelque chose à faire, puisque l'esprit humain n'a point l'intuition vive et soudaine de la vérité. Mais, si elle est indispensable, c'est comme auxiliaire simplement. Elle n'est plus maîtresse, comme dans le premier cas, elle n'est plus l'organe même du vrai, comme dans le second : elle n'est qu'un instrument.

On brouille tout, si l'on perd de vue cette triple acception du mot raison. On conseille de renoncer à la raison pour croire, et l'on estime la foi plus assurée parce que la raison est humiliée et proscrite. De quelle raison parle-t-on? Est-ce qu'il y a jamais lieu de renoncer aux principes d'éternelle vérité qui président à toute pensée? Est-ce que le sentiment ou la volonté ou les exigences de la pratique doivent jamais, peuvent jamais les supprimer ou les faire fléchir? Le prétendre, ce serait ôter au sentiment sa lumière, à la volonté sa règle, à la pratique son guide, à la foi sa base. Mais on voit dans la raison discursive toute la raison, et, comme l'impuissance de la raison discursive est ici manifeste, on dit : il faut réduire la raison au silence, il faut renoncer à la raison. Nullement : certaines généralisations de l'expérience, fruit du raisonnement, passent à tort pour des principes absolus : valables dans la région moyenne où elles sont nées, elles n'ont plus d'empire dans la sphère supérieure. Voilà ce qu'il faut reconnaître. Direz-vous pour cela que la raison est en défaut, ou qu'elle se dément elle-même? Si vous dites cela, vous donnez successivement au même mot deux sens différents, et, à la faveur de cette confusion, vous reprochez à la raison ce qui est à son honneur : car c'est précisément dans cette lumière et par cette règle de la raison que vous voyez et jugez que des maximes simplement générales n'ont point une portée universelle et ne s'appliquent point aux choses de l'ordre supérieur.

De même, y a-t-il jamais lieu de renoncer à la raison, si la raison est cela même qui voit et juge? Où pourrait-elle être sans action dans le domaine de la pensée? A moins de se perdre dans le vide, comment se passer d'elle? Ni le sentiment ni la volonté ne peuvent la suppléer : car ni l'on n'aime, ni l'on ne veut ce que l'on ne connaît pas du tout. La croyance ne peut la détruire : car l'on ne croit pas sans voir au moins qu'il y a quelque chose à croire, et que les raisons de croire sont légitimes. Vous méprisez certaines oppositions nées d'une manière étroite d'envisager les choses; vous coupez court à des discussions oiseuses; vous vous débarrassez des subtilités; en même temps, vous vous aidez de toutes les puissances de l'âme, et vous voulez aller à la vérité avec toutes vos forces ensemble : c'est bien. Renoncez-vous pour cela à la raison? renoncez-vous à voir et à juger? Vous renoncez à une raison disputeuse, à une raison incomplète, à une raison artificielle. Ce n'est point renoncer à la droite et saine raison qui voit et juge dans la lumière et selon la règle.

Ainsi l'on mêle les différents sens du mot ; et, grâce à ces perpétuelles équivoques, la raison est déclarée coupable de toutes sortes de méfaits, et proscrite comme une dangereuse ennemie. Entre le savoir et la foi, on imagine une absolue séparation, plus que cela encore, une opposition radicale, un irréconciliable conflit. Pourquoi? Parce qu'il y a des sphères superposées de vérités, et que pour entrer dans l'ordre supérieur, il faut des secours d'un nouveau genre; mais la raison ne nie pas la réalité de cet ordre supérieur, elle ne nie pas son insuffisance, son impuissance à y pénétrer toute seule; elle ne nie pas le devoir pour la volonté de préparer l'intelligence à reconnaître le vrai, et puis d'y acquiescer quand il se montre ; elle ne nie pas que dans cet ordre supérieur il y ait des choses qui la passent et qu'il lui soit impossible de comprendre :

elle ne nie rien de tout cela, ou plutôt elle établit tout cela. Disons donc qu'il y a des choses qui sont au-dessus d'elle, mais ne disons jamais qu'il faut admettre ce qui est contre elle. Les apparences peuvent lui être contraires, mais les apparences seulement. Ce qui lui serait vraiment contraire, ce serait le pur inintelligible, l'absurde absolu. Est-ce donc sur l'inintelligible et l'absurde que l'on voudrait édifier la foi? Si on le dit, ou plutôt si on le semble dire, c'est encore grâce à une confusion. On nomme inintelligible et absurde l'incompréhensible, ce qui est bien différent, et l'on dit : il faut se passer de la raison, il faut briser la raison. Illusion pure et pure chimère! Si vous prétendez que l'on ne peut admettre ces objets transcendants, la liberté, la vie future, Dieu, sans se placer en dehors de toutes les conditions de la pensée, prenez garde : qu'aurez-vous à répondre à celui qui viendra vous dire qu'en dehors de toutes les conditions de la pensée, il n'y a rien? Vous ferez des distinctions peut-être ; vous direz : en dehors des conditions accoutumées de la pensée, en dehors des conditions faites à la pensée humaine par ses faiblesses ; non pas en dehors de toute pensée : mais alors pourquoi ces grandes paroles? Si tout se réduit à rappeler à l'homme qu'il est homme, pourquoi ne pas le dire tout de suite? Sans causer à personne de trouble inutile, sans recourir à des exagérations de langage qui font scandale, on dira tout simplement ceci : l'homme peut affirmer et penser certains objets sans attribuer à ces objets les modes de sa propre pensée; et de même qu'il pense une pierre sans la rendre pour cela intelligente, ainsi pense-t-il Dieu sans le rendre fini et imparfait : il n'élève pas jusqu'à soi la pierre, et il ne rabaisse pas jusqu'à soi Dieu. Établissez donc des ordres différents de vérité : dites que la liberté dont est incapable la *nature* proprement dite, éclate dans le monde moral, et qu'elle échappe à qui s'obstine à demeurer dans la sphère de la nature; dites qu'en ce sens-là, il y a des abîmes entre ces deux mondes; mais ne concluez pas de là qu'en nommant la liberté, on se mette en dehors des conditions de toute pensée, quand on s'élève tout simplement au-dessus des conditions d'une pensée assujettie aux sens. Dites qu'à Dieu, l'Etre absolu, ne convient aucun des caractères de l'existence bornée, mobile et imparfaite, en tant précisément qu'imparfaite, mobile et bornée, et que sa très haute majesté le dérobe aux regards qui prétendraient pénétrer son essence incomparable et unique; dites qu'entre l'infini et le fini il y a un abîme : mais ne concluez pas de là qu'en nommant Dieu, on ne sache absolument pas ce qu'on dit, comme si ce qui passe nos faibles conceptions était inintelligible.

Montrer que la foi a une part dans la certitude des vérités transcendantes, ce n'est donc pas en bannir l'élément intellectuel, ce n'est pas exclure toute connaissance, tout savoir; ce n'est pas détruire la raison. Là où l'on supposerait je ne sais quel objet échappant complètement à la raison, on supposerait un rien, et si l'on en disait la moindre chose, c'est qu'on se servirait encore de cette raison déclarée impuissante. Là où l'on admettrait un objet déclaré en contradiction avec la raison, on s'abuserait soi-même : car, ou la contradiction ne serait qu'apparente, et la raison ne serait pas anéantie, ou la contradiction serait réelle, et il n'y aurait qu'une seule chose établie, ce serait l'impossibilité absolue et partant la non-existence d'un tel objet.

Veut-on se donner dans des doctrines fameuses le spectacle des conséquences que nous venons d'indiquer ? Qu'on examine d'une part les systèmes de Kant et de Fichte, d'autre part ceux de Hamilton et de M. Mansel. On verra, dans le premier cas, où doit aboutir cette déclaration que la raison et la foi sont absolument séparées, l'objet de la foi étant *en dehors* des conditions de la pensée ; — on verra, dans le second cas, où mène cette autre assertion, plus étrange encore, à savoir que la raison et la foi sont en absolue opposition l'une avec l'autre, l'objet de la foi étant *contraire* aux lois de la pensée. Ou de telles propositions ne sont que des exagérations de parole, des façons singulières, paradoxales, de dire des choses vraies, tout cela fondé sur des équivoques ; ou bien ces mêmes propositions doivent être prises au pied de la lettre, et, comme elles mettent les vérités les plus hautes et les meilleures hors la raison, elles sont alors l'expression du pur scepticisme.

II

LA RAISON SPÉCULATIVE ET LA RAISON PRATIQUE.
KANT ET FICHTE.

Kant parle admirablement des choses morales. Commencer par rappeler ce qu'il dit de plus beau, ce sera rendre plus saisissante l'exagération que nous voulons combattre. Écoutons-le donc.

L'ordre moral, c'est l'ordre pratique, c'est donc l'ordre de la liberté[1] : l'adhésion ici ne peut être déterminée par l'évidence rationnelle toute seule ; il faut que la libre volonté s'en mêle, et s'il y a des obscurités dans ces hautes régions, ou si la vue y est fort limitée, c'est un bien : nos facultés sont sagement proportionnées à notre destination pratique[2]. C'est la valeur morale qui fait le prix de la personne et celui même du monde aux yeux de la suprême sagesse. Si nous avions une connaissance claire et positive de Dieu et de la vie future, la conduite de l'homme, tant que sa nature resterait ce qu'elle est aujourd'hui, risquerait de dégénérer en un pur mécanisme, où, comme dans un jeu de marionnettes, tout gesticulerait bien, mais

---

1. *Critique de la raison pure,* canon de la raison pure, 1re sect. « J'appelle *pratique* tout ce qui est possible par la liberté. »
2. *Critique de la raison pratique,* 1re part., liv. II, chap. II, § 9. « Que les facultés de connaître de l'homme sont sagement proportionnées à sa destination pratique. »

où on chercherait en vain la vie sur les figures. Il nous est avantageux de n'avoir de l'avenir qu'une idée obscure, de deviner pour ainsi dire plutôt que d'apercevoir clairement l'existence et la majesté du maître du monde : cela même nous rend capables de désintéressement, et nous devenons dignes de participer au souverain bien. Ainsi la sagesse inpénétrable par laquelle nous existons, n'est pas moins digne de vénération pour ce qu'elle nous a refusé que pour ce qu'elle nous a donné en partage. Méconnaître cela, c'est ne rien entendre à la dignité des vérités morales. La *foi* qui s'y attache est *morale* comme elle[1] : les motifs rationnels qu'elle suppose ne la produisent point par une invincible nécessité : ils la rendent possible et raisonnable ; mais elle est elle-même l'œuvre de la volonté. On ne peut croire comme il faut, si l'on n'est pas bon. Le sentiment moral, que tout homme a en soi, mais que tout homme ne cultive pas également, est comme la racine de cette foi[2]. Kant sans doute ne va pas jusqu'au bout : il ne fait pas de la croyance en Dieu et en l'immortalité de l'âme un devoir, il se contente de montrer qu'elle est liée au devoir. Une fausse crainte le retient : il lui semble que s'il était obligatoire de croire qu'un Dieu existe et que l'âme est immortelle, la liberté

---

1. *Critique de la raison pure*, Méthodologie transcendantale, ch. ii, sect. 3. — *Critique de la raison pratique*, 1ʳᵉ part. liv. II, ch. ii, sect. 8. — *Critique du jugement*, § 89 et 90. — *Logique*, Introduction, § 9. — *Opuscules*, « qu'est-ce que s'orienter dans la pensée? » Ce petit écrit, qui est de 1786, est traduit dans les *Mélanges de logique de Kant*, de M. Tissot.
2. *Critique de la raison pure*, Méthodologie transcendantale, ch. ii, sect. 3. — *Critique de la raison pratique*, 1ʳᵉ part., liv. II, ch. ii, sect. 8.

serait menacée[1]. Peur chimérique et indigne d'un si grand esprit. N'est-il pas obligatoire d'admettre la loi morale? et la liberté est-elle atteinte par là? Kant n'a-t-il pas montré admirablement que l'obligation n'est point la violence, et que si elle est, en un sens, une contrainte, une contrainte morale [2], c'est parce que la loi rencontre dans notre faible nature de l'opposition et que pour vaincre ces obstacles il faut bien qu'elle s'arme? Et ce n'est pas là porter atteinte à la liberté, c'est lui prêter assistance. Kant n'admet pas que les hautes vérités nommées par lui *postulats de la raison pratique*[3] soient nécessaires théoriquement[4]; il n'admet pas non plus qu'il y ait obligation de les reconnaître. Elles sont pratiquement nécessaires[5], dit-il. Sans elles la mo-

---

1. *Critique du jugement,* § 89, note 2, et § 90, note 3. Il parle, en ce dernier endroit, de « l'usage obligatoire de la raison pure pratique », et cependant il ne veut pas que croire soit considéré comme une chose ordonnée. « C'est une libre adhésion... à des choses que nous admettons en faveur d'un but que nous nous proposons d'après les lois de la liberté. »

2. *Fondements de la métaphysique des mœurs,* 2ᵉ sect. — *Critique de la raison pratique,* 1ʳᵉ part., liv. I, ch. i, § 7, scholie. « Le rapport de la volonté humaine à la loi morale est un rapport de *dépendance* (*Abhängigkeit*) auquel on donne le nom d'*obligation* (*Verbindlichkeit*), qui désigne une *contrainte* (*Nöthigung*), mais imposée par la raison seule et sa loi objective, et l'action ainsi imposée s'appelle *devoir* (*Pflicht*). »

3. *Critique de la raison pratique,* 1ʳᵉ part., liv. II, ch. ii, sect. 6. — *Critique du jugement,* § 86.

4. *Critique du jugement,* § 86, note 2 (que Rosenkranz ne donne pas).

5. La pensée de Kant est assez subtile et un peu embarrassée. C'est peut-être dans le résumé qu'en offre sa *Logique,* qu'on la saisit le plus aisément. Voir Introduction, § 9. « Nous avons besoin (d'admettre une sagesse suprême), non pour agir d'après des lois morales, car les lois ne sont données que par la raison pratique; mais nous avons besoin d'admettre une sagesse suprême pour l'objet de notre volonté morale, sur lequel nous ne pouvons nous empêcher de régler nos fins en dehors de la simple légalité de nos actions... Le souverain bien est l'objet *subjectivement* nécessaire d'une bonne

rale est incomplète : la morale les appelle, elle en a besoin, elle les exige ; mais ces exigences, qui ne sont ni celles de l'évidence rationnelle ni celles de l'obligation morale, que sont-elles enfin ? Une convenance sans doute, et rien de plus : est-ce assez ? Quoi qu'il en soit, Kant (et c'est le point important à constater en ce moment), ne fait point dépendre de la seule lumière de l'esprit la certitude, je dirai la certitude complète des vérités qui ont avec le devoir un lien intime. La liberté est chose morale, ou ce n'est qu'un leurre ; Dieu est un être moral, ou il n'est Dieu que de nom ; la vie future a un caractère moral, ou elle ne signifie rien. Ce n'est pas en demeurant dans les limites de la nature, c'est-à-dire de cet ensemble de causes et d'effets déterminés les uns par les autres, que l'on peut trouver des vérités qui dépassent la nature et sont d'un autre ordre. Aussi les difficultés qui s'élèvent contre elles quand on en juge du point de vue de la nature, ne peuvent-elles arrêter la foi : il est impossible d'établir d'une manière scientifique la non-existence et la non-possibilité de ces sublimes objets réclamés par la raison pratique : c'est donc le *droit* de la raison pratique de faire taire toutes les oppositions, de repousser comme vaines et sophistiques toutes les résistances, quand ses propres exigences sont bien établies[1]. Personne ne peut

volonté, et la foi que cet objet peut être atteint, est nécessaire pour cela... Je me vois forcé par ma fin, suivant des lois de liberté, à reconnaître possible un souverain bien dans le monde, mais je n'y puis forcer aucun autre par des raisons... La foi morale est une adhésion libre, mais nécessaire... »

1. *Critique de la raison pure,* Discipline de la raison pure par rapport à

alléguer la certitude qu'il n'y a pas de Dieu ni de vie future : cette certitude supposerait l'impossibilité de l'un et de l'autre *apodictiquement* prouvée, mais personne ne peut donner cette démonstration. Il n'est jamais certain que Dieu ne soit pas, jamais certain qu'il n'y ait pas de vie future. La complète indifférence n'est donc pas possible. Une crainte demeure, crainte salutaire : s'il était vrai que Dieu fût? s'il était vrai qu'il y eût une vie future[1]?.... C'est presque parler comme Pascal, et la fameuse preuve du pari, dont on s'est tant scandalisé, se retrouve ici en germe : développez ces quelques mots de Kant, et puis mettez tout cela en action, faites un dialogue, un drame, parlez éloquemment et avec passion, vous aurez le célèbre et, quoi qu'on en dise, admirable morceau de Pascal. Le fond de cette preuve, c'est, si je puis dire, d'exploiter en faveur de la morale et de la foi en Dieu cette impossibilité d'une absolue et certaine négation, ce soupçon qui, tout ébranlé et secoué jusqu'aux fondements, demeure encore et demeure toujours dans la conscience humaine.

Kant, comme Pascal, comme Maine de Biran, indique

---

son usage polémique. — *Critique de la raison pratique*, 1re part., liv. I, ch. I, sect. 2.

1. *Critique de la raison pure*, Canon de la raison pure, ch. II. *De l'opinion, du savoir et de la foi* (vers la fin). « Quand même, faute de bons sentiments, un homme serait étranger à tout intérêt moral, il ne pourrait s'empêcher de craindre un être divin et une vie future. Il suffit, en effet, qu'il ne puisse alléguer la certitude qu'il n'y a pas de Dieu et pas de vie future... Ce serait une foi négative qui, à la vérité, n'engendrerait pas la moralité et de bons sentiments, mais qui produirait du moins quelque chose d'analogue, c'est-à-dire qui empêcherait fortement les mauvais sentiments d'éclater. »

DU DANGER D'EXAGÉRER LE ROLE DE LA FOI MORALE.

une méthode pour rendre les hommes croyants. Les sentiments moraux ne manquent absolument chez personne. Là où l'intérêt moral n'a pas la prédominance dans la pratique, il existe encore. « Affermissez et augmentez cet intérêt, et vous trouverez la raison très docile et même plus éclairée pour unir à l'intérêt pratique l'intérêt spéculatif. Mais si vous ne prenez pas soin dès le début, ou au moins à moitié chemin, de rendre les hommes bons, vous n'en ferez jamais des hommes sincèrement croyants. » Maintenant « supposez un homme qui du précepte moral fasse aussi sa maxime comme la raison l'ordonne, cet homme croira inévitablement à l'existence de Dieu et à une vie future, et il pourra dire : Je suis certain que rien ne peut faire chanceler cette croyance, puisque cela renverserait mes principes moraux mêmes, auxquels je ne saurais renoncer sans me rendre méprisable à mes propres yeux [1]. »

Voilà ce que dit Kant. Mais allons jusqu'au bout de sa pensée. Pour lui il y a deux sortes de raison : la raison théorique, la raison pratique. Et il les sépare. Continuons de l'écouter.

La raison théorique[2] nous donne le *savoir*; la

---

1. *Critique de la raison pure*, au chapitre déjà cité sur l'*opinion, le savoir et la foi*. — Voir aussi *Critique du jugement*, § 85, remarque.
2. Remarquons que là où il parle en toute rigueur, Kant distingue entre *théorique* ou *théorétique* et *spéculatif*. « La connaissance théorétique est celle par laquelle nous connaissons ce qui est; la connaissance pratique, celle par laquelle on se représente ce qui doit être... Une connaissance théorétique est *spéculative* quand elle se rapporte à un objet auquel on ne peut arriver par aucune expérience. » Voir *Critique de la raison pure*, critique de toute théologie spéculative. La raison théorique appliquée au supra-sensible est

raison pratique nous apprend ce que nous devons *faire* et ce que nous pouvons *espérer*[1]. La première a pour domaine la *nature* et produit la *science;* la seconde a pour domaine l'*ordre pratique*, et elle produit la *morale* et la *religion*. Dans la nature tout est soumis au *fatum;* l'ordre pratique suppose la *liberté*. Dans la nature nous ne *connaissons* que des *phénomènes;* l'ordre pratique nous fait *croire* à des *réalités supra-sensibles*. La *science* a des limites que la *foi* dépasse[2]. Mais cette foi pratique, morale, n'autorise point l'esprit à se jeter dans des spéculations métaphysiques qui ne peuvent être que vaines : croire n'est pas connaître ; il n'y a pas de connaissance du supra-sensible ; il y a des croyances qui, nées de la pratique et pour la pratique, n'ont pas et ne peuvent jamais avoir le caractère de la science[3]. La science n'atteint pas les *choses en soi,* elle connaît les apparences qu'elle lie entre elles selon des règles ; la morale suppose les *choses en soi,* mais, si la foi qui les affirme est fondée en raison, si elle affirme à bon droit, pourtant elle ne *sait* rien de son objet, et c'est précisément pour cela qu'elle est foi[4]. La raison pra-

donc raison spéculative. C'est sous ce nom le plus souvent qu'on l'oppose à la raison *pratique*.

1. *Critique de la raison pure*. Méthodologie transcendantale, ch. II, 2º sect. *De l'idéal du souverain bien comme principe servant à déterminer le but final de la raison pure.*

2. *Critique de la raison pratique*, 1ʳᵉ part., liv, Iᵉʳ, ch. Iᵉʳ, sect. 2. *Du droit qu'a la raison pure, dans son usage pratique, à une extension qui lui est absolument impossible dans son usage spéculatif.* — *Critique du jugement,* Introduction, § 1 et 2.

3. *Critique du jugement,* § 87, *Limitation de la valeur de la preuve morale,* et § 90, *De l'espèce d'adhésion produite par une croyance pratique.*

4. C'est ce qui est dit partout dans les trois *Critiques*. Voir particulière-

tique exerce sur la raison spéculative une légitime *suprématie*[1], parce que l'homme est avant tout un être *moral*, fait, non pour savoir, mais pour bien agir. Si les difficultés que la raison spéculative peut rencontrer quand elle examine les objets de la foi morale, ne justifient ni la négation ni le doute, c'est que la raison spéculative ne réussit jamais à établir l'impossibilité de ces objets : mais pourquoi ? pour le même motif qui lui interdit d'en faire la science : elle ne les *connaît* pas. Si les *antinomies* les plus redoutables peuvent être méprisées, c'est qu'elles tiennent au point de vue où l'on se place pour juger des choses : mais qu'est-ce que cela veut dire ? cela veut dire que rien n'est *connu* en soi, qu'il n'y a de connaissance que des apparences ou phénomènes, et nous n'avons pas le droit d'étendre aux *choses en soi* les impossibilités ou contradictions que les apparences nous offrent. Si rien ne peut empêcher de *croire*, quand la croyance est étroitement liée au *devoir*, c'est en définitive parce qu'on ne *sait* pas [2].

Ainsi il n'y a de connaissance que des phénomènes [3], et la morale seule dépasse la région des phénomènes : non qu'elle nous procure une connaissance d'un autre

---

ment *Critique de la raison pure*, Dialectique transcendantale, ch. III, sect. 7, et *Critique de la raison pratique*, 1re part., liv. II, ch. II, sect. 7.

1. *Critique de la raison pratique*, 1re part., liv. II, ch. II, sect. 3. *De la suprématie (Primat) de la raison pure pratique dans son union avec la spéculative.*

2. *Critique de la raison pure*, préface de la 2e édit. « J'ai dû supprimer le savoir (*das Wissen*) pour y substituer la croyance (*das Glauben*). »

3. *Critique de la raison pure :* Analytique des principes, ch. III (*Du principe de la distinction de tous les objets en général en phénomènes et noumènes*); Dialectique transcendantale, spécialement Introduction et Appendice.

ordre, mais elle nous permet de croire à des réalités supra-sensibles dont nous ne savons rien, sinon que telle vérité morale en suppose, en exige l'existence. La morale vérifie l'*hypothèse* des *choses en soi*, non en ôtant le voile qui les cache à nos yeux, mais en justifiant l'affirmation par des *besoins pratiques* absolument légitimes [1].

Telle est la théorie de Kant. Je sais bien, et je l'ai déjà indiqué, que de la faiblesse même de la raison spéculative il se fait une arme en faveur de la foi morale. La savante ignorance qui est le fruit de la *critique* lui semble un excellent moyen de préparer la foi [2]. Entre la raison spéculative et la raison pratique, il n'y a pas, à ses yeux, de désaccord : l'insuffisance ou plutôt l'impuissance reconnue de l'une facilite et assure l'exercice de l'autre. Quand on a fait taire une fausse science, née de l'usage illégitime de la spéculation en des matières qui ne la comportent pas, on entend mieux, lui semble-t-il, la voix du devoir, on en comprend mieux les exigences, la foi est tout ensemble plus éclairée, plus ferme, plus profonde, et l'on est capable de substituer à une chimérique métaphysique une philosophie morale sérieuse et solide [3]. Kant répète avec

---

1. *Critique de la raison pratique*, Préface, et 1re part., liv. II, ch. II, sect. 8. (*De l'espèce d'adhésion qui dérive d'un besoin de la raison pure.*)

2. Voir notamment la *Préface de la seconde édition* de la *Critique de la raison pure*.

3. Cette assertion est dans les trois *Critiques*. Les § 84 et 85 de la *Critique du jugement* doivent être particulièrement cités, d'autant plus qu'ils sont moins connus que les textes des deux autres *Critiques*.

DU DANGER D'EXAGÉRER LE ROLE DE LA FOI MORALE. 155

insistance que sa critique n'est pas le scepticisme[1]. Le scepticisme sape les fondements de toute certitude : la critique ruine une prétendue certitude qui se dit scientifique et qui ne peut pas l'être, et ainsi elle prépare le terrain à la seule certitude qu'admette l'ordre moral, à une certitude morale elle-même comme l'objet de l'adhésion. La critique raffermit donc ce qu'elle semblait ébranler. Elle débarrasse la science des obstacles accumulés par les préjugés métaphysiques et les superstitions ; elle sépare la morale et la religion de tout ce qui n'est pas elles et ne les vaut pas ; elle rend l'esprit plus capable de comprendre le rôle de la volonté, de la bonne volonté, dans cet ordre pratique, qui est l'ordre vraiment humain, et qui est en même temps « le royaume de Dieu[2]. » Encore une fois, je sais que Kant a ces vues, et je suis loin de penser que son dessein ne soit pas sérieux, ou qu'il soit à mépriser. Mais, quoi qu'il dise et quoi qu'il fasse, une chose demeure par lui établie : c'est qu'il n'y a de *connaissance* que des apparences ou des phénomènes. Cette connaissance suppose des formes

---

1. *Critique de la raison pure.* Voir la *Préface de la seconde édition*, et dans la méthodologie transcendantale, l'appendice au chap. I, 2° sect. (*De l'impossibilité où est la raison en désaccord avec elle-même de trouver la paix dans le scepticisme.*)

2. Kant désigne par ce mot emprunté à l'Evangile, et par lui dépouillé du sens proprement chrétien, ce qu'il appelle ici même (et presque partout) le « monde intelligible. » *Critique de la raison pratique*, 1re part., liv. II, ch. II, § 7. «..... *Diese Ideen von Gott, einer intelligiblen Welt (dem Reiche Gottes) und der Unsterblichkeit...* » Il appelle encore ce monde « monde moral, » dans la *Critique de la raison pure* (*De l'idéal du souverain bien*, 2° sect. du canon de la raison pure), et « règne ou royaume universel des *fins en soi* ou des *êtres raisonnables*, » par exemple dans les *Fondements de la métaphysique des mœurs* (vers la fin).

et des concepts *a priori* : mais le supra-sensible n'est pas *connu*[1]. Le devoir, forme pure de nos actions, est vérité nécessaire et universelle : mais cherchez-vous au devoir un objet? Vous pourrez *croire*, dans cette sphère nouvelle où vous entrez, vous pourrez croire légitimement, et appuyé sur le devoir même : vous ne pourrez *connaître*. Est-ce là une chose dite en passant? Non, c'est le point essentiel, fondamental, de la théorie kantienne. Et si vous essayez d'expliquer, d'atténuer, que faites-vous? Quelque chose qui peut être raisonnable, mais qui dénature la thèse de Kant : vous ramenez la connaissance là où il déclare qu'elle n'a point de part; quand il dit que le supra-sensible n'est pas connu, que l'on ne sait rien des *choses en soi*, il entend bien être pris au mot, il veut parler avec précision, avec rigueur : les phénomènes, et l'enchaînement des phénomènes selon les lois de la raison, en d'autres termes, les apparences sensibles et les formes rationnelles, cela seul est connu.

Or, si la distinction entre la raison spéculative et la raison pratique a ce sens-là, si elle met d'un côté tout le

1. *Critique de la raison pratique*, 1ʳᵉ part., liv. II, ch. ii, sect. 7. « Les trois idées de la raison spéculative, dont il s'agit ici, ne sont pas par elles-mêmes des *connaissances*, mais des *pensées* (transcendantes), qui ne contiennent rien d'impossible. Elles reçoivent d'une loi pratique apodictique, comme conditions nécessaires de la possibilité de ce que cette loi nous ordonne de *prendre pour objet*, de la réalité objective, c'est-à-dire que nous apprenons de cette loi qu'elles ont des objets, mais sans pouvoir montrer comment leur concept se rapporte à un objet, et ce n'est pas encore là une *connaissance* de ces *objets*, car nous ne pouvons par là porter sur eux aucun jugement synthétique, ni en déterminer théoriquement l'application, et, par conséquent, en faire un usage rationnel théorique. »

savoir, et de l'autre la croyance, laissant au savoir les phénomènes, réservant à la croyance la réalité, qu'est-ce que cela, sinon une sorte de mysticisme (au sens défavorable du mot), ou une sorte de scepticisme? une sorte de mysticisme, si, avec une raison bornée à un si mince avoir, on admet pourtant toutes les hautes vérités que cette raison est impuissante à atteindre ; — une sorte de scepticisme, si on se dit qu'après tout c'est le savoir qui est solide, et que la réalité, crue mais non connue, est en définitive hors des prises de l'intelligence.

Et nous voyons du même coup comment la question s'élargit. C'est de la connaissance humaine tout entière qu'il s'agit maintenant. En toute chose, le savoir se réduit au phénomène ; en toute chose pour aller au delà, il faut croire, et c'est la morale qui donne le droit de croire : la morale, et la morale seule, rétablit, en tout et partout, la réalité. Seule, pourrait-on dire, elle donne de la consistance, de la substance, de la vie aux pures idées. A ce qui apparaît elle substitue ce qui est. Au savoir même elle donne donc une base, puisqu'elle seule rend certaine l'existence de l'objet du savoir.

En quoi consiste la connaissance? en quoi consiste la croyance? c'est ce qu'il faut d'abord demander à Kant. Comme tout le monde, Kant emploie le mot *connaissance* tantôt dans le sens strict et tantôt dans le sens large. Lorsqu'il dit qu'il y a trois espèces d'objets de connaissance (*res cognoscibilis*), les choses d'opinion (*opinabile*), les choses de fait (*scibile*), les choses de foi (*mere credibile*), il considère la connaissance d'une manière très générale, et il y fait rentrer la croyance même [1]. Mais lorsqu'il dit que la raison pratique, parvenue au concept d'un être premier et unique comme souverain bien, n'a pas le droit de faire comme si elle était arrivée à la connaissance d'un nouvel objet, il prend ici la connaissance dans l'acception étroite du mot, et la distingue de la foi [2]. Je ne m'arrête point à ces variations à peu près inévitables, et n'adresse à Kant aucune vaine chicane. Mais je cherche ce qu'il entend par connaissance et par foi quand il les oppose l'une à l'autre. Il dit ordinairement en ce sens précis *savoir* plutôt que *connaître* [3]. Que veut-il donc dire quand il oppose *savoir* et *croire ?*

Il y a *savoir* de ce qui est *chose de fait ;* et la chose de fait, c'est l'objet d'un concept dont la réalité objective peut être prouvée, soit par la raison pure, mais au moyen d'une intuition sensible correspondante, soit par l'expérience, notre propre expérience, ou celle d'autrui, au moyen du témoignage [4]. En définitive, la chose de fait est toujours d'une manière ou d'une autre objet d'expérience, si l'on ne borne pas cette expression à l'expé-

---

1. *Critique du jugement*, § 90. De l'espèce d'adhésion produite par une foi pratique. « *Erkennbare Dinge sind nun von dreifacher Art: Sachen der Meinung* (opinabile), *Thatsachen* (scibile), *und Glaubenssachen* (mere credibile). »
2. *Critique de la raison pure.* Canon de la raison pure. 2° sect. *De l'Idéal du souverain bien.*
3. C'est le titre même de la 3° sect. du *Canon de la raison pure*, dans la *Critique de la raison pure.* « *Vom Meinen* (opinion), *Wissen* (savoir), *und Glauben* (foi). »
4. *Critique du jugement*, § 90, n° 2.

rience actuelle et que l'on considère aussi l'expérience possible. En d'autres termes, il y a chose de fait là où les catégories de l'entendement, qui servent à constituer l'expérience, ont une application. La chose de fait est donc déterminée nettement, et l'esprit qui la connaît, est capable de la montrer ou de la démontrer aux autres. Le jugement par lequel on en affirme l'existence, est valable pour tout homme, pour quiconque du moins a de la raison. L'objet de la foi, au contraire, n'a point d'effet dans la nature, et ne prouve point sa réalité dans l'expérience. Si donc nous en affirmons l'existence, c'est par des raisons qui sont *objectivement insuffisantes*; le jugement tient en grande partie aux dispositions du sujet, et il n'est point valable pour tous les esprits [1].

Cette distinction entre *savoir* et *croire* semble très nette : l'est-elle en effet?

D'abord Kant exclut du domaine de la croyance les informations dues au témoignage de nos semblables, sous prétexte qu'à l'origine de ces informations il y a une chose de fait [2]. Mais n'est-ce pas refuser le nom de croyance à ce qui est précisément le type même de la croyance? Sans doute, ce que j'affirme parce que vous me l'attestez, vous pouvez l'avoir vu, et il faut que la chose connue maintenant par le témoignage ait été pour le témoin primitif objet d'expérience. Si longue que soit la chaîne des témoignages, ce à quoi elle est sus-

---

[1]. *Critique de la raison pure*, à l'endroit déjà cité. *De l'opinion, du savoir et de la foi.* — *Critique du jugement*, § 89, au commencement, et § 90, n° 3.
[2]. *Critique du jugement*, § 90; n° 3.

pendue, c'est une première perception. Mais qu'importe ? moi, qui n'ai point vu cette chose, je ne l'affirme que parce que vous me l'attestez : pour moi, donc, elle est objet de foi.

Il suit de là que l'absence d'une chose de fait à l'origine de l'affirmation n'est point du tout ce qui caractérise la croyance. On croit aux choses attestées, lesquelles sont primitivement choses de fait, et précisément, si elles ne l'étaient pas, la croyance serait une chimère et une illusion, car elle serait sans objet réel. Il faut chercher ailleurs ce qui caractérise la croyance. Nous l'avons dit dans le chapitre précédent, et nous le rappelons ici. Quand une chose est saisie directement par quelque autre chose qui y est liée comme les conséquences au principe, ou comme les effets à la cause ; quand, par suite, c'est l'objet qui détermine l'assentiment, puisque les raisons qui en établissent l'existence lui sont inhérentes, pour ainsi dire, et en découvrent plus ou moins la nature même, alors il y a *savoir* proprement dit. Si l'objet ne suffit plus à déterminer par lui-même l'assentiment, parce qu'on n'en connaît que ce qui est indispensable pour attacher un sens aux mots qui le désignent, si les raisons de l'affirmation qui le concerne lui sont comme étrangères ou extérieures, constituant en sa faveur un témoignage, une autorité, ou quelque chose d'analogue, sans dévoiler sa nature même, alors il y a *croyance* proprement dite. Dans les deux cas, il y a une chose de fait à l'origine : ce qui diffère, c'est la relation qui s'établit entre cette chose de fait et l'esprit; et la relation diffère sans être pour cela suffisante lorsqu'on *sait*, insuffisante lorsqu'on *croit*. Là où elle est insuffisante, il n'y a qu'opinion. S'il y a croyance légitime, c'est que la relation suffit. Ce n'est pas la suffisance ou la valeur, c'est la nature de la relation, qui est le principe de la différence entre le savoir et la foi. Kant, en plaçant le signe caractéristique de la foi dans l'absence d'une chose de fait à l'origine de l'affirmation, frappe de suspicion toute foi. la considérant par cela même comme insuffisamment fondée, du moins *objectivement*. Il veut qu'il y ait foi là seulement où l'objet n'a point d'effet dans la nature et ne prouve point sa réalité dans l'expérience. Mais non, ce n'est point là le trait distinctif de la foi. Si cela était vrai, absolument parlant, il faudrait dire aussi que d'un tel objet, nous n'avons absolument aucune idée. Ce qui est le propre de la foi, c'est que l'objet affirmé soit atteint par des moyens qui n'aient point avec lui une relation intrinsèque; et ce qui fait qu'il y a place pour la foi quand il s'agit d'objets d'ailleurs connus, c'est que la connaissance qu'on en a est indirecte, limitée, imparfaite. Ils sont bien choses de fait, ils ne sont pas sans effet dans la nature, ils prouvent leur réalité dans l'expérience : mais leur essence demeure enveloppée d'ombres et de mystères, et les signes qui les révèlent étant disproportionnés avec eux, c'est se fier en quelque sorte à un témoignage que de se servir du peu qu'on a à sa portée pour admettre le surplus qui est hors des prises de l'esprit.

Mais ni la croyance ne suppose l'absence de toute chose de fait à l'origine, ni la connaissance ne manque entièrement dans l'ordre des vérités transcendantes.

Qu'on suive Kant avec soin, et l'on verra combien est peu nette et peu consistante la distinction qu'il établit entre *savoir* et *croire*. En effet, c'est une connaissance, indirecte, bornée, imparfaite, mais une vraie connaissance, qu'en dépit des assertions les plus formelles, Kant est bien forcé d'admettre quand il explique comment nous arrivons à affirmer légitimement ces réalités déclarées par lui transcendantes, et, à ce titre, purement objets de foi : la liberté, Dieu, la vie future.

Si l'on s'en tenait à ses définitions, ces réalités étant objets de foi, tout lien entre l'existence transcendante et la chose de fait serait rompu. Or, n'établit-il pas lui-même que ce lien existe? et cela d'une telle manière que c'est non seulement une foi légitime qui est possible, mais bien un vrai savoir, c'est-à-dire une « connaissance déterminée, » un « jugement applicable à l'expérience, valable pour tous les esprits. » Que trouvons-nous au seuil de l'ordre pratique? deux objets de savoir : la loi morale et la liberté. Vérité universelle et nécessaire, valable pour tous les esprits, forme *a priori* de la conduite humaine, et mieux encore de la conduite de tout être raisonnable, la loi morale est manifestement chose *connue*[1]. Kant le déclare expressément.

---

[1] « La loi morale nous est donnée comme un fait de la raison pure dont nous avons conscience *a priori* et qui est *apodictiquement certain,* quand même on ne pourrait trouver dans l'expérience un seul exemple où elle fût

N'insistons pas : contentons-nous de remarquer que cette première connaissance pratique ayant, de l'aveu même de Kant, tous les caractères de la connaissance spéculative, point n'est besoin, pour poser le pied dans ce domaine nouveau, de rompre avec la raison théorique. Mais arrêtons-nous à considérer la liberté : *elle est chose de fait,* car elle prouve sa réalité objective dans l'expérience. Elle n'est pas un rêve de l'imagination, elle n'est pas une fiction, elle n'est pas une simple hypothèse, puisqu'elle a des effets dans la nature. Kant en convient-il? Oui, sans doute, du moins dans la *Critique du jugement :* là il met la liberté au rang des *scibilia*[1]. Voilà donc une connaissance déclarée pra-

---

exactement pratiquée. » *Critique de la raison pratique,* 1re part., liv. I, ch. I, sect. 1. *De la déduction des principes de la raison pure pratique.* — Voir aussi même chap., § 7. « La loi est considérée comme *donnée*... C'est là, non un fait empirique, mais le fait unique de la raison, qui se proclame par là originairement législative. » — Et encore liv. II, ch. II, sect. 7. « Loi pratique *apodictique.* »

1. *Critique du jugement,* § 90, n° 2. « Parmi les choses de fait, se trouve une idée de la raison..., c'est l'idée de la *liberté,* dont la réalité... a sa preuve dans les lois pratiques de la raison pure, et, conformément à ces lois, dans des actions réelles, par conséquent dans l'expérience. C'est de toutes les idées de la raison la seule dont l'objet soit une chose de fait et doive être rangé parmi les *scibilia.* » — Il dit encore dans la *Critique de la raison pratique* (1re part., liv. Ier, chap. II, *Du concept d'un objet de la raison pure pratique*) : « De tout l'intelligible, il n'y a que la *liberté* qui ait d'abord de la *réalité* (au moyen de la loi morale). » — Dans la *Critique de la raison pure,* la liberté est *admise* parce que la raison en a besoin dans son usage pratique nécessaire (Préface de la 2e édit.); mais elle n'est point considérée comme chose de fait. Voir aussi *Antinomie de la raison pure,* et *Canon de la raison pure* (1re sect., à la fin), où il est dit que « la liberté pratique peut être démontrée par l'expérience, » mais cela est peu expliqué, et Kant ne parle ni de *choses de fait* ni de *scibilia.* Dans le chapitre sur *l'opinion, le savoir et la foi,* il n'est pas question de la liberté.

tique, ou un objet de foi pratique, ou encore un *postulat de la raison pratique*, qui a les mêmes caractères que la connaissance proprement dite, ou connaissance théorique, ou spéculative. Ceci est très important. Il devient dès lors impossible d'identifier le savoir et l'ordre théorique d'une part, la croyance et l'ordre pratique d'autre part. Il y a du savoir dans l'ordre pratique, et même c'est le savoir qui y est la base de tout. Kant ne déclare-t-il pas que, si la liberté n'était pas *chose de fait*, et, à ce titre, susceptible d'être rangée parmi les *scibilia*, toutes les tentatives de la raison pratique cherchant à établir l'existence de ce qui en soi est caché pour nous, seraient vaines ? car « toute adhésion de l'esprit, si elle ne manque pas entièrement de fondement, doit être fondée d'abord sur une chose de fait[1]. » Mais rendons-nous bien compte de la valeur de ces assertions.

Dire que la liberté est au nombre des *scibilia*, c'est dire qu'elle n'est pas proprement et simplement une chose transcendante, puisque, selon Kant, il n'y a pas de savoir de ce qui est transcendant. Les idées de la raison ne sont que des *principes régulateurs* : « les prendre pour des *principes constitutifs* de connaissances transcendantes, c'est les entendre mal, et une apparence brillante mais trompeuse produit alors une persuasion et un savoir imaginaire, qui enfantent à leur tour des contradictions et des disputes éternelles[2]. » La liberté,

---

[1]. *Critique du jugement*, Remarque générale sur la téléologie.
[2]. *Critique de la raison pure*. Dialectique transcendantale, *Du but final de la dialectique naturelle de la raison humaine*, vers la fin.

donc, qui est *connaissable* comme « chose de fait, » qui « prouve sa réalité objective dans l'expérience, » qui « produit des effets dans la nature, » la liberté n'es pas chose proprement transcendante. Et pourtant, selon Kant, ou le concept de liberté n'a pas de sens, ou c'est le concept d'une cause qui se détermine elle-même. La nature ne nous offrant aucune causalité de cette espèce, il faut, pour concevoir la liberté, dépasser la nature. Dès lors la liberté est quelque chose de *suprasensible*[1], et se déclarer libre n'est-ce pas s'attribuer une causalité réelle, et partant se considérer comme une *chose en soi*, et non comme un *phénomène?* Voilà donc que la liberté est tout ensemble objet d'une vraie connaissance ou de savoir, et chose en soi. C'est-à-dire qu'une chose en soi est connue au moins par ses effets. C'est-à-dire encore qu'il y a savoir de ce qui est transcendant, parce que ce qui est transcendant opère dans la nature, et devient ainsi, d'une certaine manière, objet d'expérience. Tout cela, il est vrai, se passe dans l'ordre pratique, dans l'ordre moral. Mais qu'importe? Le savoir, dès qu'il y a savoir, est partout le même, il offre partout les mêmes caractères, et, conformément à la définition de Kant, dont je ne veux pas ici m'écarter, il consiste en une connaissance déterminée, en un jugement applicable à l'expérience (ce qui empêche de n'y voir qu'une fiction ou une hypothèse), et valable pour

---

1. Kant dit en propres termes qu'en « l'homme considéré comme *noumène*, nous pouvons reconnaitre comme son caractère propre une faculté supra-sensible, la *liberté*. » *Critique du jugement*, § 83.

tous les esprits (ce qui rend possible la démonstration ou quelque chose d'analogue à la démonstration). Je n'oublie pas que Kant maintient que la liberté a beau être chose de fait, elle n'est pas pour cela chose complètement connue en soi. On l'admet, on ne peut pas ne pas l'admettre, mais on ne *sait* pas ce qu'elle est. « Comment la liberté est-elle possible, et comment peut-on se représenter théoriquement et positivement cette espèce de causalité, c'est ce qu'on ne voit pas[1]. » Soit, mais ceci même est un argument en faveur de la thèse que je soutiens. Car enfin, si la liberté est chose de fait, et partant objet de savoir, bien qu'on ne sache pas parfaitement ce qu'elle est, qu'est-ce que cela prouve, sinon qu'il y a des connaissances très certaines, très vraies, très valables, qui pourtant sont limitées et incomplètes? Et dès lors il faut avouer que le transcendant peut fort bien être objet de savoir. Ce qu'on peut objecter, c'est que le transcendant nous est caché en soi, que, malgré tous nos efforts, nous ne pouvons l'atteindre en ses intimes profondeurs, ni l'embrasser tout entier, ni le dominer du regard. Or, c'est précisément ce qui arrive pour la liberté, et malgré cela, on l'avoue, elle est *connue*, elle est *chose de fait*, elle est au rang des *scibilia*. On ne sait ce qu'est en soi une causalité de cette espèce, mais qu'il y en ait une, on le *sait* : la réalité objective de cette causalité est prouvée par des

---

[1]. *Critique de la raison pratique*, 1ʳᵉ part., liv. II, ch. ıı, *Du concept du souverain bien*, sect. 7.

actions. Venir dire que la preuve n'est valable qu'au point de vue pratique, ce n'est pas l'infirmer, et ce n'est pas substituer la foi au savoir : c'est tout simplement constater que la liberté est chose pratique, et qu'on ne peut la chercher dans la nature sans en méconnaître le caractère propre et en altérer l'essence[1]. Mais j'ajoute qu'on *sait* donc ce que c'est que la liberté : si on ne le savait pas, comment pourrait-on la caractériser, la discerner de ce qui n'est pas elle, décider qu'elle doit être cherchée ici, et non pas là? On ne la connaît pas à fond, on n'est pas capable de se débarrasser complètement de toutes les objections soulevées contre elle, on a de la peine à la concilier avec les lois de la nature. Si on en avait une claire vue, toutes ces difficultés s'évanouiraient. On n'a pas cette claire vue. La théorie scientifique est difficile à faire, mais on sait que la liberté est, on sait même suffisamment ce qu'elle est. Et cette connaissance a ce caractère très remarquable qu'elle est transcendante en un sens et expérimentale dans l'autre. Nous avons ici une *chose en soi*, qui devient *chose de fait*.

Ainsi qu'un objet soit transcendant, c'est une nécessité qu'il soit *imparfaitement* connu, mais non qu'il ne puisse être objet de *savoir*. Et que cet objet soit de l'ordre pratique, cela n'empêche pas que la con-

[1]. *Critique de la raison pratique.* 1re part., liv. I, ch. I, § 5, scholie. « C'est la moralité qui nous découvre le concept de la liberté : personne ne se serait avisé d'introduire la liberté dans la science si la loi morale, et avec elle la raison pratique, n'était intervenue et ne nous avait imposé ce concept. »

naissance qu'on en a puisse être une connaissance véritable et proprement dite, tout comme dans l'ordre théorique.

On ne peut donc pas dire absolument que l'ordre théorique est le domaine du savoir, et l'ordre pratique, le domaine de la foi. Et la distinction entre la connaissance et la croyance ne peut être maintenue dans les termes où la pose Kant. On ne peut pas dire qu'il n'y ait pas connaissance du transcendant. Kant s'est chargé lui-même de montrer le contraire. Ce qu'il appelle croyance, ce n'est donc qu'une connaissance limitée, incomplète, la connaissance d'une chose dont on *sait* l'existence, dont on sait même assez l'essence pour la discerner de tout le reste, mais dont on n'a pas scruté toutes les profondeurs. Qu'une telle connaissance soit mêlée de croyance, c'est ce que nous avons essayé d'établir, mais c'est une connaissance.

D'un autre côté, la liberté est liée à la loi morale, parce qu'elle en est la condition indispensable. A ce titre encore elle est objet de savoir. En vain Kant soutient-il le contraire. Ce qui est postulé par la loi morale et pour la loi morale, n'est-il pas connu? Ce qui est « une supposition nécessaire de la raison réclamée par les fins essentielles de cette même raison[1], » n'est-il pas *su* et *démontré?* Que faut-il de plus? N'est-ce pas là de la lumière? Des fins essentielles, connues apparemment, sans quoi l'on ne pourrait les déclarer essen-

---

[1]. *Critique de la raison pure,* canon de la raison pure, 2ᵉ sect. *Idéal du souverain bien,* à la fin.

tielles, une vague notion ne suffisant certes pas pour motiver une telle affirmation ; et entre ces fins essentielles et une supposition déterminée, un rapport proclamé absolument nécessaire, connu par conséquent, et d'une manière fort nette et fort positive : que peut-on exiger encore ? et comment le jugement, en de telles conditions, ne serait-il pas valable pour quiconque a de la raison ? Dira-t-on que l'objet affirmé n'en demeure pas moins caché en lui-même ? Oui, caché, en ce sens qu'on ne le saisit pas tout entier, et que bien des questions le concernant sont condamnées à rester sans réponse ; mais non point caché absolument, car, si l'on ne savait rien de ce qu'il est, comment saurait-on que les fins essentielles de la raison en réclament absolument l'existence ? Supposer les choses, dans de telles conditions, c'est les connaître. On voudrait savoir davantage, savoir le fond, savoir le tout, mais parce que cela manque, faut-il mépriser ce que l'on possède ? faut-il dire que l'on n'a rien, parce que l'on n'a pas tout ? Craint-on de ne lier ensemble que des idées ? Mais des « suppositions nécessaires aux fins essentielles de la raison » ont plus qu'une valeur purement idéale, elles ont une valeur réelle, *objective*. Et d'ailleurs il est reconnu qu'à la base de tout cela, il y a une chose de fait, une chose d'expérience : on est donc à l'abri de l'illusion.

Considérons maintenant l'existence de Dieu et la vie future : ce sont les deux autres postulats de la raison pratique, comme parle Kant. Ici il n'y a plus rien, selon lui, pour le savoir : tout est purement

objet de foi. Je me place au point de vue de Kant même :
le *souverain bien* à réaliser dans le monde par la liberté est un objet transcendant pour la raison pratique
elle-même, puisque, si c'est un but qu'il nous est
ordonné de poursuivre, la réalité objective du concept
ne peut être démontrée dans aucune expérience possible. Les choses que nous apprenons par le témoignage d'autrui, ont été, pour l'un des témoins au moins
des objets d'expérience propre : elles ne sont donc pas
proprement *choses de foi :* si elles sont *crues* par nous,
pour ce témoin elles ont été choses *sues, choses de fait.*
Mais pour qui le souverain bien a-t-il été et pourra-t-il
jamais être chose de fait ? Il en est de même « des seules
conditions de sa possibilité que nous puissions concevoir : » ce sont « des suppositions admises à un point
de vue pratique et nécessaire de notre raison considérée
dans son usage moral. » L'existence de Dieu et l'immortalité de l'âme sont postulées par la raison pratique,
qui ne peut autrement concevoir la possibilité du souverain bien ou du but final suprême qu'elle-même nous
prescrit de poursuivre. L'existence de Dieu et l'immortalité de l'âme sont donc choses de foi. « Tenir pour
vrai ce qu'il est *nécessaire* de supposer comme condition
de la possibilité du but final suprême que la loi morale
nous oblige à poursuivre, quoiqu'on ne puisse apercevoir ou connaître théoriquement ni la possibilité ni l'impossibilité de ce but final, » tel est le propre de la foi [1].

---

1. *Critique du jugement*, § 90, n° 3.

Telle est la thèse de Kant ; mais je prétends que même en n'allant à Dieu et à la vie future que par la voie qu'il propose, on obtient autre chose qu'une croyance pure et simple : on arrive à une connaissance proprement dite.

Le souverain bien ne se montre à nous nulle part réalisé : c'est vrai ; mais puisque c'est un but qu'il est *obligatoire* de poursuivre, ce n'est pas une fiction ; et puisque l'obligation et la liberté sont choses corrélatives, le souverain bien, par cela seul qu'il y a obligation de le poursuivre, se trouve avoir avec la liberté un rapport nécessaire : or la liberté est chose de fait. Nous prenons donc pied dans l'expérience : l'idéal proposé à la liberté, laquelle est chose réelle, au nom de la loi morale, qui est elle-même chose parfaitement solide et souverainement respectable, cet idéal n'est pas, et ne peut pas être une chimère. Ceci bien entendu, et Kant n'y peut contredire, avançons. Nous ne *savons* pas si le souverain bien est réalisé, mais nous *savons* qu'il *doit* l'être ; nous ne connaissons pas le fait, mais nous connaissons la nécessité morale. Pourquoi ne serait-ce plus connaître ni savoir ? Nous ne pouvons nous le représenter comme une chose d'expérience : est-ce à dire que nous ne nous comprenons pas nous-mêmes quand nous en parlons ? Nous ne voyons pas comment il est possible : mais si nous savons qu'il doit être, n'est-ce donc rien ? Notre savoir est limité, il n'est pas nul. Ainsi nous savons du souverain bien qu'il doit être, par conséquent qu'il est possible, quoique nous ne sachions pas comment, et par conséquent aussi qu'il est, quoique le fait nous échappe. Notre savoir est fondé sur un raisonnement très simple. Ce n'est donc pas une croyance, bien que la croyance s'y mêle. Quant aux éléments dont nous nous servons pour nous faire une idée du souverain bien, nous les empruntons à l'expérience, mais en avouant que rien de ce que l'expérience nous fournit n'égale ce grand objet. Nous le concevons par analogie avec ce que nous connaissons expérimentalement, mais cette analogie nous sert sans nous tromper, car nous n'oublions pas qu'elle n'est qu'analogie, et le souverain bien demeure une chose transcendante, bien au-dessus de nos faibles pensées, quoique nous le connaissions assez pour le distinguer de tout ce qui n'est pas lui.

Ce que je dis du souverain bien, je l'applique aux « conditions nécessaires de la possibilité du souverain bien. » C'est connaître Dieu que de savoir qu'il est moralement nécessaire que Dieu soit. Dire que nous ne savons pas comment Dieu est possible, c'est dire que nous ne le connaissons pas dans les profondeurs de son être, ce n'est pas dire que nous ne le connaissons pas du tout. Les catégories, nous dit-on, n'ont pas de sens pour la connaissance au point de vue théorique quand elles ne sont pas appliquées à des objets d'expérience possible. Mais qu'est-ce que cela signifie ? que les conditions de l'expérience ne conviennent qu'aux objets de l'expérience. Ce qui va de soi. Dieu est au-dessus de ces conditions. N'est-ce pas déjà le connaître que d'affirmer cela ? Qu'ensuite par analogie on conçoive quelque chose de ses attributs, c'est légitime ; et tout danger d'anthropomorphisme est évité par cette déclaration préalable que Dieu est en dehors des conditions de l'expérience. On conçoit donc en Dieu ce qu'il y a de bon en l'homme, en reconnaissant que cela même est infiniment meilleur en Dieu, et dégagé de toutes les imperfections qui tiennent aux conditions de l'existence telles que nous les connaissons expérimentalement. Kant trouve ce procédé légitime, pourvu que l'on se place au point de vue moral et qu'on ne prétende point obtenir par là une connaissance théorique [1]. Mais cela signifie seulement que Dieu étant un être moral, on ne peut le connaître sans avoir recours aux notions morales, et ensuite que Dieu étant un objet transcendant, on ne peut le connaître comme on connaît la nature, sans y chercher autre chose que ce qu'on trouve dans la nature, en prétendant y appliquer les conditions d'existence des choses de la nature. Mais si connaissance théorique signifie connaissance fondée en raison, valable pour quiconque a de la raison, nous ne voyons pas pourquoi cette connaissance de Dieu ne serait pas une vraie connaissance.

Kant, poussant à outrance la distinction entre la raison spéculative et la raison pratique, est entraîné, nous venons de le voir, à des exagérations manifestes. C'est le scepticisme qu'il prétend détruire, et il prépare un scepticisme nouveau. Il veut montrer l'insuffisance de

---

1. *Critique du jugement*, § 87, § 89, et *Remarque générale sur la téléologie*.

la raison spéculative isolée, et il ôte le fondement même de toute raison. Il signale dans l'affirmation des choses morales et des choses divines des éléments trop négligés, mais à son tour il mutile l'homme, puisque, pour le faire croire dans cet ordre supérieur, il le dit *impuissant* à connaître.

Fichte nous offre, et d'une manière plus frappante encore, le même spectacle.

Le livre de la *Destination de l'homme*[1] est comme

---

1. Nous emprunterons tout ce que nous dirons ici de Fichte à ce livre de la *Destination de l'homme* (die Bestimmung des Menschen), publié en 1800, (trad. franç. par Barchou de Penhoen, 1835). La division de l'ouvrage en trois parties en marque bien le dessein : le *doute*, la *science*, la *croyance*. Dans la *Doctrine de la science*, 1794 (trad. franç. par P. Grimblot, 1843), et dans d'autres écrits analogues, 1795, 1797, l'idéalisme de Fichte était exposé d'une façon sévère, aride, difficile à saisir, et le philosophe semblait se renfermer dans le *moi*; pourtant il indiquait déjà un point de vue supérieur : aussi, dans une lettre à Jacobi, 8 mai 1806, se plaint-il que ceux qui lui reprochent de se contredire dans ses nouveaux écrits, n'aient pas lu jusqu'au paragraphe 5 de la *Doctrine de la science*. Quoi qu'il en soit, on trouve, en examinant successivement ses écrits, qu'il y a dans sa pensée une évolution. Dans la *Destination de l'homme*, il rétablit sur le fondement de la loi morale la réalité de l'homme, de Dieu, du monde. Dans la *Méthode pour arriver à la vie bienheureuse* (Anweisung zum seligen Leben), publiée en 1806 (trad. franç. par M. Francisque Bouillier, 1845), il dit (5ᵉ leçon) : « Kant exprime cette pensée que la réalité et la personnalité de l'homme ne peut se démontrer que par la loi morale qui règne en lui, et que par la loi morale seulement, il devient quelque chose en soi. Nous aussi, nous avons indiqué et développé ce point de vue en traitant du droit et de la morale, non pas, il est vrai, comme le point de vue le plus élevé, mais comme étant la base de ces deux sciences; nous avons même conscience de ne l'avoir pas exprimé sans quelque énergie. » C'est une allusion à sa *Philosophie du droit*, 1797, à son *Système de morale*, 1798, et surtout à la troisième partie de la *Destination de l'homme*. Dans la *Méthode pour arriver à la vie bienheureuse*, ce n'est plus la base de toute métaphysique, de toute science, de toute certitude, qu'il cherche; il veut s'élever « au point de vue de la moralité supérieure, » celle qui ne consiste pas simplement à respecter « une loi purement

l'application dramatique et outrée de la méthode de
Kant. Envahi par le *doute*, Fichte s'adresse à la *science*.
« La science le convainc que dans aucun cas la conscience ne sort des limites de sa propre individualité[1]. »
Voilà bien l'idéalisme et le *subjectivisme* complets,
sans réserve, et ce n'est pas un soupçon, une crainte,
c'est une conviction : le dernier mot de la science, c'est
cela. Mais il n'y a que trouble, que dégoût pour l'*âme*
dans une doctrine dont l'*intelligence* pourtant est de-
meurée complètement satisfaite. Fichte réclame quelque
chose que cette doctrine lui a refusé. Il *veut*, remarquons bien ce mot, il veut, quoi qu'elle lui ait dit, qu'il
y ait au delà de la représentation une chose qui,

ordonnatrice de ce qui est », celle qui se conforme à une « loi créatrice de
quelque chose de nouveau », celle qui travaille à « réaliser l'humanité telle
qu'elle doit être, et à en faire une image frappante, un portrait, une révélation de l'être divin ». « Parmi les anciens, Platon peut en avoir eu un pres-
sentiment; parmi les modernes, Jacobi paraît l'avoir effleuré. » Mais ce
point de vue est lié à un autre plus élevé encore, au point de vue religieux.
Alors on a « la claire conscience que le saint, le beau et le bon ne sont pas
notre ouvrage, mais l'apparition immédiate en nous de l'essence intime de
Dieu » (5º leçon). C'est cette « conception religieuse du monde » qui est
développée dans les onze leçons dont se compose la *Méthode pour arriver à
la vie bienheureuse*. Fichte y adopte « l'exposition populaire », dont il indique, dans la 2º leçon, le caractère essentiel en opposition avec « l'exposition scientifique. » Il a sur l'union avec Dieu et l'action toute pénétrée de
l'esprit religieux, action qui est une « manifestation de la vie et de l'action
divine en nous » (5º leçon), sur la parfaite conformité à la volonté de Dieu
(9º leçon), sur le bonheur de l'homme religieux (10º leçon), des pages d'un
caractère très noble, très élevé, très généreux; mais sa doctrine sur Dieu
est au fond un panthéisme, qu'on pourrait appeler mystique et moral; il faut
noter aussi dans cet ouvrage l'abus que cet esprit religieux, mais sans foi
positive fixe, fait du christianisme, dont il emprunte souvent le langage et
qu'il interprète, comme il dit lui-même, au point de vue métaphysique,
c'est-à-dire avec son système propre et à la façon d'un mythe.

1. *Destination de l'homme*, p. 149. Nous citons la traduction française.

ayant précédé la représentation, doive lui survivre[1].

« Si, rentrant en moi-même, je me recueille un seul instant, une voix intérieure s'élève aussitôt pour me dire : ce n'est pas seulement savoir qui est ta destination, c'est agir conformément à ce que tu sais. Ce n'est pas pour te contempler éternellement toi-même, pour couver stérilement pendant l'éternité tes propres impressions, que la vie de ce monde t'a été donnée, mais tout au contraire pour agir. L'action, l'action seule constitue la dignité de ton être[2]. »

Et Fichte célèbre avec enthousiasme « ce monde supérieur à la science[3] » où le porte et l'introduit la foi. Tout à l'heure mille subtilités embarrassaient son esprit ; maintenant tout s'évanouit. La pratique dissipe les fantômes nés du raisonnement, et le croyant se rit des vaines difficultés que lui oppose la science. La croyance, la foi, voilà « l'organe[4] » au moyen duquel on est mis en possession de la réalité. Comment tout ne serait-il en définitive que fantôme ? Comment « cela même qui m'apparaît comme un acte réel exécuté par moi, ne serait-il qu'une vaine illusion ? » Qu'importe l'impuissance du raisonnement et de la science à en établir la réalité ? Pour y croire, à cette réalité, il me suffit de me dire : si tout cela n'était en effet qu'illusion, « quel droit me resterait-il de prendre ma vie au sérieux ? Ma vie, de même que ma pensée, serait-

---

1. *Destination de l'homme*, p. 215.
2. *Destination de l'homme*, p. 217.
3. *Destination de l'homme*, p. 217.
4. *Destination de l'homme*, p. 227.

elle autre chose qu'un jeu frivole et puéril[1]? » Et c'est précisément ce qui n'est pas possible. La voix intérieure ne trompe pas : elle commande d'agir; les convictions au moyen desquelles il m'est donné d'accomplir ma destination, ne peuvent être chimériques. La croyance est donc ce qui donne aux choses la réalité; et dès lors entre la science et la croyance la distinction n'est pas seulement extérieure, apparente : elle est radicale, elle tient à l'essence même des choses[2]. Or, comment admettre que nos convictions sont croyance, et non science, sans admettre en même temps qu'elles naissent du sentiment intime, non de l'entendement? « On ne me verra plus, » s'écrie Fichte, « me laisser aller, sur aucun sujet, à des disputes d'école, à de bruyantes arguties philosophiques. Car pourquoi le ferais-je? Je sais que mes convictions se forment dans une sphère inaccessible au raisonnement, je sais qu'elles ont de trop profondes racines en moi pour m'être arrachées par le raisonnement, pour en être seulement ébranlées. Je sais en outre qu'il ne m'est donné de les imposer à qui que ce soit au moyen du raisonnement. Ma façon de penser, ma manière de voir me sont toutes personnelles : en elles je n'ai à m'occuper que de moi seul. Celui dont le sentiment intime est le même que le mien, les aura de lui-même. Dans le cas contraire, je n'ai aucun moyen de les lui faire partager. Dès lors, je sais donc que le germe d'où

---

1. *Destination de l'homme*, p. 226.
2. *Destination de l'homme*, p. 228.

se sont développées mon intelligence et l'intelligence des autres hommes, est la volonté, non l'entendement. Si ma volonté est droite, si elle tend constamment vers le bien, la vérité se révélera sans aucun doute à mon intelligence. Si je néglige au contraire de faire bon usage de ma volonté, si c'est par l'intelligence seule que je prétends vivre, il est certain que tout ce que je gagnerai par là ne sera qu'une frivole adresse à agiter quelques subtilités dans le vide des abstractions. Dès lors, donc, il m'est devenu facile d'écarter toute fausse science qui voudrait prévaloir contre ma croyance. Je sais qu'il n'appartient pas à la pensée d'engendrer à elle seule la vérité. Je sais que toute vérité qui ne se réclame pas de la croyance, qui ne s'appuie que sur la science, est par cela même, de toute nécessité, incomplète ou trompeuse; car la science ne nous apprend que cette seule chose, c'est que nous ne savons rien... Puisque c'est de la conscience morale que découle toute vérité, n'est-il pas évident que toute assertion qui se trouverait en opposition avec les inspirations de la conscience, ou qui tendrait à infirmer ses décisions, ne peut être une vérité ? Ne dois-je pas être convaincu qu'elle contient une erreur, quand bien même il me serait impossible de démêler exactement en quoi consiste cette erreur, ou bien sur quoi elle est fondée[1] ? »

Fichte, remarquant que tous les hommes se mettent

---

1. *Destination de l'homme*, p. 229 et suiv.

en possession de la réalité à l'aide de la croyance, et d'une croyance née avec eux, grandie avec eux, déclare que « la croyance est le joug universel, inévitable, que porte sans le voir celui à qui le don de la vue a été refusé, que porte, en le voyant, celui dont les yeux sont ouverts, mais joug dont ni l'un ni l'autre ne saurait s'affranchir : nous naissons tous dans la croyance [1]. »

Que va devenir cette liberté dont Fichte avait tant parlé d'abord? N'est-ce pas une nécessité naturelle, instinctive, qui maintenant en prend la place? Attendez : cette nécessité prétendue, le penseur la regarde en face, et il la brise [2]. Il se refuse à être l'œuvre de la nature : il ne l'est donc pas. Il faut qu'il soit l'œuvre de ses mains, et, pour que cela soit, il lui suffit de le vouloir. « Ce que je croirai, dit-il, je ne le croirai pas parce que je devrai le croire : je le croirai, parce que je voudrai le croire [3]. »

Le monde existe, puisque j'ai la conscience de certains devoirs auxquels je ne pourrais concevoir d'objet, que je ne saurais mettre en pratique, si le monde n'existait pas [4].

« Un homme se rencontrerait-il qui sérieusement, non plus seulement pour en faire un jeu d'esprit, voulût nier sa destination morale, la réalité du monde extérieur, de son existence et de la vôtre? Faites

---

1. *Destination de l'homme,* p. 232.
2. *Destination de l'homme,* p. 233.
3. *Destination de l'homme,* p. 235.
4. *Destination de l'homme,* p. 246.

sur lui l'application de son propre système. Pendant qnelques instants traitez-le comme s'il disait vrai, comme s'il était bien certain qu'aucune chose n'existe, que lui-même n'est pas, ou qu'il n'est du moins qu'une matière inerte. La plaisanterie ne sera pas longtemps de son goût; il ne tardera pas à s'écrier que vous avez tort d'agir comme vous faites, que cela ne peut vous être permis, que vous ne le devez pas. Que vous ne le devez pas! ce qui sera tout à la fois confesser votre existence et la sienne, et mieux encore, prétendre qu'à son égard certains devoirs vous ont été imposés [1]. »

Sur ce fondement de la conscience morale toute la connaissance humaine se relève. Je veux dire toutes les affirmations de l'intelligence humaine, car ce n'est point là connaître à proprement parler, selon Fichte, c'est croire. Les limites étroites de la vie présente sont dépassées : la vie future se révèle à l'espérance ardente du croyant, et les desseins de la sublime et éternelle volonté qui a fait le monde et qui le gouverne, se laissent entrevoir et se font adorer. Fichte la salue avec amour, cette volonté divine. Il ne parle plus, il chante. L'hymne remplace le discours. « C'est toi qui m'inspires quand ma pensée est conforme à la justice, à la vérité, c'est toi, toute mystérieuse, tout incompréhensible que tu demeures à ma faible intelligence, c'est toi qui m'expliques pourtant le grand

---

[1]. *Destination de l'homme,* p. 248.

mystère de ce monde, qui me donnes le mot de son existence énigmatique... Tu te plais avec l'homme de bien, simple d'esprit, mais pur de cœur..., c'est lui qui s'adressant à toi, peut vraiment dire : « Fais de moi ce que tu voudras, puisque tu ne fais rien qui ne soit pour le mieux. » Celui-là, parmi tant d'hommes qui foulent la surface de notre globe, celui-là seul est apte à te connaître, à te comprendre. Mais tu ne parles jamais aux esprits superbes, orgueilleux de leur science : tu dédaignes de te manifester à eux. Ils ne te connaissent nullement : ils sont incapables de pénétrer dans l'intimité de ta nature, et si parfois croyant l'avoir fait, ils veulent enseigner aux autres ce que tu es, ils ne réussissent à tracer de toi que de fantastiques images qui provoquent tout à la fois le rire et l'indignation du sage véritable[1]. »

Fichte continue son hymne. « Devant toi, dit-il encore, je me voile la face de mes deux mains. Loin de moi, bien loin de moi la téméraire pensée qu'il m'ait été donné de te concevoir tel que tu es pour toi-même, tel que toi-même tu te conçois ! Il est de l'essence même de mon intelligence qu'elle ne puisse concevoir que ce qui est jeté dans le monde du fini. Il n'est aucun progrès, aucun développement au terme duquel je puisse imaginer que le fini se transforme en infini... Je n'essaierai point de te contempler en toi-même. Mais les rapports qu'il t'a plu d'établir entre toi

1. *Destination de l'homme*, p. 332-334.

et moi, entre toi et tous les autres êtres finis sont visibles pour nos yeux : ceux-là je puis les étudier... Je sais que c'est toi qui graves dans mon cœur la notion de mes devoirs, que c'est toi qui m'enseignes la destination à laquelle je suis appelé, la place que j'occupe dans le système des êtres doués de raison. Je sais que tu sais ce que je veux et ce que je pense. Je sais que tu as voulu que mon obéissance à la voix de la conscience eût des résultats dans l'éternité. J'ignore comment tu connais et ce qu'est ta volonté ; mais qu'importe ? Je sais que tu agis, que tu es et que tu vis : cela suffit. » Et Fichte, à cette lumière divine, envisage le monde, la vie présente et l'avenir. « La mort ne tue pas, » s'écrie-t-il, c'est la manifestation d'une autre vie jusque-là invisible à nos yeux. « Le monde extérieur n'est en définitive qu'une sorte de rideau qui nous cache un autre monde plus magnifique, plus parfait. La croyance écarte ce rideau, car la croyance veut voir et sait voir des choses qui ne sont contenues ni dans l'espace ni dans le temps[1]. »

Comment lire sans émotion ces pages étranges ! Kant animé de la passion de Pascal et poète à la manière de Platon, voilà Fichte dans ce livre. Et quel mélange singulier de vrai et de faux ! Il voit admirablement que la vraie destination de l'homme, c'est « non de savoir, mais d'agir ; » que l'homme n'est complet que dans l'ordre des choses morales ; que la volonté a dans cet ordre

---

[1]. *Destination de l'homme,* p. 334-337, 361, 364 (fin). La 10ᵉ leçon de la *Méthode pour arriver à la vie bienheureuse* contient des idées analogues.

supérieur un rôle à remplir; que la certitude y suppose des conditions morales. Mais si, impatient des bornes trop étroites de la science, il déclare bienfaisante et sûre la croyance qui la dépasse, quelle autorité laisse-t-il à la croyance même ? Il sépare tellement la raison et la foi que c'est se mettre en dehors des lois et des conditions de la pensée, que de croire. Il voit toute la raison dans le raisonnement ou dans une raison orgueilleuse et pervertie; et, prétendant tout appuyer sur la foi seule, sa doctrine n'est en définitive qu'une sorte de mysticisme moral : devant ceux qui n'ont point son vol hardi, il ouvre tout béant l'abîme du scepticisme.

III

CONFLIT ENTRE LA CONNAISSANCE ET LA CROYANCE. HAMILTON ET MANSEL.

Peut-on aller plus loin encore que Fichte ? Oui sans doute, s'il est possible de mettre entre la raison et la foi une opposition plus profonde encore et plus radicale; et c'est ce que font, ce me semble, Hamilton et M. Mansel.

Hamilton prétend que, dans les limites qui sont imposées à nos facultés, nous ne pouvons aucunement concevoir comment la volonté peut être libre. Nous ne pouvons pas concevoir un commencement absolu. Nous ne pouvons donc pas concevoir de volition libre.

Mais nous ne pouvons pas concevoir davantage l'alternative en vertu de laquelle on nie la liberté. Or, comme nous trouvons un témoignage en faveur de notre nature morale dans la conscience d'une loi absolue du devoir, dans la conscience de notre responsabilité morale, nous admettons la liberté sans la comprendre [1]. En tant qu'également inconcevables, les deux systèmes opposés, exclusifs l'un de l'autre, ont théoriquement les mêmes chances : mais, en pratique, notre conscience de la loi morale qui, sans une liberté morale dans l'homme, serait un impératif mensonger, donne une prépondérance décisive à la doctrine de la liberté sur celle du destin. Nous sommes libres en fait, si nous sommes responsables de nos actions [2]. Ainsi la morale nous fait admettre, selon Hamilton, la vérité d'une chose dont nous ne pouvons pas nous figurer la possibilité. Il va jusqu'à dire que tout effort pour faire concevoir le fait de la liberté ne consiste en définitive qu'à lui substituer une forme plus ou moins déguisée de nécessité [3].

N'est-ce pas, répondrai-je, que ces efforts ont pour but, non de le faire concevoir, mais de le faire imaginer, et que dès lors on cesse de le prendre tel qu'il est pour se le représenter sous la forme d'un fait accessible aux sens ? Il n'est plus le fait de la liberté dès qu'on en essaie une image dont les éléments sont empruntés à

---

1. *Lectures on metaphysic and logic* (ouvrage publié après la mort de l'auteur par Mansel et Veitch, 4 vol., 1859-60), t. II, p. 412-413. William Hamilton, né en 1788, est mort en 1856.
2. *Discussions on philosophy*, etc. (3ᵉ éd., 1866), p. 624-625.
3. *Lectures*, t. I, p. 34.

un autre ordre de phénomènes essentiellement différents. Cette prétendue impossibilité de concevoir la liberté, n'est-elle pas simplement la reconnaissance même du caractère propre, original, de la liberté, et n'implique-t-elle point par conséquent une conception très nette et très distincte ? Les difficultés ne disparaissent pas, non, sans doute, mais la chose est nettement conçue, j'ose dire positivement connue.

D'un autre côté, l'usage pratique de la raison, auquel on a recours avec une confiance parfaite, qu'est-ce sinon l'usage complet de la raison ? Il n'y a pas entre la spéculation et la pratique désaccord, conflit, hostilité. Mais la spéculation peut ne donner que de demi-vérités quand il s'agit de choses qui touchent à la pratique. La liberté est chose pratique : que des arguments tout théoriques ne réussissent pas à en donner l'idée, qu'y a-t-il à cela d'étonnant ? C'est à l'ordre pratique qu'appartient la liberté : c'est dans l'ordre pratique qu'il faut se placer pour en juger. Mais la raison ne se trouve pas pour cela douée tout à coup d'un pouvoir nouveau ; elle n'est pas transformée par une baguette magique. Réduite jusque-là à des antinomies désespérantes, elle ne devient pas tout à coup solide, sûre, digne de confiance. Elle est tout simplement placée dans les conditions normales et sur le terrain convenable. Prétendre juger de la liberté sans rien emprunter à la morale, ce serait vouloir juger sans avoir à sa disposition tous les éléments indispensables au jugement. L'impossibilité de juger ne prouve certes pas alors que la raison soit impuissante.

C'est surtout dans l'application que Hamilton fait de sa théorie à l'Infini et à l'Absolu que nous le voyons s'emporter jusqu'aux derniers excès ; et c'est par de perpétuelles confusions que s'expliquent ces exagérations surprenantes.

Nos idées de l'Infini et de l'Absolu ne sont, à l'entendre, qu'un « faisceau de négations [1] » ou plutôt un chaos de contradictions. Puis, de ces choses « inconcevables [2], » il déclare que nous pouvons avoir, et que nous avons en effet, par une autre voie, une conviction très légitime, une pleine certitude : ce qui est inconcevable ne peut être connu, mais n'est point incroyable. Nous ne pouvons *connaître* l'Infini : nous y *pouvons* croire ; « c'est même pour nous une *nécessité* et un *devoir* d'y *croire* [3]. »

Hamilton se plaît à exprimer de la manière la plus forte et la plus vive l'opposition qu'il établit entre la raison et la foi. Après avoir dit excellemment que notre intelligence n'étant pas la mesure des choses, nous n'avons pas le droit de rejeter ce que nous ne comprenons pas, par cela seul que nous ne le comprenons pas [4], il se hâte de montrer que nous pouvons et devons admettre dans nos affirmations sur l'Infini et l'Absolu, des propositions qui impliquent contradiction. Mais sont-ce là des assertions que l'on puisse prendre à

---

1. *Discussions*, p. 17. (*Fragments* de W. Hamilton, trad. Louis Peisse, p. 24.)
2. *Discussions*, p. 13; *Lectures*, t. III, p. 100.
3. *Lectures*, t. II, p. 530-531.
4. *Discussions*, p. 624.

DU DANGER D'EXAGÉRER LE ROLE DE LA FOI MORALE. 187

la lettre ? Ne faut-il pas les interpréter? Or, comment peuvent-elles recevoir un sens acceptable, à moins que l'on ne montre que les mots sont pris dans des sens équivoques? « Un Dieu compris ne serait plus Dieu [1]. » Fort bien, mais si Dieu est incompréhensible, est-il donc inintelligible ? « Penser que Dieu est comme nous le concevons est un blasphème [2]. » Soit, mais notre conception telle quelle de Dieu est-elle une conception négative, n'ayant pour nous aucun sens? Une connaissance non adéquate n'est-elle donc plus une connaissance? « Je n'ai pas une connaissance adéquate de la connaissance d'un cordonnier, dit Stuart Mill, puisque je ne sais pas comment il fait les souliers ; mais ma conception d'un cordonnier et de sa connaissance est une conception très réelle; ce n'est pas un faisceau de négations [3]. » S'il est vrai que nous ne puissions penser sans obéir aux lois propres de l'esprit, aux nécessités, et si l'on veut, aux *conditions* de la pensée, faut-il conclure de là que nous ne pouvons rien concevoir qui s'élève au-dessus de ces conditions mêmes [4]? Parce que nous ne pouvons nous dépouiller de nos « conditions mentales, » est-ce une nécessité que nous les imposions à l'objet même que nous pensons? D'un autre côté, s'il est vrai que Dieu est la cause absolue, et par conséquent libre de toute relation de dépendance, suit-il de là que les autres choses

1. *Discussions,* p. 15, note.
2. *Discussions,* p. 15.
3. *Examen de la philosophie de Hamilton,* trad. fr., p. 58.
4. Excellente remarque de Stuart Mill, *Examen de la philosophie de Hamilton,* p. 66.

ne dépendent point elles-mêmes de cette première cause, et que ces relations ne la fassent point connaître [1] ? Hamilton déclare impossible toute connaissance de l'Infini et de l'Absolu, parce qu'il estime que ce n'est point connaître que de connaître d'une manière indirecte, bornée, imparfaite. Mais il s'abuse deux fois : car il confond avec la croyance un mode de connaissance, et il se fait de l'objet de la croyance une idée telle qu'il rend la croyance même impossible. Comment un esprit qui comprend le sens des mots, pourrait-il professer autre chose que la non-croyance, dit encore Stuart Mill, à l'égard de ce qui est un amas de contradictions ? On ne croit pas, on n'est pas forcé, on n'a pas le devoir de croire à un tel objet ; et ce n'est pas parce qu'il ne peut être connu, c'est parce que l'on doit savoir qu'il ne peut exister : à moins de soutenir avec Hegel que l'Absolu n'est pas sujet à la loi de contradiction, mais qu'il est à la fois un être réel et une synthèse d'éléments contradictoires [2].

En résumé, il y a connaissance là où Hamilton ne voit que la croyance ; mais si la connaissance était impossible par les raisons qu'il donne, la croyance serait impossible du même coup : on ne peut croire ni une proposition qui ne présente aucun sens, ni une proposition qui implique une contradiction, puisque, en ce dernier cas, une moitié de la proposition, selon qu'il le remarque lui-même, supprime tout simplement le sens

---

1. Voir l'*Examen de la philosophie de Hamilton*, p. 106-108.
2. *Examen de la philosophie d'Hamilton*, p. 74-76.

de l'autre moitié. Oublier ou sembler oublier cela, n'est-ce pas ouvrir la porte au scepticisme le plus désespéré ?

M. Mansel reprend les vues de Hamilton, et il les développe dans le dessein exprès de servir la religion naturelle et la religion révélée. Le meilleur moyen, selon lui, de triompher des objections dirigées contre l'une et l'autre, c'est de déterminer avec une sévère exactitude les limites de la pensée religieuse[1]. Si nous savons bien à quelles ignorances irrémédiables nous condamnent, au sujet des choses divines, les conditions

1. C'est le titre significatif qu'il donne à l'important et remarquable ouvrage où il expose sa philosophie de la religion : *The Limits of religious Thought*. Cet écrit, qui fait partie des *Bampton Lectures,* se compose de huit discours prononcés à Oxford en 1858. N'ayant pas été traduit en français, il n'est guère connu chez nous que par la critique qu'en fait Stuart Mill dans son *Examen de la Philosophie de Hamilton* (ch. vii). C'est un malheur pour un écrivain et un penseur de n'apparaître qu'à travers les objections du contradicteur même le plus loyal et le plus équitable. M. Mansel mérite d'être cherché dans son propre livre. On est frappé, en le lisant, du ton calme, grave, mesuré de cette philosophie hardie. Comme il ne veut écrire que dans l'intérêt de la vérité, il garde dans ses plus grandes audaces je ne sais quoi de discret et de retenu. Il a soin, non par peur, mais par conscience, d'écarter les propositions choquantes, et d'ôter à sa théorie toute apparence fâcheuse. Aussi n'en voit-on pas toujours la portée dès l'abord, et l'on écoute avec confiance le religieux écrivain qui s'applique à en montrer les salutaires effets. C'est surtout dans la cinquième édition de l'ouvrage (1870) que cette préoccupation est visible. Averti par les critiques qui lui ont été adressées, M. Mansel explique sa pensée avec le désir non de l'atténuer, mais de la rendre irréprochable, et c'est ce qui fait le très grand intérêt du *Sommaire (Summary of the Argument)* placé en tête de cette dernière édition. Cette préface est d'ailleurs comme le testament philosophique de l'auteur, qui est mort en 1871. — M. Charles de Rémusat avait fait dans son livre *La Philosophie religieuse* (1864) une pénétrante étude des théories de M. Mansel. « Il est impossible, disait-il, de disculper M. Mansel d'être atteint du mal que Platon appelait misologie. » Et il ajoutait que M. Mansel a « enseigné le scepticisme sans être sceptique, et voulu affermir les croyances en décriant les idées. »

mêmes de la pensée humaine, la foi trouvera dans la faiblesse de l'intelligence un appui. Comment s'étonner des difficultés quand il s'agit d'un objet qui passe nos conceptions? De quel droit chercher dans nos idées de quoi démentir nos croyances, si nous sommes convaincus de l'insuffisance ou plutôt de l'impuissance de nos idées? On ne *sait* une chose que si l'on *conçoit* le *comment* de cette chose : mais on peut *croire* qu'elle existe sans concevoir comment elle est possible. La croyance ne suppose que le pur fait : dès qu'il est établi, cela suffit [1]. Qu'importent les objections tirées des impossibilités que l'existence de l'objet semble renfermer? On ne prétend pas savoir comment cet objet existe : bien au contraire, on le déclare inexplicable et même *inconcevable*. Les contradictions, qui d'ailleurs sont communes à la croyance et à la non-croyance, résultent, non du légitime usage de la raison dans son propre domaine, mais de la tentative illégitime de l'étendre au delà de ce domaine. Il faut donc avouer que la pensée n'est pas la mesure de la croyance : les limites de la pensée ne doivent pas nous empêcher de croire au delà; seulement la croyance, à son tour, en dépassant la pensée, ne peut autoriser à regarder les affirmations les plus légitimes comme une connaissance proprement dite et un savoir positif. Dans ces régions supérieures, il n'y a plus de conception *spéculative,* car il n'y a ni perception immédiate ni intuition de l'objet; la conception est pure-

---

[1]. *The Limits of religious Thought,* Summary, p. xi-xiii, avec la note, et Lectures ii et iii.

ment *régulative,* car elle dérive de la perception de quelque autre chose qui est supposée avoir avec l'objet conçu une ressemblance plus ou moins prochaine ; et ainsi elle n'est pour l'esprit qu'une règle ou un guide qui le dirige par rapport à des choses qu'il est incapable de concevoir directement [1].

Telle est la thèse de M. Mansel, et c'est sur cette distinction entre *savoir* ou *concevoir* et *croire* que repose toute sa philosophie de la religion.

Dieu, dans ce système, est *inconcevable* et *inconnaissable,* si nous parlons de conception ou de connaissance *spéculative.* Les idées de l'Absolu, de l'Infini et de la Cause première se contredisent mutuellement. Nous ne pouvons nous faire des attributs divins aucune idée où n'abondent les impossibilités et les contradictions. La pensée humaine est soumise à des conditions qu'elle ne peut violer sans se détruire, et ces conditions répugnent à l'Absolu et à l'Infini. C'est une nécessité de se représenter Dieu comme un être personnel : le sentiment de notre dépendance et le sentiment de l'obligation morale nous donnent la conviction que Dieu est puissant et qu'il est bon ; et c'est un Dieu personnel que réclame notre conscience religieuse. Mais, la personnalité impliquant la limitation et la relation, c'est unir des idées contradictoires que de déclarer absolu et infini un être personnel. Et pourtant, notre constitution intellectuelle

1. *The Limits of religious Thought,* Summary, p. xv, et Lectures iv et v.

nous porte à admettre l'existence de l'Infini et de l'Absolu. Nous disons donc que Dieu, être personnel, est aussi absolu et infini ; mais nous sommes incapables de concevoir comment il peut être tel. Il n'y a donc plus là ni savoir ni connaissance proprement dite ; il y a croyance et foi [1].

Réfléchissons à l'opposition ainsi établie entre la connaissance et la croyance. Nous trouverons qu'on n'en peut imaginer une plus profonde, plus radicale. C'est en définitive l'inconcevable et le contradictoire qu'on nous propose comme objet de foi. N'est-ce pas bouleverser toutes les notions ou plutôt détruire l'intelligence, et ainsi ôter à la croyance même tout fondement ? Car enfin, si nous n'avons aucune idée de l'Absolu et de l'Infini, comment savons-nous ce que nous disons quand nous déclarons Dieu absolu et infini ? Et qu'est-ce que croire à la réalité d'un être dont on dit des choses auxquelles on n'attribue aucun sens ? Selon la juste remarque de Stuart Mill, « croire que Dieu est infini et absolu, ce doit être croire à quelque chose, et l'on doit pouvoir dire quoi [2]. » Que la notion ne soit pas adéquate à l'objet, c'est ce qui est clair, et personne ne le conteste ; qu'elle soit imparfaite, défectueuse, mêlée d'obscurité, c'est ce qu'il faut avouer : mais ou l'on ne sait ce qu'on dit, et alors comment croire ? ou l'on croit sérieusement, et alors

---

1. *The Limits of religious Thought,* Lectures II, III et IV.
2. *Examen de la philosophie de Hamilton,* p. 113.

on sait au moins un peu ce qu'on dit, par conséquent l'objet de la foi n'est pas le pur *inconnaissable*.

M. Mansel prétend que l'on sait ce qu'on dit en prononçant les mots *absolu* et *infini*. Pris isolément et comme de purs termes, ils sont aussi intelligibles que leurs opposés *relatif* et *fini*. L'embarras commence lorsque nous les combinons avec d'autres termes, par exemple lorsque nous disons que les caractères exprimés par ces mots coexistent avec les attributs personnels de Dieu : voilà ce qui est inconcevable [1]. Mais qu'importe que les termes pris isolément et en soi aient un sens, puisque, considérés ainsi, ils sont sans valeur et sans intérêt? Il me faut, pour en tirer parti, les combiner avec d'autres. Le puis-je en sachant ce que je dis? Là est la question. Or, d'après M. Mansel, « la nature de Dieu comme être infini et absolu est inconcevable [2], » ce qui veut dire que je ne puis essayer de m'en faire une idée sans tomber en toutes sortes de contradictions ; par conséquent je ne sais ce que je dis quand j'en parle. Elle n'est pas seulement incompréhensible, mystérieuse, inaccessible en soi ; elle est en désaccord avec les lois de la pensée, et je n'en puis rien dire sans me heurter contre des impossibilités, sans me jeter dans l'inintelligible et dans l'absurde.

Ces contradictions, répliquera M. Mansel, ne sont qu'apparentes. Très bien. Mais que veut-il dire par là?

---

1. *The Limits of religious Thought,* Summary, p. xii, dans la note.
2. *The Limits of religious Thought,* Summary, p. xii, dans la note.

Qu'elles ne sont pas inhérentes à la nature même de l'objet, lequel existe précisément d'une manière à nous inconnue et au-dessus toutes nos conceptions[1]. Mais comment M. Mansel sait-il cela, sinon parce qu'il a de l'Infini et de l'Absolu une idée nette et distincte qui lui permet de décider, d'une part, que rien d'humain n'égale l'Absolu et l'Infini, d'autre part, que l'Infini et l'Absolu ne peuvent être en soi choses contradictoires et inintelligibles? Notre esprit est donc au moins capable de concevoir cela, et tout n'est pas obscurité, chaos, amas de contradictions dans nos idées. Quoi qu'il en soit, M. Mansel assure que les impossibilités, ne tenant pas à la nature de l'objet contemplé, tiennent à la constitution du sujet qui contemple. C'est dans les conditions de notre pensée qu'elles ont leurs racines. Mais de quelles conditions s'agit-il? De celles qui sont nécessaires à toute pensée humaine positive et consistante, nous répond-on : essayer de concevoir l'*inconditionné*, c'est violer ces lois, et cette violation conduit, non à la pensée, mais à la négation de la pensée [2]. Comment peut-on dire alors que les contradictions ne sont qu'apparentes? Ne sont-elles pas au contraire très réelles? Et que peut donc être un objet de croyance dont on ne saurait rien dire sans violer les lois mêmes de toute pensée humaine? Je sais bien que M. Mansel dit *de toute pensée humaine*, il ne dit pas *de toute pensée*. Mais dans la pensée humaine il

---

1. *The Limits of religious Thought*, Summary, p. x.
2. *The Limits of religious Thought*, Summary, p. x-xi.

faut bien retrouver ce qui est de l'essence de la pensée même. Or, de deux choses l'une : ou c'est précisément à la pensée humaine considérée en son fond essentiel, que toute affirmation concernant l'Absolu et l'Infini est contraire, et alors la restriction en question ne signifie rien ; ou bien ce que l'on déclare impuissant à concevoir l'Infini et l'Absolu, c'est la pensée humaine considérée en ce qu'elle a d'inférieur, et alors dépasser des conceptions subalternes, indispensables mais insuffisantes, ce n'est pas violer les lois de toute pensée humaine, c'est penser d'une manière plus parfaite. En d'autres termes, là où les images, toujours nécessaires, sont forcément insuffisantes, il reste ce que par opposition aux images on peut appeler les *idées*. Est-ce donc aux *idées* que M. Mansel prétend refuser toute valeur? Si oui, en vain distingue-t-il entre la pensée humaine et la pensée tout court, c'est un scepticisme radical qu'il professe. Si non, il a beau signaler, non sans raison, les infirmités et les imperfections de l'intelligence humaine, il ne lui ôte pas le moyen de concevoir les choses divines. Par exemple, il dit que la personnalité et l'infinité sont choses qui répugnent entre elles. Pourquoi dit-il cela? Parce que la personnalité, telle que nous la trouvons en nous, est relative et bornée. Il y a donc contradiction, selon lui, entre la personnalité et l'existence absolue et infinie. Nullement, répondrons-nous. Il y a contradiction entre ce que nous expérimentons en nous-mêmes et ce que nous concevons en Dieu, et il le faut bien, puisque nous sommes finis et que Dieu est infini. Mais si la personnalité avec les bornes qu'elle a en nous ne peut être en Dieu, suit-il de là que la personnalité prise en soi implique nécessairement la relation et la limitation? Ce qui la borne en nous est aussi ce qui lui ôte de sa perfection. Considérée dans la pureté de son idée et de son essence, elle appelle l'infinité plutôt qu'elle ne la repousse. Si être infini c'est être par soi, et si c'est là la souveraine indépendance, où trouver la vraie infinité sinon dans la plénitude et la perfection de la personnalité, et où trouver d'autre part la personnalité pleine et parfaite sinon dans l'Être infini ou Être par soi?

Ainsi nous ne pouvons nous représenter Dieu d'une manière exacte et complète : en affirmant quelque chose de Dieu, nous dépassons nos *représentations;* de plus, nous ne pouvons comprendre comment Dieu est ce qu'il est : en ce sens nous dépassons même nos idées. Mais de là M. Mansel conclut que Dieu est inconcevable, que nous ne pouvons nous faire des attributs divins aucune idée qui soit exempte de contradiction, et que si, dans ces régions transcendantes, *croire* est raisonnable, essayer de *penser* est illégitime. Le perpétuel mélange de ces deux séries d'assertions donne à la théorie de M. Mansel je ne sais quoi d'indécis et de peu net, et l'on a peur de se méprendre en la critiquant. M. Mansel nous rappelle les faiblesses de l'entendement humain et l'incompréhensibilité divine, c'est nous prémunir sagement contre l'orgueil; mais il nous interdit ou semble nous interdire de concevoir les attributs de Dieu, c'est nous condamner à une retenue qui équivaut à l'athéisme. Puis il se corrige lui-même : les conceptions *régulatives*, qui semblaient tant différer des conceptions *spéculatives* qu'on les aurait crues volontiers depourvues de toute valeur véritable, ne sont plus maintenant si peu de chose ; elles servent à écarter les conséquences sceptiques de telle et telle proposition prise au sens littéral et absolu. Alors les exagérations systématiques disparaissent, et dans ce qui semblait inacceptable, on ne voit que de fortes expressions et pour ainsi dire de pieux excès de parole. Ainsi tour à tour la pensée de M. Mansel paraît inoffensive, puis effrayante, et enfin juste dans le fond, mais rendue en langage inexact.

Écoutons-le, par exemple, nous parlant de la bonté divine. Il veut qu'elle soit bien au-dessus de la bonté humaine, et il a raison. Il la déclare différente de la bonté humaine, et cela peut se dire. Il ajoute qu'elle est différente [1], non seulement par le degré, mais en espèce : ce langage est inquiétant. Prenons cela au pied de la lettre. Il nous faudra conclure avec Stuart Mill qu'alors la bonté de Dieu n'a, selon M. Mansel, aucun rapport avec la bonté de l'homme, et que partant on ne sait plus ce que c'est : si ce n'est plus la même qualité, si ce qui est de l'essence de la bonté, si ce qui fait que la bonté est la bonté, n'est nullement connu de nous, si, en considérant l'homme, nous ne pouvons nous faire

---

[1]. *The Limits of religious Thought*, Lecture II, p. 26. — Voir aussi Lecture VII.

de cette perfection aucune idée nette et exacte, qu'attribuons-nous donc à Dieu quand nous lui attribuons la bonté ? Une chose de même nom, mais absolument différente ? Pourquoi l'appeler bonté ? Stuart Mill, s'attachant aux termes mêmes des propositions qu'avance M. Mansel, proteste avec une éloquente indignation contre les conséquences qu'il en voit sortir :

« Si au lieu de m'annoncer, s'écrie-t-il, la « bonne nouvelle » qu'il existe un être possédant à un degré inconcevable toutes les perfections que l'esprit humain le plus élevé peut concevoir, on m'apprend que le monde est gouverné par un être dont les attributs sont infinis, mais que nous ne pouvons rien connaître de ses attributs, ni des principes de son gouvernement, si ce n'est que « la plus haute moralité humaine que nous soyons capables de concevoir ne leur sert pas de sanction : » qu'on me convainque de cela, je supporterai mon sort comme je pourrai. Mais quand on me dit que je dois croire en lui, et lui donner les noms qui expriment et affirment la plus haute moralité humaine, je déclare nettement que je ne le veux point. Quel que soit le pouvoir de cet être sur moi, il y a une chose qu'il ne fera pas, il ne me forcera pas à l'adorer. Je n'appellerai jamais bon un être qui n'est pas ce que j'entends par ce mot, quand je l'applique à mes semblables, et si un tel être peut me condamner à l'enfer parce que je refuse de l'appeler bon, en enfer j'irai [1]. »

1. Ces remarquables paroles se trouvent dans l'*Examen de la philosophie de Hamilton*, p. 119 (éd. angl., p. 103). Nous avons essayé, en traduisant nous-même les dernières phrases, d'en conserver la vigueur et le mouvement.

A son tour M. Mansel proteste. Ecoutons sa réplique :
« Entre les attributs communicables de Dieu et les attributs correspondants de l'homme il y a une relation, non d'identité, mais d'analogie. Les attributs divins ont avec la nature divine les mêmes relations que les attributs humains avec la nature humaine. Ainsi il y a une justice divine et il y a une justice humaine; mais Dieu est juste comme créateur et maître du monde, il a une autorité sans limite sur toutes ses créatures, et il exerce une juridiction illimitée sur leurs actes; l'homme est juste dans certaines relations particulières en tant qu'il a une autorité sur certaines personnes et certains actes seulement, dans la mesure fixée par les besoins de la société humaine... L'homme porte en lui-même une règle du bien et du mal qui implique l'obéissance à l'autorité d'un supérieur (car la conscience n'a d'autorité que parce qu'elle est le miroir de la loi divine); tandis que Dieu a en lui-même une règle du bien et du mal qui n'implique aucune autorité supérieure, et déterminée uniquement par sa nature propre... Si l'homme peut se tromper dans les jugements qu'il porte sur la conduite de ses semblables, et s'il est d'autant plus sujet à se tromper qu'il est plus incapable de se mettre lui-même à leur place, et de se faire une idée exacte de leur manière de penser et de leurs principes d'action, à combien plus forte raison l'homme n'est-il pas exposé à se tromper quand il porte un jugement sur les voies de Dieu[1] ! »

1. Réponse aux objections de Stuart Mill, citée dans l'*Examen de la phi-*

Ce n'est donc plus qu'une leçon d'humilité et de sage réserve que M. Mansel nous donne. Il nous avertit que nous avons grand tort de vouloir juger de Dieu comme si nous le connaissions en lui-même, et que nous récrier à propos des maux de la vie, par exemple, parce que nous les trouvons en désaccord avec la bonté divine, c'est une folie : car dans telle circonstance où un homme ne nous paraîtrait pas bon, Dieu est bon d'une manière qui nous passe. Mais il reconnaît que la bonté de l'homme et la bonté de Dieu ne sont pas totalement différentes ; que l'homme est fait après tout à la ressemblance de Dieu même ; et que, s'il faut craindre de parler des attributs divins comme s'ils n'étaient que ceux de l'homme même et qu'ils nous fussent parfaitement connus, il faut en parler cependant, car on en a une idée, qui n'est point méprisable, encore qu'elle soit incomplète et défectueuse.

C'est ce qu'il explique lui-même. Il avait mis au nombre des caractères du rationalisme vulgaire cette prétention, que les attributs de Dieu diffèrent de ceux de l'homme, en degré seulement, et non en genre. Il dit maintenant que ce qu'il a voulu condamner, ce n'est point cette proposition même, prise en général, mais la conclusion qu'on en pourrait tirer, à savoir que les attributs de l'homme sont l'image vraie et adéquate des attributs de Dieu. Il remarque d'ailleurs que la distinction entre le *genre* et le *degré* peut être établie

losophie de Hamilton, p. 121, note. — Voir *the Limits of religious Thought*, lecture VII.

sur des bases très différentes et partant avoir des sens très différents [1]. Tout ce que la proposition avait de choquant est donc écarté. Dès lors l'objection de Stuart Mill tombe. Si Dieu est bon d'une manière qui contredit l'idée de bonté que je porte dans ma raison, dans ma conscience, dans mon cœur, c'est un épouvantable monstre que l'on prétend me faire honorer sous le nom de Dieu, et la révolte n'est pas de l'athéisme, c'est plutôt un hommage rendu à la divinité même : ce fantôme ne peut pas être, ce fantôme n'est pas Dieu. M. Mansel en convient au moins d'une manière implicite. Seulement il déclare que la plus haute perfection humaine n'est qu'un rayon de la perfection divine. Il a raison. Quand toutes les apparences seraient contre la bonté divine, il s'y fierait encore, non qu'il croie au fond la bonté divine d'une autre essence que l'humaine ; mais il se garde de faire de l'homme le type et le modèle de Dieu : il pense au contraire que c'est Dieu qui est le type et le modèle de l'homme. C'est parce qu'il sait que la vraie bonté est en Dieu, qu'il repousse le démenti que l'expérience semble donner à notre foi. Ne connaissant pas les secrets de Dieu, ne sachant ni tous les effets de la divine bonté ni tous les moyens dont elle dispose, nous avons le droit de nous retrancher dans cette ignorance pour dire, malgré les apparences, que Dieu est bon. Voilà sans doute le fond de la pensée de M. Mansel : mais alors pourquoi

---

1. *The Limits of religious Thought*, Lecture II, p. 26, note.

ces propositions étranges, paradoxales, inacceptables que nous signalions tout à l'heure ?

On voit qu'un malentendu perpétuel plane sur toute la doctrine de M. Mansel. Parce qu'il exagère ses vues, il émet des assertions insoutenables ; parce que ses intentions sont droites, il rejette les conséquences de ses propres théories, et revient à la sagesse par des explications qui les démentent. Il dit que « la raison humaine est capable d'atteindre à quelque conception de l'Être suprême, et que cette conception varie en élévation intellectuelle et en pureté morale selon la condition intellectuelle et morale de ceux qui la forment [1]. » Il remarque que « notre épreuve intellectuelle, en cette vie, est analogue à notre épreuve morale ; et que, de même qu'il y a de réelles tentations de pécher qui néanmoins n'abrogent pas le devoir de se bien conduire, ainsi il y a de réelles tentations de douter qui néanmoins n'abrogent pas le devoir de croire [2]. » Il a, d'accord avec tous les grands métaphysiciens et théologiens, un profond sentiment de l'incomparable et mystérieuse excellence de Dieu, et il veut que dans nos investigations nous n'oubliions jamais que la Divinité demeure cachée en son impénétrable essence. Il écarte au nom de notre ignorance beaucoup d'objections présomptueuses et insolentes. Voilà l'excellent. Mais il ne voit pas que nous n'avons pas besoin de connaître les choses en elles-mêmes et

---

1. *The Limits of religious Thought,* Summary, p. vii.
2. *The Limits of religious Thought,* Summary, p. xix.

dans leur dernier fond pour avoir le droit d'en juger[1] ; et se défiant de toutes nos idées parce qu'elles sont incomplètes, il se jette dans le scepticisme. Il veut ou semble vouloir que la foi soit complètement aveugle, et, lui proposant un objet où la raison ne trouve que contradictions, il établit un chimérique désaccord entre les lois de notre pensée et nos devoirs intellectuels. Rien n'est plus propre que l'examen de cette philosophie à montrer le danger d'exagérer le rôle de la foi aux dépens de la connaissance. Si dans un livre d'intention si pure et d'allure si sage, le scepticisme, malgré qu'en ait le philosophe, est le dernier mot de tout, quel spectacle pour nous et quelle leçon particulièrement bonne à méditer! Au fond M. Mansel n'a voulu que marquer les bornes et les imperfections de notre connaissance des choses divines ; mais sa théorie l'a entraîné à supposer des contradictions là où il n'y a que des difficultés, et des oppositions fondamentales, inconciliables, là où il n'y a que des contrastes cachant des harmonies.

Remarquons, en terminant cette étude, cette sorte de singulier progrès de Kant à Fichte, de Fitche à Hamilton et à M. Mansel.

Kant sépare la connaissance et la foi ; mais si la foi

---

1. C'est encore une juste remarque de Stuart Mill. « Parce que je ne sais pas ce que mes semblables sont en eux-mêmes, n'ai-je donc pas la liberté de refuser de croire ce qu'on viendra me dire sur eux, si c'est incompatible avec leur caractère? » *Examen de la philosophie de Hamilton*, p. 115-116.

seule affirme la réalité des objets transcendants, la raison spéculative en laisse du moins subsister la possibilité, puisqu'elle ne peut jamais démontrer qu'ils soient impossibles.

Fichte semble dire plus : la science établit presque chez lui l'impossibilité de cette réalité transcendante : la foi donc ne s'élève pas seulement au-dessus de la raison, elle la contredit.

Hamilton et M. Mansel opposent nettement la science et la foi : entre elles il y a un conflit incessant ; si la foi s'élève au-dessus de la raison, c'est en affirmant ce que celle-ci déclare impossible et contradictoire.

Peut-il, oui ou non, y avoir des objets transcendants réels ? Kant répond qu'on n'en sait rien, car la raison théorique ne démontre ni la possibilité ni l'impossibilité de cette existence. Fichte incline à dire qu'on sait que cette existence est impossible. Hamilton et M. Mansel disent expressément qu'elle l'est, sinon en soi, du moins d'après les lois de notre pensée.

Comment n'être pas frappé de cet acharnement de tant de penseurs éminents à ébranler les bases mêmes de toute connaissance dans l'intention de mieux établir la certitude des vérités morales ? Il ne leur suffit pas de montrer que ni les obscurités ni les mystères ne donnent le droit de ne pas croire. Ils veulent que les impossibilités mêmes et les contradictions n'arrêtent pas la foi, que dis-je ? qu'elles lui soient un secours et comme un soutien. Ce solennel défi jeté à la raison est-il donc un hommage de plus à l'excellence de ces hautes vérités ? Quand tout paraît contre elles, la foi qui demeure avec elles, semble plus généreuse, sans doute, plus magnanime, plus vaillante. Ces antinomies qui embarrassent un instant l'esprit inattentif ou présomptueux, on les traite avec sérieux et gravité, on s'y arrête avec complaisance, on les déploie, on les étale en tous sens, on les grossit même, comme si le triomphe de la foi devait éclater dans le mépris qu'on fait ensuite de ces fantômes redoutables. Fantômes pour la foi ; difficultés très réelles, assure-t-on, pour la raison. La raison dément la foi : qu'importe ? ou plutôt, tant mieux. La foi se moque de la raison et trouve dans ces oppositions une force nouvelle et un mérite de plus. Ainsi une sorte de mysticisme, et parfois, si je l'ose dire, je ne sais quel fanatisme moral cache à des esprits séduits les dangers de ce prétendu triomphe de la foi sur la raison.

IV

LA CROYANCE CONSIDÉRÉE COMME LE FONDEMENT DE TOUT L'ORDRE INTELLECTUEL.

Nous avons essayé de dissiper les équivoques qui permettent à des penseurs, épris des grandeurs transcendantes de l'ordre moral, d'étendre démesurément le domaine de la foi. Nous n'en avons pas fini encore avec ces penseurs si hardis pour la foi, si timides pour la raison. Nous avons laissé entrevoir déjà, ou même nous avons positivement dit, mais en passant, qu'ils placent la foi à l'origine même et à la base de toute pensée. Il nous faut examiner de près cette assertion : nous y découvrirons de nouvelles équivoques et de nouveaux malentendus.

De quelle foi parle-t-on quand on prétend ainsi faire de la foi le fondement de la connaissance ? Est-ce de la foi morale ? Quelques-uns parmi ces philosophes soutiennent expressément que c'est sur un acte moral que repose tout l'ordre intellectuel ; les autres inclinent seulement à le penser, et ne le disent que par moments ; mais ceux mêmes qui le déclarent le plus résolument ne peuvent s'empêcher d'admettre, en quelque sorte à leur insu, un autre genre de foi, une foi instinctive. Tous enfin, en négligeant l'élément rationnel, montrent qu'ils n'en connaissent bien ni la nature ni le rôle : ils se font de la raison une idée étroite et fausse.

Comment placer un acte moral au début de toute pensée ? Comment faire d'un acte moral le fondement de toute affirmation ? Ni la moralité n'est en fait la première chose que l'esprit saisisse, ni elle n'est en principe la première qu'il faille concevoir : elle suppose l'existence. Je sais bien qu'elle peut être donnée comme la raison de l'existence même, mais c'est à titre de fin, et il demeure toujours vrai que pour agir moralement il faut être. Dites qu'elle implique, en un sens, et qu'en un autre sens, elle explique tout le reste : fort bien; mais si cela permet d'aller d'elle à tout le reste et de revenir de tout le reste à elle, il ne suit pas de là que tout le reste ne puisse être affirmé comme existant avant qu'elle soit elle-même affirmée.

L'appel à la morale peut être un moyen de raffermir l'intelligence ébranlée. La tentation du doute universel venant assaillir l'esprit, tout semble n'être que fantôme et illusion. Le sol se dérobe sous les pieds, le fondement craque. Qu'on se rappelle alors que le devoir existe, qu'on en contemple un instant la majesté et la sainteté : l'obligation d'être un honnête homme rendra bientôt à toutes choses la consistance et la réalité. Mais comment? parce que l'homme étant essentiellement un être moral, c'est le remettre dans sa vraie assiette que de le placer sur le terrain de la moralité.

Remarquons-le bien, s'il y a ici appel d'une raison partielle et surprise à la raison totale et saine, il n'y a aucune rupture entre la raison spéculative et la raison pratique, entre la science et la morale, entre la connaissance et la foi. On ne suppose pas la raison spéculative impuissante à saisir la réalité, le savoir borné aux seuls phénomènes; la démarche que l'on opère n'est possible que parce que l'on admet au moins implicitement la validité de la raison. Considérons bien ce qui se fait : on se place au point de vue de la moralité comme étant le plus favorable pour saisir l'ensemble des choses; c'est admettre qu'entre l'ensemble des choses et la moralité il y a un lien, une relation, relation naturelle sans doute, essentielle : car si la moralité ne supposait point la réalité, à quoi servirait-il, pour retrouver celle-ci, de considérer celle-là ? Mais dire que la moralité suppose la réalité, c'est dire que la relation qui existe entre ces deux termes est fondée sur la nature des choses : alors un raisonnement devient possible et valable, raisonnement qui passe de l'un de ces termes à l'autre ; et ce raisonnement ne consiste pas à tirer la réalité du devoir qui ne la contient pas, mais à découvrir par le devoir et dans le devoir la réalité qu'il suppose, ou mieux encore à reconnaître dans l'action morale la réalité et le devoir effectivement unis, et du même coup rationnellement unis. C'est un raisonnement, non pas abstrait, mais réel et vivant, analogue au « Je pense, donc je suis » de Descartes.

Toute action suppose et révèle l'être. L'action morale, plus complète que toute autre, plus totalement humaine révèle, mieux que toute autre, la réalité, la réalité de l'être qui agit, du milieu où il agit, de la loi sous laquelle il agit, et du divin Législateur dont il reçoit sans cesse l'action.

Nous avons donc ici toutes les forces de l'âme agissant de concert : un raisonnement, parce que notre esprit procède discursivement ; une donnée primitive, un fait, réel, complet, sans quoi le raisonnement serait comme une forme sans matière ; une lumière, celle de l'évidence ; une double injonction de la conscience, celle d'être honnête homme, et de n'être point un fou ; une foi aussi, foi morale, puisqu'on croit au devoir, et foi primitive, en ce sens que la raison s'appuie sur des principes qu'elle n'a pas faits, et qu'elle reçoit sans démonstration.

Maintenant, au lieu de cet appel à la morale pour chasser la tentation du doute, considérons l'assertion systématique, qu'un acte moral est à la base de toute affirmation de la réalité. Cela signifie que l'existence de la réalité échappe à la raison et n'est en aucune manière objet de savoir. Ce qu'on demande à la morale, ce n'est pas de remettre l'esprit dans les conditions les plus favorables au discernement du vrai, c'est de lui donner une faculté nouvelle, celle de passer légitimement des représentations où est enfermé tout savoir à la réalité qui est au delà de ces représentations.

C'est ainsi que Kant et Fichte entendent les choses. L'existence de la réalité est *postulée* (c'est le mot de Kant) par la pratique, on y croit donc. Dirai-je qu'il y faut croire? non, car ce serait supposer que le lien entre l'existence de la réalité et la notion du devoir est évident, et cette évidence supposerait à son tour que la réalité n'est point absolument inconnue : ce qui a avec une autre chose un rapport essentiel, nécessaire, évident, est connu. Dirai-je que c'est un devoir de croire ? Non, pas davantage, si je demeure fidèle à la pensée de nos philosophes. Mais que sont alors les exigences dont ils parlent ? Si croire à la réalité n'est ni nécessaire ni commandé, pourquoi et comment y croit-on ? En dehors de la nécessité rationnelle et de l'obligation morale, que reste-t-il ? La liberté, nous dira-t-on ; mais quelle liberté ? Une liberté qui n'a avec le devoir que des liens lâches et flottants, une liberté semblable à celle qu'on possède quand on accomplit des actes de surérogation ? C'est ce que Kant et Fichte semblent admettre. Mais comment placer une telle liberté à l'origine de la pensée ?

Aussi bien Kant et Fichte admettent-ils autre chose. Kant parle des « besoins de la pratique ; » et Fichte, qui dit : « ce que je croirai, je le croirai parce que je voudrai le croire, » Fichte prête à cette foi qu'il dit volontaire et libre tous les caractères d'une foi instinctive ou d'un sentiment. C'est donc en définitive à la force de la nature qu'ils ont recours pour fonder nos affirmations primitives. Et comment en serait-il autrement ? Sans doute Kant, qui ne parle guère de la réalité « supra-sensible » qu'à propos de la morale même, semble mieux échapper à cette confusion entre les croyances morales et les croyances instinctives. Il ne considère le plus souvent la réalité transcendante qu'en tant que s'y attachent nos convictions morales et religieuses ; mais allons jusqu'au fond de sa pensée : c'est tout le « supra-sensible, » c'est, pour reprendre une expression dont je me suis déjà servi, la base aussi bien que le faîte des choses, que Kant déclare accessible à la seule foi. Dès lors il commet l'inévitable confusion que nous venons de signaler. Dans Fichte cette confusion est beaucoup plus frappante, parce qu'il se propose expressément de fonder sur un acte purement moral, sur un vouloir pleinement libre, toute affirmation de la réalité. En vain s'écrie-t-il qu'il ne croit que parce qu'il veut croire. Les croyances primitives, naturelles, s'imposent à l'homme : elles ne dépendent pas de sa volonté ; elles résistent aux efforts qu'il fait quelquefois pour s'y soustraire ; quand il essaie de les anéantir, elles reparaissent malgré lui. C'est tout le contraire de la liberté. C'est l'invincible nécessité de la nature, c'est l'indomptable puissance de l'instinct, plus fort que la volonté. Appeler cela libre, c'est détourner le sens des mots. Répétera-t-on que ces croyances tirent leur vertu d'une première affirmation qui est libre, puisqu'elle est l'affirmation du devoir? Je répéterai aussi que ces croyances n'attendent pas, pour se manifester et agir, que le devoir ait été affirmé par nous ; et puis j'ajouterai que si c'est librement que nous nous soumettons au devoir, et si de notre soumission et de notre fidélité dépend dans la suite la pureté, la clarté de la notion du devoir, néanmoins notre liberté ne détermine point la première apparition du devoir à notre esprit : il se montre ce qu'il est, c'est-à-dire le devoir, dans une lumière qui nous frappe d'abord malgré nous. Il faut donc toujours revenir à quelque chose de primitif, et si l'on peut dire en un sens que nos convictions morales et religieuses sont libres, on ne peut le dire en aucune manière des croyances primitives.

Voilà Kant et Fichte condamnés à chercher dans « la nature » le fondement de l'affirmation de la réalité suprasensible. Nous retrouvons ici entre eux et Jacobi, qui les a souvent combattus, une remarquable analogie[1]. Cette

---

1. Voir plus haut ce que nous avons déjà dit des rapports de Fichte et de Jacobi, sect. II du présent chapitre, p. 175, note.

nature à laquelle ils ont enfin recours, n'est-ce pas à peu près la même chose que le sentiment où Jacobi fonde toute connaissance ? Ce sentiment des choses divines, Jacobi l'appelle foi. Il admet que des réflexions continues le puissent transformer en une connaissance claire et distincte ; mais il le déclare antérieur, en soi, à toute connaissance. Il y a plus. Entre l'intelligence et le sentiment ou la foi il admet un antagonisme perpétuel et profond. La science, née de l'intelligence, anéantit toute réalité, c'est la seule voie par où elle puisse arriver à son but : comment savoir sans détruire l'objet, sans le supprimer pour le faire passer dans le sujet, pour l'y absorber et l'y confondre ? Jacobi élève donc au-dessus de la science la foi, qui dément l'entendement, et ce ne sont pas seulement les vérités morales et religieuses, c'est l'affirmation de toute réalité qu'il fait dépendre de la foi, c'est-à-dire du sentiment et d'un instinct naturel[1].

Ainsi Kant, Fichte, Jacobi ne nous laissent pas d'autre moyen que la foi d'atteindre le « supra-sensible, » c'est-à-dire la réalité qui n'est pas purement « phénoménale ». Voici maintenant Hamilton qui déclare que les données originelles de la raison ne reposent point sur la raison : c'est une croyance qui

---

1. Les ouvrages de Jacobi à consulter sur ce sujet sont : le *Dialogue sur l'Idéalisme et le Réalisme*, 1787; *Lettre à Fichte*, 1799; *De l'entreprise du criticisme de rendre la raison raisonnable*, 1801; *Des choses divines*, 1811. — Voir dans le P. Kleutgen, la *Philosophie scolastique exposée et défendue*, trad. franç., t. II, p. 314, un jugement net et ferme sur les principes de la philosophie de Jacobi.

est la condition première de la raison, ce n'est pas la raison qui est le fondement de la croyance. Il ne faut pas dire : *Intellige ut credas ;* il faut dire : *Crede ut intelligas*[1]. Arrivés aux principes, nous ne *savons* plus, mais nous *croyons*, et c'est pour nous une nécessité de croire[2]. Les données primordiales de la raison sont nécessairement acceptées par elle sur l'autorité de ce qui lui est supérieur. Ces données sont des croyances[3]. Déjà Maine de Biran avait distingué et opposé le *système de nos connaissances* et le *système de nos croyances*, et il avait dit que nous commençons non par connaître, mais par croire[4]. Et Pascal n'avait-il pas écrit : « C'est le cœur qui sent les principes? » « Les propositions se concluent, avait-il dit encore, les principes se sentent... Et c'est sur ces connaissances du cœur et de l'instinct qu'il faut que la raison s'appuie, et qu'elle y fonde tout son discours[5]. » Là où il n'y a plus de démonstration possible, c'est encore une nécessité d'affirmer avec assurance ; et Pascal, toujours dans la même vue, avait opposé l'évidence de la raison et la certitude de la nature, celle-là qui éclaire et convainc tout ensemble, celle-ci qui convainc sans éclairer[6]. « La nature soutient donc la

1. *Dissertations on Reid*, p. 760.
2. *Dissertations on Reid*, p. 749-750.
3. *Dissertations on Reid*, p. 760.
4. Voir plus haut, dans le présent chapitre, p. 137, note 1.
5. Pascal, *Pensées*. Relire tout le passage.
6. Voir, outre le passage des *Pensées* sur les principes qui « se sentent, » l'*Esprit géométrique*. (Premier morceau connu sous le nom de *Réflexions sur géométrie en général*.)

raison » défaillante, et si « nous avons une impuissance de prouver invincible à tout le dogmatisme, nous avons aussi une idée de la vérité invincible à tout le pyrrhonisme [1]. »

Que penser de tout cela ?

D'abord, qu'en examinant avec quelque soin toutes ces assertions, on y trouve plus d'une équivoque : la raison confondue avec le raisonnement ; la croyance prise pour tout assentiment.

Si l'on ôte à la raison la faculté d'atteindre les données mêmes de la connaissance, c'est qu'on ne voit dans la raison que le raisonnement ou la raison discursive. Alors ce sont les principes rationnels eux-mêmes que l'on retrouve sous le nom de croyances. Quand Hamilton, par exemple, déclare que les données originelles de la raison ne reposent point sur la raison, prenez cela littéralement, c'est une proposition sceptique. Mais entendez par le mot raison la raison discursive, et alors cela voudra dire simplement que nous ne pouvons nous rendre compte de ces premières vérités ni les déduire de vérités supérieures, et que l'analyse et la preuve sont ici impossibles et d'ailleurs superflues. Vous redresserez donc le langage de Hamilton, vous refuserez de dire avec lui que ces premières vérités sont *inconcevables* : vous vous bornerez à dire qu'elles sont inexplicables. Elles ont une évidence qui enlève et justifie l'adhésion de l'esprit, et, bien loin d'être inconcevables,

---

[1]. Pascal, *Pensées*.

elles ont pour caractère d'être concevables, tandis que leurs négations ne le sont pas. Mais vous accorderez que la raison discursive n'a pas de prise sur elles, qu'elle s'évertuerait vainement à les rattacher à d'autres vérités, puisqu'elles sont elles-mêmes primitives : la raison ne les fait pas, elle les trouve vérités. C'est ainsi qu'Aristote disait déjà : « Le principe de la démonstration n'est pas démonstration ; le principe de la science n'est pas science [1] : » voulant marquer par là que tout effort pour trouver le fondement de ce qui est précisément le fondement, le principe de ce qui est principe, serait un effort vain et insensé. Et c'est dans le même sens qu'il faut interpréter ces paroles de Maine de Biran : « Croire n'est pas savoir. Ce que notre esprit croit universellement et nécessairement, il ne l'a pas fait ; or, il ne sait que ce qu'il peut faire ; et ce qu'il a fait, comme ses idées générales, ses classifications, sa langue, ses combinaisons arbitraires, il n'y croit pas, et ne peut y croire comme à des choses existantes [2]. »

D'autre part, la croyance est souvent prise pour tout assentiment. Descartes ne dit-il pas de propositions évidentes ou démontrées, qu'il va les « recevoir en sa *créance* » ou « en sa *croyance ?* » Et Bossuet ne s'exprime-t-il pas de même ? « De telles propositions (il vient de citer des axiomes) sont claires par elles-mêmes,

---

1. *Analyt. post.*, II, xv. Ἀποδείξεως ἀρχὴ οὐκ ἀπόδειξις, ὥστ' οὐδ' ἐπιστήμης ἐπιστήμη.
2. *Œuvres inédites*, publiées par M. Naville, t. III. *Nouveaux essais d'anthropologie*, 2ᵉ part., p. 433-434.

parce que quiconque les considère et en a entendu les termes, ne peut leur refuser sa *croyance*[1]. » Stuart Mill, à son tour, dit : « Nous croyons tout ce à quoi nous donnons notre assentiment[2]. » De même, le mot *fides* chez les Latins et le mot πίστις chez les Grecs avaient cette acception. *Fidem facere* signifie convaincre, que les raisons d'affirmer soient tirées de la chose même, ou fondées sur un témoignage. L'adhésion dans Aristote est nommée πίστις. Aristote ne veut pas que les disciples se bornent à lier des mots les uns aux autres ; il veut qu'ils *sachent* ce qu'ils apprennent[3] : et pour cela qu'exige-t-il ? Qu'ils aient une conviction tirée des principes mêmes de la science qu'on leur enseigne, et non des paroles et des opinions du maître ; or, comment nomme-t-il cette conviction ? il la nomme πίστιν. De là cette proposition fameuse dont on voit le vrai sens (souvent méconnu) : « δεῖ γὰρ πιστεύειν τὸν μανθάνοντα[4]. » La preuve produisant conviction, il l'appelle aussi πίστιν, et il dit d'elle qu'elle est démonstration. Il ajoute que nous n'adhérons jamais plus parfaitement à une proposition que lorsque nous trouvons qu'elle est démontrée ; et c'est encore du même mot qu'il se sert : comme πίστις signifiait preuve pro-

---

1. *Connaissance de Dieu et de soi-même*, ch. I, art. 13.
2. *Examen de la philosophie de Hamilton*, p. 75, dans la note.
3. *Eth. Nicom.*, VI, III, 4. Ἡ μὲν ἄρα ἐπιστήμη ἐστὶν ἕξις ἀποδεικτική... ὅταν γάρ πως πιστεύῃ καὶ γνώριμοι αὐτῷ ὦσιν αἱ ἀρχαί, ἐπίσταται... — VI, VIII, 6. Τὰ μὲν οὐ πιστεύουσιν οἱ νέοι, ἀλλὰ λέγουσιν... — VII, III, 8. Οἱ πρῶτον μαθόντες συνείρουσι μὲν τοὺς λόγους, ἴσασι δ'οὔπω.
4. *Soph. Elench.*, II, 1. Διδάσκαλοι μὲν (λόγοι) οἱ ἐκ τῶν οἰκείων ἀρχῶν ἑκάστου μαθήματος, καὶ οὐκ ἐκ τῶν τοῦ ἀποκρινομένου δοξῶν συλλογιζόμενοι· δεῖ γὰρ πιστεύειν τὸν μανθάνοντα.

duisant conviction, πιστεύομεν signifie que nous adhérons à ce qui est démontré, que nous en sommes convaincus[1]. Parle-t-il des premiers principes, il dit qu'ils ont pour caractère de faire foi par eux-mêmes, c'est-à-dire de déterminer l'assentiment par leur évidence immédiate : « τὰ μὲν δι' ἑτέρων, ἀλλὰ δι' αὐτῶν ἔχοντα τὴν πίστιν[2]. » On pourrait multiplier les exemples. Et ce sens n'est point particulier à Aristote. Avant lui Platon donne, il est vrai, au mot πίστις un sens précis dans le passage du sixième livre de la République où il énumère les quatre degrés de la connaissance : il fait de la conjecture (εἰκασία) et de la foi (πίστις) deux parties du jugement (δόξα) ; et dans le *Gorgias*, il oppose *croire* et *savoir*, τὸ πιστεύειν ἄνευ τοῦ εἰδέναι ἢ... τὸ εἰδέναι, et la *science* et la *foi*, μάθησιν καὶ πίστιν[3]. Mais il emploie πίστις dans le sens de *preuve*, et voulant parler de la force d'un raisonnement *certain*, c'est du mot πιστός qu'il se sert pour le qualifier (ὥστε τινι πιστῷ καὶ βεβαίῳ χρήσασθαι λόγῳ)[4]. Ce sens du mot se conserve si bien qu'à de longs siècles de distance nous le retrouvons dans des écrivains chrétiens, par exemple dans Clément d'Alexandrie. Ce docteur connaît les

---

1. *Rhetor.*, I, 1, 15. Ἡ δὲ πίστις ἀπόδειξίς τις· τότε γὰρ πιστεύομεν μάλιστα, ὅταν ἀποδεδεῖχθαι ὑπολαμβάνομεν. — Au chap. ii, 1, on lit : ἑκάστη τέχνη περὶ τὸ αὐτῇ ὑποκείμενόν ἐστι διδασκαλικὴ καὶ πιστική. — Au chap. viii, toutes les preuves sont appelées πίστεις, et soit que nous donnions notre assentiment à une chose démontrée, soit que nous cédions à de pures apparences, il est dit que nous croyons, πιστεύομεν. — *Analyt. pr.* II, 23. Ἅπαντα πιστεύομεν ἢ διὰ συλλογισμοῦ ἢ ἐξ ἐπαγωγῆς.

2. *Top.*, I, 3. Ailleurs (*Analyt. pr.*, II, xvi) il dit : τὰ μὲν δι' αὐτῶν πέφυκε γνωρίζεσθαι, τὰ δὲ δι' ἄλλων.

3. *Gorgias*, 454 D.

4. *Timée*, 49 B.

autres sens du mot et en use. Mais celui-ci est fréquent chez lui. A l'exemple d'Aristote il appelle foi, πίστιν, toute conviction, toute adhésion, et plus volontiers celle dont la certitude est en dehors de toute contestation, c'est-à-dire l'assentiment aux premiers principes. Il dit que ces principes sont certains par eux-mêmes, parce que nous obtenons la perception intime de leur vérité par eux-mêmes, ou par leur évidence intrinsèque et immédiate, et non par d'autres connaissances qui les précèdent. S'il y a démonstration, c'est une nécessité qu'il y ait d'abord quelque chose qui fasse foi ou qui soit certain par soi-même, πρότερον εἶναί τι πιστὸν ἐξ ἑαυτοῦ, et c'est précisément ce qui est dit premier et indémontrable ; et c'est à cette conviction ou certitude primitive et indémontrable que toute démonstration se ramène (ἐπὶ τὴν ἀναπόδεικτον ἄρα πίστιν ἡ πᾶσα ἀπόδειξις ἀνάγεται). Si l'on trouve un discours qui ait pour effet, en partant de principes déjà certains, de rendre certaines elles-mêmes les choses qui ne le sont pas encore (λόγος τοιοῦτος οἷος ἐκ τῶν ἤδη πιστῶν τοῖς οὔπω πίστοις ἐκπορίζεσθαι τὴν πίστιν δυνάμενος), on pourra dire que c'est là l'essence même de la démonstration [1]. Or, quels sont les mots grecs que je viens de traduire par ces mots *certain, certaines, certitude ?* Précisément ces mots πιστῶν, πίστοις, πίστιν. Il y a donc une adhésion produite ou par l'évidence ou par des preuves apodictiques, qu'il n'hésite pas à nommer foi. Toute foi n'est donc pas une anticipation volontaire

---

1. *Stromata*, VIII, n° 3. Voir Kleutgen, *la Philosophie scolastique exposée et défendue,* trad. franç., t. II, p. 400.

(πρόληψις ἑκούσιος)[1] par laquelle on admet ce qu'on ne voit pas ; toute foi n'est pas l'assentiment raisonnable d'une âme libre (ψυχῆς αὐτεξουσίου λογικὴ συγκατάθεσις)[2] à la parole de Dieu et à la vérité révélée. Il y a une foi qui est l'assentiment à l'évidence des principes premiers eux-mêmes, ou à l'évidence démonstrative.

Ces remarques suffisent pour dissiper les équivoques. C'est la raison que bien souvent on invoque quand on paraît la détruire ; et c'est l'acte essentiel de la raison que l'on désigne du nom de foi. Néanmoins ce serait philosopher d'une manière étroite que de relever ces confusions de langage sans en chercher l'explication. Peut-on admettre que c'est par l'effet d'un pur caprice que le même mot reçoit des sens au premier abord si différents ? Il faut maintenir les distinctions : mais les confusions si naturelles et si fréquentes ne cachent-elles pas quelque relation commune entre des choses d'ailleurs distinctes ? C'est toujours la même difficulté que nous avons tant de fois rencontrée : maintenir les choses distinctes sans les séparer, sans les opposer ; les maintenir unies sans les mêler, sans les confondre. Examinons encore et ces sens multiples du mot foi et cette tendance chez tant de penseurs à agrandir le rôle de la foi. N'y aurait-il pas une raison profonde à tout cela ?

S'il y a une métaphore qui s'offre naturellement à l'esprit quand on veut parler des opérations de l'intelli-

---

1. *Stromata*, II, n° 2.
2. *Stromata*, V.

gence, c'est la métaphore de la lumière et de la vue. Connaître, c'est voir, à ce qu'il semble ; et celui-là seul connaît comme il faut, qui voit clairement. Si donc il y a des idées premières qui permettent d'apercevoir tout le reste et d'en juger, il est naturel de les comparer à des lumières qui éclairent en quelque sorte le champ de la connaissance. Les philosophes n'y ont pas manqué, et les « intuitions » que placent ordinairement au début de toute pensée les adversaires de l'empirisme, sont, comme l'étymologie même l'indique, des actes de l'esprit qui consistent à saisir du regard ces premières clartés. Néanmoins il n'est pas difficile de constater que les données originelles ne sont pas toutes ni toujours parfaitement claires. Aussi les considère-t-on volontiers encore comme les fondements de la connaissance, et les fondements, enfouis dans le sol, sont fermes, solides, mais cachés : ils supportent l'édifice, ils le soutiennent, mais on ne les voit pas. Cette seconde métaphore est tout aussi naturelle et aussi fréquente que la première ; dès lors ne peut-on pas trouver des analogies entre les données de la connaissance et la croyance ?

Le caractère éminent des vérités premières, c'est de se passer de preuves et d'être indispensables à tout essai de prouver quoi que ce soit. Oui, sans doute : mais pourquoi Pascal, tout en reconnaissant leur puissance, se prend-il à regretter qu'elles ne se démontrent point, et conçoit-il un ordre plus accompli où tout jusqu'aux premiers principes aurait sa preuve[1] ? Folie, dira-t-on,

---

1. *De l'Esprit géométrique* (Réflexions sur la géométrie en général).

de demander la preuve de ce qui s'impose à l'esprit avec une force irrésistible. Folie, reprendrai-je, si l'on s'en tient aux termes mêmes qui sont impropres et inexacts ; mais profonde et admirable vue de ce qu'est la nature de l'homme, si l'on cherche le sens de ce vœu étrange. Les principes premiers ne laissent aucune place au doute : mais l'esprit qui s'y appuie, s'y repose-t-il complètement ? Ne sent-il pas que quelque chose lui manque ? Si l'assurance est ferme, toute aspiration est-elle satisfaite ? Si la clarté est grande, est-ce toute la clarté concevable ? Le rayon qui frappe l'esprit est lumineux, mais ce n'est qu'un rayon : la source, le foyer de la lumière nous demeurent cachés. Et voilà ce qui laisse prise à je ne sais quel regret et à je ne sais quelle inquiétude. Voilà ce qui explique le souhait de Pascal. C'est pour cela aussi que Hamilton déclare que les données originelles de la raison ne reposent pas sur la raison. C'est pour cela que Maine de Biran fonde le système de nos connaissances sur le système de nos croyances. C'est pour cela que Fitche dit que nos convictions se forment dans une sphère inaccessible au raisonnement, qu'elles sont croyance et non science, qu'elles naissent du sentiment intime, non de l'entendement. Le langage de ces philosophes est bien souvent inexact, et nous nous sommes appliqué à dissiper les équivoques, à écarter les malentendus. Mais ces utiles, ces nécessaires critiques ne doivent pas nous dérober la raison profonde de leurs inexactitudes mêmes, « l'âme de vérité » cachée dans leurs erreurs. Oui, en un sens, c'est de confiance que nous acceptons les vérités premières ; et si la croyance consiste à se fier à un témoignage, si dans la croyance il y a toujours d'une certaine manière quelque chose d'incomplet et d'inachevé parce que l'objet est obscur et caché par quelque endroit, notre adhésion aux premières vérités est une croyance, et le premier acte de la raison est en même temps un acte de foi. S'étonnera-t-on qu'il y ait acte de foi quand il y a évidence ? Que l'on considère notre existence personnelle : pour chacun de nous elle est certaine, et c'est une vérité évidente que, nous sentant vivre, nous vivons, c'est en quelque sorte l'évidence même. Or, cela n'empêche point que cette affirmation n'exige de notre part je ne sais quelle confiance : en quoi ? en la sûreté de notre propre vue intérieure dont après tout nous n'avons pas de preuve ; en la sincérité native de notre propre intelligence dont nous n'avons pas de garant ; allons plus loin : en la vérité et en la bonté originaire, primordiale, sans quoi rien ne se concevrait, mais qui n'est ni visible, ni à proprement parler démontrable. Aussi peut-on dire indifféremment : je sais que j'existe, ou je crois à ma propre existence. Si je me défiais de tout et de moi-même et de la nature, je n'affirmerais rien, pas même mon existence personnelle. Ce serait l'universel chaos et le désarroi de la pensée, laquelle ne pourrait plus se prendre à rien. Dès qu'elle se prend à quelque chose, ne fût-ce que pour s'affirmer elle-même, elle se fie aussi à quelque chose, elle se fie à elle-même, elle se fie à la nature des choses, elle admet, sans voir, que tout n'est point illusion et désordre, et qu'il y a une vérité et une bonté primordiales.

Comment en serait-il autrement? Nous ne pouvons nous passer, dans l'exercice de notre intelligence, de ce que nous nommons si bien les *données* premières. Nous ne sommes pas les auteurs des choses que nous connaissons, et nous ne portons pas en nous les raisons de leur existence. Lors donc qu'elles agissent sur nous et nous apparaissent, elles nous sont véritablement *données,* et si vive que puisse être la première perception que nous en avons, ou si claire que puisse devenir ensuite l'idée que nous en acquérons, il y a toujours dans notre connaissance un élément de foi. Il nous faut recevoir, admettre ce qui nous est offert ou imposé ; et, de quelque façon que cela se passe, il nous faut toujours nous fier à ce que nous prenons ou acceptons ainsi. A moins que l'on ne suppose l'esprit surnaturellement éclairé, et jouissant de la vérité dans un commerce ineffable que les conditions normales de notre existence actuelle ne comportent pas, je ne vois pas comment une intelligence qui n'est point elle-même la source des êtres et des vérités pourrait penser sans accepter de confiance des données où nécessairement tout n'est pas clair ; et ainsi constater cette foi naturelle, qui est à l'origine de toute connaissance, inséparable de l'évidence même, c'est avouer que nous ne nous sommes pas faits nous-mêmes, que nous ne sommes pas les auteurs du monde, que par conséquent nous n'avons pas en nous et par nous seuls tout ce qu'il nous faut pour penser. Celui-là seul n'a pas besoin de se fier à autrui, qui tire tout de soi et se suffit en tout à soi-même : mais comment avoir cette pleine et absolue suffisance quand on est homme ?

Disons d'un autre côté que si partout, en toute connaissance, se rencontre un élément de foi, si dans le fond notre adhésion à toute vérité, quelle qu'elle soit, suppose je ne sais quelle confiance, qui, même instinctive et naturelle, semble avoir déjà quelque caractère moral, il y a là une secrète et admirable harmonie entre la vraie fin de l'homme et ses facultés. L'homme est avant tout un être moral : que dans le pur intellectuel quelque chose se cache qui ait avec la moralité de l'analogie, pourquoi serait-ce étrange ? La suprématie de l'ordre moral s'annonce ainsi dans les profondeurs de l'être humain.

Seulement il faut répéter toujours que l'élément intellectuel a partout un rôle persistant. S'il y a, au sens que nous venons de dire, une foi primitive, il y a aussi une évidence primitive : l'une et l'autre se trouvent, inséparablement unies, dans les affirmations initiales de la raison.

Et c'est ce même mélange d'évidence et de foi que nous avons constaté dans nos convictions morales et religieuses. Exclure l'évidence ou exclure la foi, c'est vouloir que l'esprit humain soit fait autrement qu'il n'est : il les faut admettre l'une et l'autre.

A ceux qui prétendent qu'il n'y a pas de connaissance des vérités métaphysiques de l'ordre moral, nous disons

DU DANGER D'EXAGÉRER LE ROLE DE LA FOI MORALE. 225

et nous montrons que la connaissance indirecte et limitée est encore une vraie connaissance, et que si les choses morales exigent pour être connues certaines conditions morales elles-mêmes, une fois ces conditions remplies, elles sont connues [1]. Nous ajoutons que c'est un devoir de se mettre à même de les connaître : or le devoir est chose connue, et vérité universelle et nécessaire. Nous n'excluons donc pas l'élément intellectuel parce que nous déclarons indispensable d'y joindre l'élément moral : l'intelligence bien préparée connaît la vérité, et le devoir de la bien préparer, c'est elle encore qui le connaît. Nous avouons que les objets les plus sublimes de la pensée lui demeurent en partie cachés,

---

1. Nous pouvons citer ici de belles paroles de Bossuet (*Médit. sur l'Évang.*, *la Cène*, 2ᵉ part., 37ᵉ jour). Après avoir dit « qu'il ne veut point exclure la connaissance... à Dieu ne plaise ! » il ajoute : « Et les mystiques, qui semblent la vouloir exclure, ne veulent exclure que la connaissance curieuse et spéculative qui se repait d'elle-même. La connaissance doit, pour ainsi dire, se fondre tout entière en amour. Il faut entendre de même ceux qui excluent les lumières, car ou ils entendent des lumières sèches et sans onction, ou en tout cas, ils veulent dire que les lumières de cette vie ont quelque chose de sombre et de ténébreux ; parce que plus on avance à connaître Dieu, plus on voit, pour ainsi parler, qu'on n'y connaît rien qui soit digne de lui : et en s'élevant au-dessus de tout ce qu'on en a jamais pensé, ou qu'on en pourrait penser dans toute l'éternité, on le loue dans sa vérité incompréhensible ; et on se perd dans cette louange ; et on tâche de réparer en aimant ce qui manque à la connaissance ; quoique tout cela soit une espèce de connaissance, et une lumière d'autant plus grande que son propre effet est d'allumer un saint et éternel amour. » — Bossuet dit un peu plus haut, dans le même chapitre : « *On n'aime point ce qu'on ignore*, dit saint Augustin (Tract. 96, *in Joannem*, nº 4), *mais quand on aime ce qu'on a commencé à connaître un peu, l'amour fait qu'on le connait plus parfaitement, et ensuite qu'on l'aime davantage*... La connaissance véritable et parfaite est une source d'amour. Il ne faut point regarder ces deux opérations de l'âme, connaître et aimer, comme séparées et indépendantes l'une de l'autre, mais comme s'excitant et se perfectionnant l'une l'autre. »

qu'elle ne les saisit pas à voiles découverts, qu'elle ne s'en rend pas maîtresse par un regard qui s'y fixe et les pénètre de part en part. Et voilà pourquoi nous parlons de croyance mêlée à la connaissance, de foi ajoutée au savoir. Mais ici encore nous maintenons l'élément intellectuel : c'est l'intelligence qui connaît qu'il y a lieu de croire, qu'il faut croire, que c'est un devoir de croire ; c'est elle qui connaît les raisons de croire. Ainsi nous ne substituons jamais à l'entendement le sentiment, à la lumière intellectuelle les secrètes inspirations du cœur ou de la conscience. Nous voulons que l'homme demeure complet, et que chaque chose en lui reste à sa place. Nous défendons l'intégrité de la nature humaine contre tous ceux qui la méconnaissent, aussi bien contre ceux qui absorbent l'élément intellectuel dans l'élément moral que contre ceux qui négligent ou suppriment l'élément moral lui-même.

Aux penseurs qui veulent à la base même de toute pensée placer la foi, la foi toute seule, soit morale, soit instinctive, nous disons et nous montrons d'une part qu'avant toute préoccupation morale la réalité est affirmée, et légitimement affirmée ; d'autre part, que cette affirmation est soutenue par la *nature* sans doute, mais en même temps éclairée par l'évidence. Nous maintenons le fait de la connaissance complet, tel qu'il se produit naturellement, non pas réduit à la seule *appréhension* d'apparences ou de formes, mais embrassant les choses réelles ; l'analyse de ce fait primitif nous enseigne à n'en point désunir les éléments essentiels, et à ne pas mettre d'un côté la connaissance toute pure, et de l'autre la croyance qui viendrait apporter à des idées, à des fantômes, la consistance et la réalité. Connaître, c'est indivisiblement, en dehors des artifices de la réflexion, saisir les phénomènes et l'être réel qui en est le principe.

Ainsi nous parlons de foi morale sans prétendre y tout ramener, et nous déclarons la croyance indispensable sans y chercher à proprement parler l'origine même de la connaissance.

Oublier ces nécessaires distinctions, ne pas faire ces réserves, c'est exalter la foi et c'est s'exposer à la détruire. On pourrait appeler *fidéisme* cette doctrine. Or, c'est le scepticisme qui recueille l'héritage du fidéisme.

CHAPITRE V

DES DIVERSES MANIÈRES DE DÉPRÉCIER LA FOI MORALE.

Tous les penseurs dont nous venons d'examiner les doctrines s'accordent en ce point : la foi va plus loin que la science. Mais la science, dans les étroites limites où ils l'enferment, est solide : ils ne le nient point. Que des esprits se rencontrent qui soient particulièrement frappés de cette solidité, la foi, comparée à la science, leur paraîtra tout ensemble quelque chose de *plus*, et quelque chose de *moins :* elle sera plus si l'on en considère la portée, moins, si l'on en considère la valeur logique. Or, ces esprits, tenant à la valeur logique, diront : l'impuissance de la raison à établir les vérités morales et religieuses est-elle donc, comme le prétendent les mystiques et tous ceux qui de près ou de loin leur ressemblent, une impuissance heureuse ? y a-t-il lieu d'en être si fiers ? La foi est bonne ; mais il faut bien reconnaître ce qu'elle peut et ce qu'elle ne peut pas. Elle a une haute portée, mais la certitude proprement dite lui manque : elle ne donne que des probabilités. Bientôt d'autres viendront qui, dédaignant ces probabilités, diront : la foi vit de mystère; tout essai de pénétrer son impénétrable objet, doit lui être interdit, car c'est se démentir elle-même et c'est empiéter sur la science. D'autres enfin, poussant plus loin encore le dédain, diront : la foi vit d'illusions; un objet qui n'a point de valeur aux yeux de la science, n'est en définitive qu'une chimère. Tout se borne à distinguer diverses sortes d'illusions : il y en a de belles et de laides ; il y en a d'utiles et de nuisibles. Et encore cette distinction ne peut-elle tenir longtemps : car la science est jalouse, et comment ce qu'elle n'avoue pas serait-il beau et utile, autrement que d'une apparente beauté et d'une utilité provisoire ? La science n'est-elle pas destinée à dissiper les illusions, comme le soleil dissipe les ombres ?

Ainsi trois sortes de systèmes peuvent trouver dans ce que nous avons appelé le *fidéisme* leur commun principe : un scepticisme modéré et discret; un scepticisme hardi et radical ; le positivisme.

Nous allons les étudier successivement, dans le dessein de mieux pénétrer la nature de la foi morale.

I

LE DEMI-SCEPTICISME. LA CERTITUDE MORALE ET LA PROBABILITÉ.

M. Cournot est le type de ces esprits qui tiennent comme le milieu entre les partisans exaltés et les détracteurs de la foi. Il est plein de sympathie et de respect pour les « croyances » morales et religieuses, qu'il place dans une région à part, en dehors et au-dessus des investigations scientifiques et des spéculations philosophiques. Mais, s'il estime la foi, il ne l'exalte pas non plus : il faut dire plutôt qu'il s'en contente, avec une sorte de résignation qui n'exclut pas le regret de n'avoir pas mieux.

Quels sont les caractères de la philosophie? quelle en est la portée? quel genre de conviction peut-elle produire? Voilà ce que M. Cournot se demande, et il approfondit cette question avec une rare sagacité. Mais il ne fait point dépendre des opinions philosophiques le sort des vérités de l'ordre moral : il est « persuadé de l'insuffisance *pratique* de la raison; » il se défend d'être ce que l'on appelle communément, dans le style de la controverse moderne, un *rationaliste*[1] : c'est donc par la

---

1. *Essai sur les fondements de nos connaissances et sur les caractères de la critique philosophique* (Paris, 1851, 2 vol.). Avis au lecteur.

foi qu'il s'attache à ces hautes vérités qui sont les plus précieuses et les plus importantes. Comme la philosophie est distincte de la science, de même la foi se distingue de la philosophie ; et cette foi pratique, ayant caractère moral, ce n'est pas la foi naturelle seulement, c'est aussi la foi chrétienne[1]. La rigueur *apodictique* n'appartient qu'à la science, on la chercherait vaine-

---

1. *Traité de l'enchaînement des idées fondamentales dans la science et dans l'histoire* (Paris, 1861, 2 vol.), préface, p. ix. « Je n'oublie point l'effrayante responsabilité dont se chargent ceux qui ne craignent point de devenir pour les autres une pierre d'achoppement et une occasion de scandale, en opposant orgueilleusement leur propre sagesse à celle des siècles. Bien au contraire, notre plus douce récompense serait d'avoir pu réconforter quelques âmes troublées, en les aidant à mettre d'accord la sagesse de leur siècle avec la sagesse des siècles qui l'ont précédé. S'il y a en ceci excès de prétention, au moins pouvons-nous nous rendre ce témoignage, d'avoir constamment cherché à établir (ce qui est dans notre conviction profonde) l'indépendance du rôle de la raison et du rôle de la foi : dons divins l'un et l'autre, mais qui ne nous arrivent point par les mêmes canaux, qui répondent à des besoins tout différents, et qui nous assistent, chacun à sa manière, dans les luttes qu'il nous faut soutenir, en vue de destinées qui n'ont rien de comparable. » — Voir encore, dans le même ouvrage, t. II, la fin du curieux chapitre iv du livre V, qui contient des réflexions sur « les bases de l'apologétique chrétienne. » M. Cournot dit : « La langue que nous parlons n'est après tout qu'une langue *comme une autre;* le gouvernement qui nous régit est un gouvernement *comme un autre;* mais, de bonne foi, la religion que nos pères nous ont transmise n'est pas une religion *comme une autre* (*una ex multis*). Elle remplit dans l'histoire du monde civilisé un rôle unique, sans équivalent, sans analogue. Les grandes lignes de l'histoire, voilà le vrai champ de bataille de l'apologétique chrétienne, celui où elle a tous les avantages de l'offensive. Elle ne les perdrait pas, quand même la civilisation, étonnant le monde par son ingratitude (comme cela est arrivé quelquefois aux puissances de la terre), ferait divorce avec le christianisme : car ce serait faire en même temps divorce avec toute religion. L'humanité entrerait dans une nouvelle phase; Dieu se retirerait personnellement des sociétés humaines en les abandonnant aux lois de leur mécanisme naturel, qui font aussi partie de ses décrets, et ceux qui, dans leur isolement, conserveraient une foi devenue étrangère au gouvernement des sociétés, pourraient encore se glorifier de posséder le principe surnaturel dont la vertu divine s'était jadis mêlée à la conduite des choses terrestres. »

ment dans la philosophie : qui se flatterait de l'y trouver, ne l'y trouvant point en effet, serait tenté de conclure à l'inanité de la philosophie elle-même. Quand au contraire on a le courage de ne pas regarder la philosophie comme une science, on ne lui demande pas plus qu'elle ne peut donner, on l'estime son juste prix, et, en reconnaissant qu'au point de vue logique pur, elle ne procure pas la même satisfaction que la science parce qu'elle n'a point de résultats positifs et de démonstrations rigoureuses, on se fait une très haute idée de sa valeur dans le système de la pensée humaine : avec une certitude inférieure, elle répond à des besoins plus nobles; dans son domaine propre, elle a une grandeur, une beauté, et aussi une utilité incomparable. La foi morale et religieuse, à son tour, dirons-nous en interprétant les discrètes indications de l'auteur, la foi n'admet pas plus la certitude philosophique que la certitude scientifique : lui demander ce qu'il n'est pas dans sa nature de donner, c'est s'exposer à une déception, et risquer de méconnaître par cela même ce qui fait sa valeur propre. Il faut la considérer dans son domaine : elle relève d'autres facultés que la philosophie, elle répond à d'autres besoins, elle repose sur d'autres fondements, elle procure une autre satisfaction, et la certitude dont elle est susceptible a d'autres caractères : la rigueur logique diminue encore, mais l'objet est plus grand, la fin plus haute. La croyance, à prendre l'homme tout entier, vaut donc mieux que la connaissance.

M. Cournot se plaît à montrer le rôle suprême de la raison dans l'élaboration de la connaissance humaine; mais il déclare « qu'il ne voudrait pas, pour la vanité de quelques opinions spéculatives, risquer le moins du monde d'affaiblir des croyances qu'il regarde comme ayant soutenu et devant soutenir la vie morale de l'humanité [1]. » Ou ces paroles ne signifient rien, ou, si elles ont un sens, et assurément un esprit si précis, si sincère, si ennemi de la banalité ne les a point prononcées en vain, elles proclament la suprématie de la foi pratique sur tout le reste. D'ailleurs, il n'a point expliqué sa pensée : ce n'était pas de son sujet. Ce qu'il a étudié à fond, c'est la supériorité et tout ensemble l'infériorité de la philosophie comparée à la science. Mais traiter cela, c'était proposer une solution à la question de la certitude : examinons de près cette solution.

Il n'y a de *certain*, au sens rigoureux du mot, que les faits positifs mis par l'expérience hors de toute contestation, ou les vérités abstraites catégoriquement démontrées par le raisonnement, par le calcul, par la réduction à l'absurde. Toute affirmation qui n'est pas susceptible de cette vérification expérimentale, ou de cette démonstration formelle, n'est que *probable*. La probabilité peut ne laisser place à aucun doute raisonnable, déterminer irrésistiblement la conviction de tout esprit droit [2], demeurer inébranlable en dépit de toute

---

1. *Essai....* Avis au lecteur.
2. *Essai...*, chap. IV, t. I, p. 83-84.

objection sophistique¹ ; mais enfin l'objection sophistique est possible. C'est le propre de notre *raison* de chercher partout la *raison* des choses : entre des objets divers elle aspire à trouver des liens de dépendance et de subordination, c'est-à-dire un ordre; parmi plusieurs arrangements concevables, elle en juge un plus simple, plus régulier, plus parfait que les autres ; elle le préfère parce qu'il satisfait mieux aux conditions d'unité, de simplicité et d'harmonie qui, à ses yeux, constituent la perfection de l'ordre. Cette appréciation est le propre office de la raison². Or des jugements de cette sorte n'ont les caractères ni de l'observation immédiate, ni de la démonstration logique. La certitude proprement dite ne leur appartient point : ils affirment quelque chose qui ne tombe pas sous les sens, et comme ils sont fondés sur la convenance, ils ne peuvent exercer sur l'esprit une contrainte semblable à celle d'une preuve apodictique. Ils ne produisent que la probabilité : on peut appeler cette probabilité *rationnelle,* du nom de la faculté même qui fournit et applique sans cesse l'idée de l'ordre et de la raison des choses³ ; on peut aussi l'appeler *philosophique*⁴, puisque cette idée est le principe de toute philosophie, le but final de toute spéculation philosophique, le caractère éminent auquel on reconnaît l'esprit philosophique et les œuvres si différentes

---

1. *Essai...*, chap. IV, t. I, p. 88.
2. *Essai...*, chap. II, *De la raison des choses.* — Chap. IV, *De la probabilité philosophique, de l'induction et de l'analogie.*
3. *Essai...*, chap. IV, *De la probabilité philosophique*, t. I, p. 96.
4. *Essai...*, chap. IV, t. I, p. 98.

DIVERSES MANIÈRES DE DÉPRÉCIER LA FOI MORALE. 235

d'ailleurs qu'il inspire et pénètre[1]. Ces appréciations et ces jugements ne sont pas des faits rares; ce sont des faits de tous les instants, soit dans la vie ordinaire, soit dans les sciences. Nos affirmations touchant la succession des événements naturels n'ont pas d'autre origine[2], et ce que l'on nomme souvent *certitude physique* n'est qu'un cas de cette probabilité en des conditions qui peuvent ne laisser aucune place au doute dans un esprit suffisamment éclairé[3]. Toute induction et toute analogie ont là leur fondement. Quand une hypothèse relie tout un groupe de faits observés, quand ensuite elle trouve en des faits nouveaux une confirmation éclatante, parce qu'elle les explique aussi bien que ceux qui ont servi à la construire, quand enfin elle permet de prévoir des faits qui en sont la conséquence, et que des observations postérieures justifient ces prévisions, que penser d'un tel accord, si bien soutenu, sinon qu'il est hors de toute contestation sérieuse[4]? Pourtant il n'emporte qu'une probabilité, puisque s'il plaisait à un sophiste de le mettre sur le compte du hasard, on n'aurait pas le moyen de démontrer rigoureusement l'absurdité et l'absolue impossibilité de cette supposition[5]. Il y a donc là une « quasi-certitude[6]. »

1. *Essai...*, chap. XXI, *Du contraste de la science et de la philosophie.* — Chap. XXV, *Résumé*, t. II, p. 384.
2. *Essai...*, chap. IV, t. I, p. 96.
3. *Essai...*, chap. IV, t. I, p. 83.
4. *Essai...*, chap. IV, t. I. p. 82.
5. *Essai...*, chap. IV, t. I, p. 83.
6. *Essai...*, chap. IV, t. I, p. 84.

M. Cournot excelle à montrer l'importance de cette probabilité rationnelle ou philosophique. Il remarque qu'on peut fort bien juger, « en l'absence de toute règle ou formule précise, de la bonté d'une conviction morale ou de la beauté d'une œuvre d'art, » et il répète volontiers qu'il y a aussi un sens du vrai qui, sans le secours de la preuve logique, saisit avec une finesse et une sûreté admirables les analogies, les rapports des choses, et les motifs de préférence entre telles et telles explications rationnelles [1]. Il se refuse à renfermer tout l'exercice de la pensée humaine dans les étroites limites de la logique formelle. En une foule de cas, ni la nature des choses, ni notre organisation intellectuelle ne comportent les démonstrations rigoureuses, et nos jugements n'en sont pas moins légitimes et valables : le sens commun et le bon sens se passent en maintes circonstances de preuves régulièrement déduites; le mathématicien lui-même pressent le plus souvent la vérité avant d'avoir réussi à la rendre démonstrativement évidente par déduction [2].

Il suit de tout cela, d'une part, que la philosophie ne peut disposer que de probabilités, et d'autre part, qu'elle pénètre plus ou moins dans la trame même de toutes les sciences [3]. L'organisation logique et la forme scientifique ne sont pas possibles alors que, dans le domaine

---

1. *Essai...*, chap. II, t. I, p. 48.
2. *Essai...*, chap. IV, t. I, p. 99.
3. *Essai...*, chap. XXV, t. II, p. 402. Voir aussi chap. XXI, *Du contraste de la science et de la philosophie, et de la philosophie des sciences.*

des faits observables eux-mêmes, la nature ne fournit pas des lignes de démarcation et des points de repère sur lesquels chacun soit forcé de tomber d'accord : les circonstances de l'observation et les conditions de l'expérience ne peuvent être déterminées avec précision, la fantaisie de chacun se donne carrière, la langue ne peut se fixer, ni le terrain de la discussion s'affermir[1]. C'est ce qu'on voit dans la psychologie, impuissante à former un corps de doctrine scientifique, qui soit comme le pendant des sciences physiques et naturelles[2].

L'organisation logique et scientifique n'est pas possible non plus là où les idées ne sont pas susceptibles de vérification expérimentale : dans les sciences mêmes les théories prennent un caractère conjectural quand elles ne trouvent pas en des faits prochains et en des observations sans cesse renouvelables une perpétuelle justification. Comment les spéculations philosophiques, si hautes, si vastes, aspirant à embrasser un tel ensemble de faits, à coordonner une telle variété de choses en un système qui en donne la raison, comment ces conceptions pourraient-elles avoir la rigueur, la précision, l'exactitude de la science ? Les différences éclatent de toutes parts. Les sciences sont capables d'un progrès continu, parce qu'il y a transmission identique d'une intelligence à l'autre, et cette transmission identique est possible elle-même parce que les idées sont

---

1. *Essai...*, chap. XXV, t. II, p. 399.
2. *Essai...*, chap. XXIII, *Des caractères scientifiques de la psychologie*, et chap. XXV, t. II, p. 402.

rigoureusement définies et les propositions logiquement enchaînées : la philosophie n'offre rien de semblable. Les vérités scientifiques ne gardent point l'empreinte de celui qui les a découvertes : les spéculations philosophiques ont toujours un caractère personnel. Les sciences s'accroissent, la philosophie recommence toujours. Et pour en revenir à cette différence fondamentale qui explique toutes les autres, et qui tient elle-même à la nature des choses et de l'esprit, dans les sciences, là où il y a observation positive ou démonstration catégorique, en d'autres termes, là où il y a science, aucune objection n'est possible ; dans la philosophie, le plus haut degré de probabilité n'exclut jamais la contradiction paradoxale ou sophistique. « Le sentiment du vrai en philosophie n'est pas plus que le sentiment du beau dans les arts, susceptible de décomposition ou d'analyse rigoureuse ; et le renversement du bon sens, comme la perversion du goût, ne constitue pas à proprement parler une erreur réfutable [1]. »

Dès lors, l'impuissance de la philosophie dans l'ordre des vérités transcendantes est manifeste. M. Cournot le déclare lui-même. « Les objets de la religion naturelle échappent à toute vérification, à tout contrôle de l'expérience : c'est une proposition qui n'a pas besoin d'être prouvée. Elle peut donc planer sur les sciences, mais elle n'a pas le genre d'autorité qui convient à la science. Lorsque les géomètres ne sont pas d'accord sur la valeur

---

1. *Essai...*, chap. XXV, t. II, p. 403. Voir tout le chap. XXI, déjà indiqué plus haut.

probante d'une démonstration, l'on finit ordinairement par en trouver sur la rigueur de laquelle tous tombent d'accord ; et n'en trouvât-on pas, la proposition même serait susceptible d'une vérification expérimentale : ce qui nous apprendrait que la divergence porte sur la philosophie de la science plutôt que sur la science même. Si je vois au contraire trois philosophes comme Descartes, Clarke, Kant, proposer en théologie naturelle chacun leur démonstration et contester les autres, à qui m'adresserai-je pour vider le conflit, et comment prétendrais-je raisonnablement à la certitude scientifique ? Lors même que le conflit n'existerait pas, n'aurait jamais existé, tout ce que j'en pourrais conclure, c'est que les prémisses et les conclusions sont nécessairement dictées par les lois de l'esprit humain ; tous les moyens de critique philosophique pour en déterminer la valeur objective me feraient encore défaut[1]. »

Ainsi, dans ces ouvrages où abondent les observations fines, délicates, ingénieuses, où il y a pour les vérités morales un respect si profond et sur leur caractère propre des vues si remarquables, ce que M. Cournot professe, c'est, en définitive, un demi-positivisme et un demi-scepticisme. La certitude véritable appartient à la science seule, nous dit-il, et il n'y a de science que des phénomènes et de leurs lois.

Mais cette probabilité philosophique qu'il décrit si finement, n'est-elle donc vraiment qu'une probabilité ?

1. *Traité de l'enchaînement des idées fondamentales*, liv. IV, chap. VI (t. II, p. 135).

Et puis, dans l'ordre des convictions morales et religieuses, ce mode d'affirmation est-il vraiment le seul qu'on ait à sa disposition ?

Telles sont les deux questions que nous suggère l'examen de la théorie de M. Cournot. Les discuter, ce sera faire un pas de plus dans l'étude que nous ne perdons jamais de vue : car nous apprendrons à entendre de mieux en mieux la nature de la foi morale et à déterminer avec une précision nouvelle le juste rôle que nous voulons lui attribuer.

La probabilité philosophique de M. Cournot fait penser à ce que plusieurs auteurs du dix-septième siècle appellent *assurance morale,* à ce que très souvent aussi on appelait et l'on appelle encore *certitude morale.* Locke donne pour caractère à cette assurance morale un « surplus de croyance » qui passe la preuve [1]. Le signe infaillible de l'amour désintéressé de la vérité, c'est, dit-il, de ne pas maintenir une proposition avec une confiance que les preuves où elle se fonde ne sauraient justifier : il conclut de là qu'une affirmation non imposée à l'esprit par l'évidence intuitive ou démonstrative, ne peut s'expliquer que par des inspirations moins pures, par quelque affection qui ôte à l'âme de sa sincérité, par une sorte d'*enthousiasme,* et, par conséquent, n'est pas digne d'une créature raisonnable. Voilà les probabilités

---

[1]. Locke, *Essai sur l'entendement humain,* liv. IV, chap. xix, *De l'enthousiasme.* — Voir dans le même liv. IV, les chap. xi, *De la connaissance que nous avons de l'existence des autres choses;* xv, *De la probabilité;* xvi, *Des degrés de l'assentiment;* et dans l'*Essay on aid of a grammar of Assent,* du P. Newman, le chap. vi, § 1.

bien dépréciées. Mais ce même Locke reconnaît à ces probabilités le pouvoir de gouverner nos pensées aussi absolument que la plus évidente démonstration; il avoue qu'elles peuvent nous mettre dans l'impossibilité d'avoir le plus léger doute et nous faire affirmer avec la même fermeté et agir avec la même résolution que si une démonstration infaillible nous procurait une connaissance parfaite et certaine; enfin que nous ne faisons point de différence entre ces probabilités et la certitude, et qu'une croyance ainsi appuyée équivaut à l'assurance [1].

Mais pourquoi, demanderai-je à Locke, pourquoi vouloir qu'un assentiment où le doute ne se mêle en aucune façon ne soit point la certitude? pourquoi attribuer à la passion et à je ne sais quel manque de sincérité la hardiesse instinctive qui nous fait aller au delà des preuves explicitement déduites? pourquoi condamner toute logique naturelle au nom de la logique formelle, et regarder comme indigne d'un être raisonnable une assurance dont cet être raisonnable se contente, on l'avoue, en tant de circonstances graves où pour penser, raisonner, discourir, agir, il n'a pas et ne peut avoir d'autre point d'appui? Faut-il donc admettre que la constitution même de son esprit lui impose des procédés qu'une sage philosophie juge illégitimes? Telles sont les contradictions de Locke au sujet de l'*assurance morale,* qu'il condamne et qu'il adopte tour à tour. Descartes avant lui n'avait guère été plus

---

[1]. Locke, *Essai sur l'entendement humain,* liv. IV, chap. XVI.

exact[1]. « Pour ne faire point de tort à la vérité, » disait-il, « en la supposant moins certaine qu'elle n'est, » il « distinguait deux sortes de certitude ; » et « la première, » ajoutait-il, « est appelée *morale*. » C'est une certitude, voilà qui est bien, mais qu'entend-il par ce mot « *morale ?* » Morale, c'est-à-dire « suffisante pour régler nos mœurs ; ou aussi grande que celle des choses dont nous n'avons point coutume de douter touchant la conduite de la vie, bien que nous sachions qu'il se peut faire, absolument parlant, qu'elles soient fausses. » Est-ce bien encore la certitude ? Écoutons ce qui suit : « Ainsi ceux qui n'ont jamais été à Rome ne doutent pas que ce ne soit une ville en Italie, bien qu'il se pourrait faire que tous ceux desquels ils l'ont appris les eussent trompés. » Non, disons-nous, raisonnablement cela ne se pourrait faire : chacun d'eux aurait pu les tromper, mais non point tous. En effet, il y a ici plus qu'une simple somme de témoignages probables ; il y a une combinaison telle qu'encore que chaque témoignage, pris en soi, puisse être probable simplement, l'ensemble est néanmoins certain ; car il serait contre la raison et contre la nature qu'un fait lié à tant d'autres faits, et attesté avec un tel accord, ne fût point : ce serait le renversement de tout ordre, et ainsi, quoique aucune série d'arguments enchaînés les uns aux autres d'après les règles de la logique formelle ne puisse établir démonstrativement l'existence de ce fait, la raison l'affirme sans hésiter. Le

---

1. Descartes, *Principes*, IV, 205.

doute sur ce point ne saurait être qu'une chimère ou un jeu d'esprit. La seule chose qu'on puisse et qu'on doive dire, c'est que l'objet dont l'existence est ainsi affirmée est *contingent*. D'où il suit, non pas qu'il pourrait raisonnablement se faire que tous les témoignages affirmant l'existence de Rome nous eussent trompés, mais que Rome aurait pu ne pas être, et puis, que cet accord même des témoignages fonde notre raisonnable et irrésistible conviction, non en vertu d'une nécessité toute mathématique, mais en vertu de raisons de convenance, de raisons morales. C'est peut-être ce que Descartes entend lui-même quand il dit : « L'autre sorte de certitude est lorsque nous pensons qu'il n'est aucunement possible que la chose soit autre que nous la jugeons [1]. » Avec le commentaire que nous venons de faire, la distinction de Descartes est admissible : la certitude dite *morale* est en matière contingente, la certitude *métaphysique* en matière nécessaire ; dans l'un et dans l'autre cas, le doute est exclu, mais c'est seulement en matière nécessaire qu'il est établi qu'à tous égards, et sous tous les rapports, la chose affirmée ne peut être « autre que nous la jugeons. »

Leibniz, examinant l'opinion de Locke [2], fait une remarque bien importante. « *Douter sérieusement,* » dit-il d'abord, « c'est douter par rapport à la *pratique,* et l'on pourrait prendre la certitude pour une connais-

---

1. *Principes*, IV, 206. — Voir aussi *Discours de la méthode*, 4ᵉ part., 7.
2. Leibniz, *Nouveaux Essais sur l'entendement humain*, liv. IV, chap. xi, à propos des §§ 9 et 10 du chap. correspondant de Locke.

sance de la vérité, avec laquelle on n'en peut point douter par rapport à la pratique sans folie. » Jusqu'ici c'est à peu près ce que disait Descartes, voici ce qui est propre à Leibniz et est excellent : « Quelquefois (il eût pu dire souvent) on prend encore la certitude plus généralement, et on l'applique au cas où l'on ne *saurait douter sans mériter d'être fort blâmé*. Mais l'*évidence* serait une certitude lumineuse, c'est-à-dire, où l'on ne doute point à cause de la liaison qu'on voit entre les idées. Suivant cette définition de la certitude, nous sommes certains que Constantinople est dans le monde, que Constantin et Alexandre le Grand et Jules César ont vécu. Il est vrai que quelques paysans des Ardennes en pourraient douter avec justice, faute d'information, mais un homme de lettres et du monde ne le pourrait faire sans un grand dérèglement d'esprit. »

Ces distinctions très justes éclaircissent tout. Il y a certitude si douter est blâmable. L'indice de la certitude, ce n'est pas toujours cette liaison nécessaire entre les idées, qui rend le doute absolument et métaphysiquement impossible : là où cette contrainte logique n'existe pas, il est possible de douter; mais le doute n'est point par cela même permis, légitime, raisonnable. Or, ce qui suffit à la certitude, c'est précisément que l'on ne puisse douter sans se rendre digne de blâme, sans se blâmer soi-même, sans encourir les reproches secrets de la raison, sans avoir le sentiment que « l'on fait tort à la vérité en hésitant à la reconnaître[1]. »

1. C'est le lieu ici de citer Boullier, dont nous avons signalé dans notre

DIVERSES MANIÈRES DE DÉPRÉCIER LA FOI MORALE.

Je reviens à M. Cournot. Certes il ne partage point l'Introduction le *Traité des vrais principes qui servent de fondement à la Certitude morale*. Il distingue la *Probabilité*, l'*Assurance raisonnable* et la *Certitude* (chap. II, p. 33, et chap. VIII, § 11, p. 250). Il a sur « le principe du plus simple » (chap. VIII, § 5, p. 239-240), des vues qui ont quelque ressemblance avec celles de M. Cournot. (Voir encore chap. III, § 6, p. 67, où parlant du système de Copernic, il dit que c'est un système démontré, parce qu'il ramène l'universalité des apparences célestes à un principe simple). Il a aussi sur l'usage des probabilités des réflexions excellentes. Il voudrait (dernier chapitre, dernière page) que là où, « au défaut de la certitude, il faut s'attacher à la probabilité, » on prît garde « d'en distinguer avec soin les divers degrés. » Il ajoute : « Donner là-dessus en détail de bonnes règles que l'on appliquât aux choses d'usage, ce serait, de la manière dont je le conçois, un travail presque nouveau, dont l'utilité serait grande, mais dont on sent assez que la difficulté n'est pas médiocre; car, pour assigner en chaque chose au pur vraisemblable sa juste mesure, il faut bien plus de lumière et de finesse d'esprit que pour distinguer simplement le faux d'avec le vrai. Une logique sur les Probabilités, une espèce d'art critique qui embrasserait toutes les sciences, par rapport à ce qu'elles ont de moins certain, c'est un ouvrage qui nous manque : et je me tiendrais heureux si le peu que j'ai fait ici pouvait exciter quelque habile main à l'entreprendre. » Dans son *Traité*, c'est de la Certitude qu'il a parlé, et, s'il s'est occupé des Probabilités, ce n'est que pour les distinguer de la Certitude même. Cette certitude morale, dont il cherche le fondement, ressemble fort à ce que M. Cournot appelle *probabilité rationnelle*, ou *probabilité philosophique*. Dans l'un comme dans l'autre, c'est sur l'idée de l'ordre qu'elle repose; mais Boullier la nomme résolument certitude, dans le sens absolu du mot, *certitude parfaite*. L'ordre lui-même a pour garantie la véracité de Dieu, la sagesse de Dieu, la bonté de Dieu. Boullier accorde que seule la certitude métaphysique suppose l'impossibilité du contraire, évidente ou démontrée, si par *impossible* l'on entend *contradictoire*, c'est-à-dire ce qui répugne dans l'idée même de la chose (éclaircissement à la p. 266); mais « les démonstrations morales qui nous rendent certains qu'une chose est, le font... en nous faisant voir que le contraire répugne aux attributs moraux de la Divinité, et ne peut avoir lieu que par le renversement de cet ordre dont Dieu ne saurait se départir sans renoncer à sa sagesse. » (P. 275.) La « pleine certitude morale » (éclairc. déjà cité) emporte donc en ce sens l'impossibilité du contraire (tandis que la simple assurance raisonnable, dont il faut souvent se contenter, ne l'emporte pas). « Le contraire d'une vérité géométrique est inintelligible et contradictoire, dans la nature et dans l'idée même des choses : l'opposé d'un fait moralement démontré est très intelligible, très possible dans sa nature et dans son idée; mais comme il répugne à la sagesse, à la véracité de l'Être parfait..., cet opposé devient impossible en ce sens, nous sommes sûrs qu'il est faux. »

les dédains de Locke pour l'affirmation fondée sur la probabilité, et il ne l'explique point d'une manière qui rende suspecte la sincérité du croyant. Tout au contraire, il déclare qu'il y a des cas où le sophiste seul pourrait refuser son assentiment à la probabilité. Néanmoins, même alors, il prétend qu'il n'y a que probabilité, et non certitude, s'il n'y a lieu ni pour la démonstration géométrique ni pour la vérification expérimentale. Disons-lui donc comme à Locke : entre une « probabilité telle qu'elle doit déterminer l'acquiescement de tout esprit raisonnable[1] » et la certitude, quelle différence pouvez-vous mettre ? « On ne réduirait pas à l'absurde, direz-vous, le sophiste à qui il plairait de mettre sur le compte du hasard l'accord, par exemple, des témoignages les plus divers attestant un même fait[2]. » Soit : mais vous reconnaissez que ce serait un sophiste, et que le doute élevé par lui serait né d'un caprice de l'esprit : ce serait donc une folie à cet homme qu'il lui plût de douter, et il serait blâmable de résister à ce que vous appelez une probabilité, mais « une probabilité de l'ordre de celles qui *déterminent irrésistiblement la conviction de tout esprit droit.* » Est-ce que cela, encore une fois, ne suffit pas ?

Parlons donc nettement. Celui qui *raisonnablement* ne trouve aucune matière à douter en portant un jugement, est *certain*. Par contre, celui qui *raisonnablement* trouve matière à douter, n'est pas *certain*. Il n'a qu'une

---

1. Cournot, *Essai...*, chap. I, t. I, p. 6.
2. *Essai...*, chap. IV, t. I, p. 83.

opinion, et la proposition qu'il ne peut affirmer avec une assurance complète et imperturbable, est seulement *probable.* C'est là qu'il y a une infinité de degrés, depuis la probabilité à peine suffisante pour expliquer une préférence d'un moment entre deux partis, jusqu'à la probabilité assez haute pour justifier dans la pratique une sécurité presque entière. Il y a des opinions si faiblement motivées et si peu consistantes qu'elles ne diffèrent guère de simples assertions, et il y en a d'autres qui sont si raisonnables et si solides qu'elles semblent presque se confondre avec les affirmations certaines ; mais, dans la rigueur des termes, la certitude, excluant absolument le doute, ne saurait admettre de degrés. Partant, ou l'assurance morale est certitude, ou elle ne l'est pas : si elle est certitude, c'est une certitude *sui generis,* non une certitude inférieure ; si elle ne l'est pas, le nom en est mal choisi, car il fait illusion, et alors prétendre qu'elle « détermine l'acquiescement de tout esprit raisonnable, » c'est accorder ce qu'on nie, c'est dire en même temps qu'elle est et qu'elle n'est pas certitude.

Il est bien vrai que dans l'usage de la vie on se déclare souvent certain sans avoir autre chose que des opinions plus ou moins autorisées ; mais c'est un abus de langage. Y a-t-il, oui ou non, matière à un doute raisonnable ? c'est toujours à cela qu'il en faut revenir. Si oui, ne dites pas que vous êtes moralement certain ; si non, ne permettez pas aux philosophes de contester votre certitude. Un équivalent de la certitude qui ne serait pas la certitude même, qu'est-ce que cela ?

Suarez remarque ingénieusement que la certitude est comparable à la pureté de conscience. Celui-là seul serait pur qui n'aurait aucune faute à se reprocher : la pureté, au sens parfaitement exact du mot, c'est l'absence complète, absolue, de toute souillure. On est pur ou on ne l'est pas. En rigueur, une tache ne diminue pas la pureté, elle la détruit. De même, qu'un doute raisonnable soit possible, la certitude n'est pas amoindrie, elle disparaît. Mais deux âmes également pures pourraient s'attacher au bien avec une ardeur inégale et une inégale énergie. La pureté est chose négative, c'est l'exclusion du mal. L'énergie de la volonté est chose positive, c'est l'élan vers le bien. Une carrière indéfinie s'ouvre devant la volonté bonne : on y peut entrer, on y peut marcher d'un pas plus ou moins ferme et plus ou moins vif. De même la certitude est négative, prise en soi, car c'est l'exclusion du doute. Mais que l'on considère l'adhésion positive à la vérité, on verra qu'elle peut être plus ou moins puissante, qu'elle peut changer de caractère selon les circonstances où elle se produit, et que la certitude ainsi envisagée admet des degrés. L'assurance morale aura donc sa nature propre, elle dépendra de certaines conditions particulières, elle pourra, comparée à d'autres certitudes, ou comparée à elle-même en des cas différents, paraître plus ou moins forte, ou plutôt plus ou moins vive. Mais l'exclusion de tout doute raisonnable sera toujours le titre à la fois suffisant et nécessaire qui lui méritera le nom de certitude[1].

---

1. C'est ce que montre avec beaucoup de force le P. Newman, dans son

La certitude des vérités morales, celle à laquelle nous pensons que le nom de *certitude morale* doit apparte-

Essai pour servir à une grammaire de l'assentiment. Comme M. Cournot, le P. Newman admet que la démonstration formelle n'est pas possible en une foule de cas, que l'esprit juge des choses très souvent sans le secours de la logique proprement dite, que des convictions très solides et très légitimes sont rebelles à toute analyse; et il établit cette thèse avec une richesse merveilleuse d'observations. Mais, à la différence de M. Cournot, il prétend que là où la démonstration formelle est impossible, la certitude peut se rencontrer et se rencontre très souvent. Il y a des cas où l'assentiment est plein et ferme, quoique non réfléchi, et c'est comme un état d'*invincible connaissance,* selon la forte expression de l'auteur; la réflexion, intervenant ensuite, n'a point de peine à trouver des raisons suffisantes pour justifier ces jugements primitifs et ces rapides inférences; mais, quand elle ne réussirait pas à mettre à nu tous les motifs de l'affirmation, celle-ci n'en serait pas moins solide ni moins légitime. C'est que l'esprit de l'homme, en commerce avec les choses, n'attend pas des procédés logiques la preuve de leur action et de leur existence. Les philosophes ne remarquent pas assez cet assentiment *réel (real assent)*, et ce sens de l'inférence (*illative sense*) qui ont tant d'importance dans le développement de l'esprit. Ils ne considèrent que le mouvement logique et comme artificiel de l'intelligence : la marche naturelle, la vie, leur échappent. Par suite, ils se font une fausse idée de la certitude : il ne leur suffit pas qu'une conviction soit sérieusement motivée, qu'elle soit accompagnée de ce sentiment de satisfaction intellectuelle et de repos, qui ne saurait se confondre avec aucun autre sentiment, enfin, qu'elle soit inébranlable; ils veulent encore que l'analyse rende compte de tous les motifs de l'assentiment, et que l'absolue impossibilité de toute contradiction soit démontrée en rigueur. Le P. Newman se refuse à voir dans la certitude logique le type de toute certitude; et, soit qu'il envisage nos convictions indélibérées, ou nos convictions réfléchies, il s'attache à établir que l'adhésion sans réserve à une proposition dont on saisit le sens, est vraiment certitude, bien qu'elle ne soit le résultat ni d'une intuition sensible ni d'une démonstration formelle. Ce n'est pas qu'il étende inconsidérément le champ de la certitude. Il étudie, au contraire, avec une remarquable sagacité l'abus que l'on fait de ce mot. Il sait qu'en une foule de circonstances nous nous déclarons certains bien à tort, alors que nous n'avons que des probabilités. Il fait une très fine critique de ces illusions à demi volontaires. Mais il entend que ce qui est certitude soit reconnu tel, et puis il montre quel usage on peut faire des probabilités elles-mêmes. C'est une des parties les plus neuves et les plus instructives de son livre. Le domaine de la probabilité est très large; en tout ordre de connaissances, les vérités fondamentales, immuables, certaines, sont en petit nombre : s'agit-il de les appliquer, une immense variété d'opinions se produit, témoignage de

nir en propre, a bien des ressemblances avec cette assurance dite morale dont nous venons d'indiquer les caractères. Comme elle, elle est, non pas toujours, mais très souvent du moins, *implicite;* comme elle, elle suppose des séries secrètes de pensées et de raisonnements que l'analyse la plus subtile ne réussit pas toujours à démêler ; comme elle enfin, elle s'établit solidement sans rendre toute résistance absolument impossible ; elle est affaire de conscience et de bonne foi : là où un sophiste seul peut douter, le doute, manifestement blâmable, n'ébranle point la vérité. Mais il y a entre l'assurance morale vulgaire et la certitude des vérités morales plusieurs différences. D'abord cette certitude, qui est souvent implicite, arrive, en devenant explicite, à un degré de netteté qui est bien autrement satisfaisant pour l'esprit que dans le cas de l'assurance morale. L'existence d'un fait historique même parfaitement certain n'est le plus souvent prouvée que d'une manière fort imparfaite au point de vue formel : c'est que les éléments de la preuve ne sont guère que des probabilités, et c'est de la combinaison de ces éléments que sort une évidence *sui generis,* dont nous maintenons la valeur et l'irrécusable autorité, sans nier pourtant

l'activité incessante et des innombrables ressources de l'esprit humain. Si nous n'avions pas dans les vérités primaires une indéfectible certitude, tout ce travail subséquent serait sans valeur, et des opinions dont aucun terme fixe ne permettrait de mesurer le degré de probabilité, seraient de purs fantômes. Mais il y a des vérités certaines, et, à partir de ces vérités, chacun se trace sa voie et forme ses propres jugements, selon les probabilités qu'elles lui suggèrent, comme le navigateur se sert de ses observations et de ses cartes pour déterminer la direction qu'il doit suivre.

qu'elle trahisse l'imperfection native de l'esprit humain. Les vérités morales, en ce qu'elles ont d'essentiel, ne sont point fondées sur un ensemble de probabilités. Si elles forment un système et se soutiennent ainsi les unes les autres, chacune d'elle n'en a pas moins une solidité propre. Aussi est-il facile à la réflexion de leur donner du relief et de répandre sur elles une vive lumière. D'ailleurs, même quand l'adhésion est encore implicite, c'est la notion qui est confuse, mais l'objet même, saisi dans une expérience intime et pratique, est très vivement représenté à l'esprit. Les probabilités jouent un grand rôle dans les connaissances morales, comme ailleurs, mais ce n'est point à leur origine et à leur base. Pour établir quelque vérité éloignée je n'aurai à ma disposition qu'un ensemble d'éléments probables dont la combinaison harmonieuse produira la certitude ; au commencement, j'ai affaire à des vérités qui sont certaines elles-mêmes, ce sont les vérités primaires et fondamentales, et sans elles du reste les probabilités ne me serviraient de rien, et je serais incapable de les combiner efficacement[1].

1. Le P. Newman pense que dans l'ordre moral, en ce qui concerne le monde invisible et futur, nous n'avons plus que des probabilités, dès que nous dépassons les vérités primaires. La théologie, la métaphysique, l'éthique, reposent sur des principes certains : mais, dans leurs spéculations, elles ne sont plus guidées que par des probabilités. Il ne faut pas s'en alarmer. La probabilité, qui présuppose des vérités certaines, où elle s'appuie en quelque sorte, peut devenir à son tour le moyen d'acquérir la certitude en telle ou telle circonstance déterminée. On peut n'avoir à sa disposition que des éléments probables et arriver à une conclusion certaine. Est-ce donc que la probabilité est capable d'engendrer la certitude ? nullement, ce serait une contradiction. Mais la combinaison d'éléments

J'ajoute que si l'évidence des vérités morales ne rend pas toute résistance impossible, ce n'est pas qu'elles soient contingentes, mais c'est qu'elles sont toujours en partie obscures, et, dans l'économie du monde moral, cette obscurité a pour effet de laisser à la libre volonté un rôle. On peut donc dire que ce n'est point la *contingence*, mais le caractère *obligatoire* des vérités morales qui explique cette possibilité d'opposer un doute sophistique aux preuves les mieux établies. En d'autres termes la nature même et l'excellence de ces vérités, telle est la cause de ce faible apparent. Quand il s'agit de l'assurance morale vulgaire, il n'y a pas de démonstration mathématique possible parce que les choses affirmées sont de l'ordre contingent. Les vérités morales proprement dites sont, en soi, des vérités nécessaires : il serait possible sans doute que l'homme ne fût point, mais il est impossible que les devoirs qui règlent la vie humaine ne

---

simplement probables peut avoir, pour la raison, un sens que chacun de ces éléments pris à part n'aurait pas. C'est ce qui arrive dans les témoignages. Quand même chacun isolément n'aurait qu'une probabilité plus ou moins haute, l'accord, la convergence, l'harmonie de témoignages divers et indépendants produit une irrésistible conviction qui est une certitude. Nos inductions les plus puissantes, les plus légitimes, les plus solides, n'offrent guère, dans les éléments qui ont servi à les former, que des probabilités de valeur diverse. La conclusion est certaine, parce qu'elle résulte, non de la simple addition de ces probabilités, mais d'une combinaison harmonieuse : ainsi les pierres dont se compose une tour se soutiennent mutuellement, et l'édifice est d'une solidité à toute épreuve.

Le P. Newman applique cette théorie à la connaissance des vérités morales et religieuses. Notons cette vue. La philosophie, d'après cette idée, est une science où il n'y a qu'un petit nombre de points fixes : mais, à l'aide des probabilités dont les vérités certaines permettent d'apprécier la valeur, on peut arriver à des théories satisfaisantes, on peut établir même des vérités nouvelles.

soient pas, il est impossible que Dieu ne soit pas, il est impossible que la vie présente n'ait pas de sens, il est impossible que la destinée de l'être moral s'achève en ce monde. Seulement toutes ces impossibilités ne sont point de l'ordre mathématique ; elles ne sont pas de l'ordre métaphysique pur et simple : elles sont *métaphysiques* et *morales*. La nécessité qu'elles supposent est une nécessité plus haute que la nécessité géométrique ou purement métaphysique : c'est la nécessité de la convenance et du bien. Il serait absurde que Dieu ne fût pas, parce que ce serait absolument mauvais. Cela ne peut pas être, cela n'est pas, parce que Dieu est Dieu, parce que Dieu est l'Être parfait, parce que Dieu est le bien. Concevez ce que Dieu est, et vous ne pourrez pas admettre, vous ne pourrez pas comprendre que Dieu ne soit pas. Mais comment concevoir ce que Dieu est sans le considérer comme le principe du bien, comme absolument bon? en sorte que dire que Dieu ne peut pas ne pas être, c'est dire que ce qui est absolument bon ne peut pas ne pas être, et en définitive que le bien étant le bien doit être, que le souverain bien a un droit souverain à l'existence, que la non-existence du souverain bien serait le souverain mal, c'est-à-dire la plus absurde des absurdités. Ainsi toutes ces vérités d'un ordre supérieur ont un caractère moral. Il faut donc que celui qui les connaît fasse en les connaissant et en y adhérant un acte moral ; et l'économie du monde moral est telle que c'est l'obscurité relative de ces mêmes vérités qui laisse à la libre volonté quelque chose à faire et donne place à la foi, à la moralité, au mérite. L'assurance morale vulgaire doit justement son nom à l'analogie qu'elle offre avec cette certitude vraiment morale : mais elle n'en est que l'ombre en quelque sorte. Le type d'une certitude ayant caractère moral est dans l'adhésion aux vérités morales proprement dites.

II

L'INCONNAISSABLE, OBJET DE LA CROYANCE.

Nous trouvons dans M. Cournot un scepticisme modéré et discret. Comment nommer la théorie de M. Herbert Spencer? C'est du positivisme, si l'on considère que le savoir y est borné aux seuls phénomènes. C'est une métaphysique *réaliste,* profonde et hardie, si l'on songe avec quelle vigueur singulière l'existence d'une réalité transcendante y est établie. C'est du fidéisme, si l'on regarde avec quelle altière confiance le besoin fondamental de croire y est posé comme la base de toute pensée. C'est un scepticisme radical, plus que cela, un nihilisme, si l'on considère que la plus humble tentative d'éclaircir tant soit peu cette croyance primitive y est impitoyablement et absolument interdite. Je ne connais guère de spectacle plus étrange que celui-là. Mais au fond, qu'est-ce qui explique cette doctrine, sinon le principe de la séparation entre la connaissance et la croyance poussé aux plus extrêmes limites[1]? Voyons ce que deviennent dans ce système les vérités morales et religieuses.

On ne connaît que ce qu'on est capable d'expliquer. Le « connaissable », c'est tout ce qui est objet de science au moins possible. Mais, d'explications en explications il faut arriver à l'inexplicable. La science, à mesure qu'elle fait des progrès, étend le champ des explications; elle rend raison de ce qui paraissait sans raison ; elle rattache à des lois certaines des faits qui semblaient nés du caprice, et enchaînant les lois les unes aux autres, elle embrasse les choses dans un immense système. Mais en vain essaierait-elle de tout expliquer : plus elle avance, plus apparaissent en un puissant relief certaines idées qui sont les idées dernières de la science même, idées qui défient toute explication[2]. Les phénomènes dont nous découvrons les lois supposent une réalité dont nous ne savons rien. La nécessité d'admettre cette réalité s'impose de toutes parts : ce qu'est cette réalité, la science ne peut le dire. C'est « l'Inconnaissable », mystérieuse puissance qui révèle son action en tout ce qui est connaissable, mais qui soustrait sa nature à tous les regards, à toutes les investigations. On ne peut se dispenser d'en avouer l'existence ; on ne peut parvenir à dire ce que c'est. C'est la loi et l'inéluctable

---

1. M. Herbert Spencer expose cette théorie dans son ouvrage intitulé : *First Principles*, 1862 (trad. fr., 1871, les *Premiers principes*). L'ouvrage est divisé en deux parties intitulées, la première, l'*Inconnaissable*, et, la seconde, le *Connaissable*.
2. *Premiers principes*, 1re part., chap. III, *Idées dernières de la science*.

condition de l'intelligence de ne pouvoir penser sans affirmer cette réalité; c'est aussi la loi et la condition de l'intelligence d'échouer dans tous les efforts tentés pour en dévoiler l'essence. On y *croit,* on ne peut pas ne pas y croire ; on ne la connaît pas, on ne peut pas la connaître. Si on ne l'affirmait pas, on cesserait de penser ; si on veut avancer à son sujet une proposition quelconque, on se condamne à se contredire. Ce qui est impliqué en toute science échappe à la science ; ce sans quoi on ne concevrait rien, est inconcevable. C'est là le grand mystère, l'unique mystère, le mystère par excellence. Or, le propre de la religion, c'est précisément de dépasser la région des faits pour mettre l'esprit de l'homme en présence du mystère. C'est par là que la religion élève l'âme; c'est là ce qui la rend éternellement vivace, éternellement indispensable, éternellement bonne. La *science* poursuit l'*explication* universelle ; la *religion* propose sans cesse à nos adorations l'universel *mystère*. Mais puisque la science aboutit à des idées dernières qui sont inexplicables, puisqu'elle ramène l'homme à la contemplation du mystère par l'insuccès des explications finales, la science, prise en sa pure essence, est en accord avec la religion, prise aussi en son essence pure. Si entre la science et la religion il y a des conflits, et ils sont continuels, c'est que l'une et l'autre oublient leur vrai caractère et se détournent de leur tâche propre : la science tente de supprimer le mystère, en prétendant bien à tort que les explications scientifiques suffisent à tout ; la religion tente de le supprimer aussi à sa manière, en prétendant traiter l'inconnaissable comme s'il était connaissable. La science oublie ses limites ; la religion prétend rendre compréhensible le mystère qui est son propre objet. La réconciliation ne sera possible que si la science et la religion, demeurant chacune en son domaine, renoncent l'une et l'autre à des explications impossibles, celle-ci par respect pour le mystère, celle-là par respect pour la vraie méthode, celle-ci pour ne pas devenir impie, celle-là pour ne pas devenir *inscientifique*. Donc la science se confine dans la région des phénomènes, et elle ne prétend qu'à des vérités positives, mais là elle doit jouir d'une liberté sans limites : elle n'a d'autres bornes que le connaissable. Elle s'interdit toute recherche sur les principes, sur les causes, au sens métaphysique de ces mots ; mais tous les phénomènes sont de son ressort, et elle ne peut admettre qu'un faux respect vienne en soustraire aucun à ses investigations : de tout ce qui est phénomène, elle peut et elle doit chercher la raison, l'explication. La religion, à son tour, se réduit à la contemplation du mystère par excellence : elle s'interdit toute recherche qui tiendrait à le dissiper ; elle consiste à croire, et elle ne peut, sans se détruire, aspirer à connaître ; mais sur son terrain, elle défie à jamais la science de lui porter atteinte. Elle se dit que son objet passe toute conception. C'est la plus haute réalité, la réalité suprême, la puissance universelle que tout suppose, mais dont rien ne manifeste l'essence, la cause ultime de l'univers. Nous ne pouvons nous empêcher d'essayer de nous en faire quelque idée ; mais l'effort et le triomphe de la religion, c'est justement de briser ces ébauches successives, de se réjouir de ces échecs où éclate si bien la différence entre le *conditionné* et l'*inconditionné,* entre les phénomènes et la cause suprême, enfin, de comprendre sans cesse plus clairement que le plus haut degré de sagesse et notre plus impérieux devoir consistent à considérer ce par quoi toutes les choses existent comme l'*Inconnaissable*[1].

Dans ce système, toutes les notions morales sont réduites à de pures notions relatives et « phénoménales », que la science peut et doit analyser et expliquer. Les notions métaphysiques mêlées aux notions morales sont rejetées sans pitié : elles n'ont pas de sens. Le libre arbitre, l'âme, l'immortalité, qu'est-ce que tout cela ? de vaines *entités,* ou des fantômes. La science dissipe toutes ces illusions. Le même mode d'explication qui réussit dans l'ordre physique, doit réussir dans l'ordre moral. Il ne faut chercher partout que des phénomènes et des lois. Seule, la croyance à une mystérieuse réalité, cachée derrière le voile des phénomènes, résiste à toute analyse. Il n'y a plus de vérités morales proprement dites, un ordre moral distinct de l'ordre physique. Entre les phénomènes dont se compose l'univers, il y a des différences d'arrangement, de combinaison, de degré : il n'y

---

1. *Premiers principes,* 1ʳᵉ part., ch. ıı, *Idées dernières de la Religion;* ch. ıv, *Relativité de toute connaissance;* ch. v, *Réconciliation* (de la Religion et de la Science.)

a pas une chose qui diffère d'une autre par l'espèce, par la qualité, si on va jusqu'à la racine, jusqu'au fondement. Donc plus d'ordre moral. Seule, la religion subsiste : mais quelle religion ! La muette adoration d'un mystère absolument impénétrable est tout son droit et tout son devoir.

Voilà le divorce entre la connaissance et la croyance consommé. Toutes nos plus chères convictions ne sont plus qu'affaire de croyance pure ; la raison n'a rien à y voir. Nous sont-elles donc laissées ? non, car il est démontré que si elles font pénétrer dans le mystère tant soit peu de lumière, c'est une lumière fausse et impie ; la peur de l'*anthropomorphisme* sacrilège nous rejette dans ces ténèbres augustes où la religion réside. On tolérera bien sans doute nos illusions, mais on nous préviendra que c'est à cause de notre faiblesse : le temps n'est pas venu encore, l'esprit humain n'est pas mûr ; mais le temps viendra, l'esprit humain mûrira. Quel prix voulez-vous que nous attachions encore à des idées qu'on nous laisse par grâce, en nous avertissant que dans un avenir plus ou moins prochain, elles sont irrémédiablement condamnées à périr ?

Ainsi, en définitive, la science envahit tout, et l'on a beau dire que la croyance garde la plus noble partie des choses, que nous importe ? Cette croyance qui n'est pure qu'à la condition d'être *nescience,* cette croyance en un objet absolument inaccessible, c'est la même chose presque que la croyance à rien.

Cependant M. Herbert Spencer lui-même ne peut être absolument fidèle à son système ; pour l'élever, il faut qu'il le contredise. Il parle de puissance universelle, il parle de cause ultime de l'univers, il craint de ravaler la majesté suprême de cette réalité mystérieuse [1]. Il entend bien que l'absolu est présent à notre esprit, non pas en tant que rien, mais en tant que quelque chose [2]. Ou tout cela n'a aucun sens, ou voilà du moins quelques idées principales que l'ingénieuse théorie du *symbolisme* [3] ne suffit pas à expliquer. Il en sait donc plus qu'il ne dit sur ce qu'il nomme l'Inconnaissable. Il rejette la connaissance indirecte et imparfaite comme si elle n'était rien ; mais il s'en sert, parce qu'autrement il ne lui resterait qu'un parti à prendre, celui de se taire.

Il prétend que toutes nos thèses sur Dieu, par exemple, aboutissent à des contradictions palpables, à des impossibilités manifestes, à des absurdités éclatantes : mais il prend pour inconcevable ce qui n'est qu'incompréhensible, et lui-même admet, sans le vouloir, au moins un *minimum* de connaissance, s'il pense faire autre chose qu'assembler des mots en un tout vide de sens, quand il nomme la cause ultime de l'univers : elle est donc incompréhensible, mais non

1. *Premiers principes,* 1re part., ch. v, § 31, p. 116 (trad. fr.).
2. *Premiers principes,* 1re part., ch. iv, § 56, p. 93.
3. *Premiers principes,* 1re part., ch. ii, § 9. — Voir aussi la curieuse distinction entre la *conscience définie* et la *conscience indéfinie.* M. Herbert Spencer explique comment nous pouvons former une conscience positive, quoique vague, de ce qui dépasse la conscience. *Premiers principes,* 1re part., ch. iv, § 26.

pas inintelligible ; et si elle est une cause, voilà, au lieu de ce symbolisme décevant auquel il réduisait toutes nos pensées, ces jugements analogiques, imparfaits sans doute, mais féconds, où s'alimente toute théologie.

Nous pourrions donc répéter à propos de M. Herbert Spencer ce que nous avons déjà dit à propos de Kant, de Fichte, de Hamilton, de M. Mansel surtout, que si souvent il cite et commente. Mais ce qui nous intéresse le plus, ce que nous avons voulu mettre en lumière, c'est ce qui est propre ici à M. Herbert Spencer, à savoir cet interdit jeté sur tout effort pour éclaircir le grand et fondamental mystère. Il accorde à la foi un rôle immense, puisqu'il fait reposer sur elle toute connaissance ; mais en même temps il la déprécie singulièrement, puisqu'il la condamne à l'ignorance absolue. Il la laisse, au milieu de ténèbres épaisses et inextricables, en présence d'un objet qu'elle ne peut saisir ; et pendant qu'elle demeure ainsi abîmée dans une inerte, j'allais dire dans une stupide adoration, la science agit et marche : elle découvre les secrets des choses, elle explique, elle conquiert, elle domine le monde. C'est elle qui est la vraie maîtresse de la pensée et de l'univers. Comment ne point dire que la foi lui est sacrifiée ?

III

LE POSITIVISME. LA FOI MORALE DÉCLARÉE UNE ILLUSION.

Il est temps d'arriver au positivisme proprement dit. C'est toujours le même principe que nous retrouvons : il y a deux domaines séparés, celui de la science, celui de la foi ; il n'y a de science que des phénomènes ; tout l'ensemble des vérités morales, religieuses, métaphysiques, est objet de foi. Ce sont choses qui échappent à la raison, disaient les mystiques et les partisans exaltés de la foi. Soit. Voici qu'on les prend au mot ; mais ce n'est pas pour faire à ces sublimes objets un titre d'honneur de cette impuissance à être établis par la raison. On ne dit même plus avec les semi-positivistes, que la foi, inférieure à la science par la valeur logique, est sûre à sa manière, légitime et excellente. On ne reconnaît plus, avec M. Herbert Spencer, un besoin fondamental de croire. Non, on dit simplement : l'impossibilité de démontrer ou de vérifier tout cet ordre d'affirmations transcendantes est reconnue ; or, des affirmations qui ne sont ni démontrables ni vérifiables, il faut les mettre à leur vraie place, c'est-à-dire en dehors de la science, c'est-à-dire encore au rang des illusions. Le domaine de la science est ouvert à quiconque songe à y entrer ; là des démonstrations rigoureuses ou des vérifications incontestables imposent à tous la vérité ; une même clarté frappe également tous les esprits et détermine leur adhésion sans hésitation, sans réserve possible. Le domaine de la foi est tout intérieur, tout personnel ; chacun y est maître, chacun y a droit au respect de tous ; chacun aussi a le devoir de n'en pas sortir : car au nom de quoi irait-il imposer aux autres ce qu'il croit lui-même ? Les « convictions » sont purement *subjectives*. Elles tiennent à notre tempérament d'âme, à notre nature d'esprit, que dis-je ? à notre organisation physique, première cause elle-même de nos sentiments et de nos émotions. Nos convictions donc sont tellement à nous, qu'elles sont indiscutables : toute tentative de les produire au dehors est une violence faite à autrui. Elles peuvent persister malgré toutes les attaques ; dans le retranchement impénétrable où elles s'abritent, les objections les plus fortes peuvent ne pas réussir à les atteindre : mais aussi aucun argument décisif ne peut les établir en dehors du croyant, et quiconque leur attribue une valeur universelle commet une lourde erreur. La science seule établit des propositions valables pour tous les esprits. Et la science ne dépasse pas les phénomènes et leurs lois, ou, ce qui revient au même, la nature. Qu'il y ait quelque chose au delà, qu'importe ? Elle n'en a point souci. La poursuite de ce mystérieux *au-delà*, peut bien être un besoin pour certains hommes ; mais s'il y a lieu de tenir compte de ce besoin et de l'étudier, c'est à titre de fait intéressant, curieux. Besoin poétique ou luxe de l'âme, voilà ce qu'on peut dire de mieux de la foi : ajoutera-t-on qu'elle est une source de consolation et de force ? oui, encore, à la condition qu'on remarque que c'est le caractère de tous les sentiments énergiques, qui d'ailleurs vivent fort bien de fictions et de rêves. Les croyances peuvent donc être avantageuses et avoir je ne sais quel charme poétique ; sincères, elles méritent d'être honorées, et si elles demeurent scrupuleusement renfermées dans leur domaine, la liberté veut qu'on les respecte, au moins comme d'innocentes manies. Mais un esprit viril sait ce qu'elles valent, et s'il les tolère en autrui, il s'en passe lui-même. D'ailleurs elles restent rarement inoffensives, ajoute-t-on bien vite. Nées de la passion, elles sont envahissantes et prétendent dominer. Elles deviennent alors odieuses. Si tout à l'heure on en pouvait parler avec un mélange de respect et de douce ironie, maintenant c'est un rire vengeur, c'est le mépris, c'est la colère qui leur sont dûs. Ces chimères sont des idoles : la science a pour mission de les faire disparaître avec tous les débris des vieilles superstitions. Et en définitive, la foi, modérée ou violente, n'ayant aucune valeur scientifique, quel droit peut-elle avoir à subsister ? Ne faut-il pas qu'elle finisse par périr ? N'est-ce pas à la science qu'il appartient de régner seule sur les esprits affranchis, de procurer seule les vraies satisfactions, de donner seule la vraie force ? Toutes ces aspirations de l'homme encore enfant vers un monde transcendant sont *inscientifiques*, les moyens employés pour les contenter sont *inscientifiques* aussi : tout cela doit être, tout cela sera balayé par la science : car tout cela est inutile, ou ridicule, ou pitoyable, ou dangereux, et définitivement mauvais.

Je n'ai rien exagéré. Tel est bien l'esprit de la philosophie qui se nomme positivisme. Dès lors elle fait dans ce que nous appelons les choses morales deux parts : ou elle ramène ce qui est moral à ce qui est physique, et le fait rentrer, ainsi dénaturé violemment, dans la science même ; ou elle l'explique par la passion et l'imagination, et le traite de rêve poétique, d'illusion, de chimère.

Les positivistes ne donnent le nom de sciences qu'aux recherches sur le cours de la nature. Les branches de nos connaissances dites morales ne sont donc des sciences que si elles ont ce caractère. Déterminer les lois de l'esprit et de la société, c'est tout ce qu'il est permis de se proposer. Cette étude difficile est encore si peu avancée que certains penseurs se demandent si elle est de nature à devenir le sujet d'une science au sens rigoureux du terme. Il est vrai qu'on n'a pas encore réussi, en cet ordre de recherches, à établir un corps de vérités à l'abri d'une dénégation et d'un doute ; mais pourquoi ne pas espérer le succès, si on se résout à y appliquer sciemment et délibérément le même procédé par lequel les lois de beaucoup de phénomènes plus simples ont été placées, de l'aveu général, au-dessus de toute discussion ? Il faut essayer d'approprier aux connaissances dites morales les méthodes qui dans les sciences physiques ont produit de si admirables résultats[1].

La loi de causalité s'applique-t-elle aussi rigoureusement aux actions humaines qu'aux autres phénomènes ? « Les actions des hommes sont-elles, comme les autres événements naturels, soumises à des lois invariables ? Y trouve-t-on positivement cette constance de causation qui est le fondement de toute théorie scientifique des phénomènes successifs[2] ? »

Si oui, la science est possible ; si non, nous sommes dans un autre domaine, celui de la foi, sans doute celui de la fiction et de la fantaisie.

Et écoutez Stuart Mill traitant cette question, morale au premier chef. Tout se réduit à savoir si, étant donnés les motifs présents à l'esprit, étant donnés aussi le caractère et la disposition actuelle d'un individu, on pourra prévoir sa conduite avec autant de certitude qu'un événement physique. Selon Stuart Mill, cette prévision est possible, et tout le monde, ajoute-t-il, en est convaincu. Pour prouver qu'elle n'a

---

1. Stuart Mill, *Système de logique déductive et inductive*. Liv. VI, *De la logique des sciences morales*. Ch. i, *Observations préliminaires* (trad. fr. t. II, p. 415 et 416), et ch. iii, *Y a-t-il ou peut-il y avoir une science de la nature humaine ?* (p. 427 et suiv.).

2. *Système de logique*, liv. VI, ch. i (t. II, p. 417).

rien d'inquiétant pour la conscience morale, dont il faut bien tenir compte après tout, il a recours à un argument qui précisément détruit par la racine même toute liberté. Pourquoi ne serions-nous pas libres, bien que nos volitions fussent les conséquences invariables d'états antécédents de notre esprit ? est-ce que la cause entraîne son effet après elle par un lien mystique ? est-ce qu'elle exerce sur son effet une contrainte mystérieuse ? Si la causation n'est rien autre qu'une succession invariable, certaine et inconditionnelle, en quoi l'application de la loi de causalité à l'esprit peut-elle révolter nos sentiments et alarmer la conscience ? Rien n'est plus inoffensif. Il n'y aurait de danger que si l'effet tenait à la cause par un lien plus intime que la simple constance de la succession[1]. Étrange manière, en vérité, de rassurer les intérêts de la morale. Le sentiment pratique de la liberté n'est point démenti, nous dit-on, puisque la nécessité dont il s'agit n'est *qu'une simple uniformité de succession* qui permet de prévoir nos actions, et nous pouvons bien être libres malgré cette nécessité, puisqu'il n'y a point de cause au sens que les métaphysiciens donnent à ce mot. La vitalité persistante des vérités morales force le penseur à prouver que sa théorie n'est point dégradante pour la conscience, mais il s'y prend d'une façon qui rend tout simplement impossible toute morale en rendant impossible toute liberté : aucune

---

1. *Système de logique*, liv. VI, ch. II, *De la liberté et de la nécessité* (t. II, p. 418-421.)

action ne nous appartient, aucune action ne vient de nous, nos volitions n'ont pas leur principe dans une cause agissante; il y a des « antécédents » et des « conséquents, » des états de conscience qui précèdent et des états de conscience qui suivent, des séries de phénomènes comme dans l'ordre physique, des successions constantes et réglées : voilà tout, cela seul est réel, cela seul est matière de science, cela seul est instructif : le reste n'est que rêve.

Assimilation complète de l'ordre moral à l'ordre physique, c'est là le fond du système. Il y a des causes de nos actions, ce sont les motifs, les mobiles : la cause même, la personne, la personne morale disparaît. « Quand nous disons que toutes les actions humaines ont lieu par nécessité, nous voulons simplement dire qu'elles arriveront certainement si rien ne l'empêche[1]. » Soit, mais ne croyez pas que dans ce qui peut empêcher telle ou telle action qui semble presque inévitable, on compte jamais la cause par excellence, la personne. Y faire appel, ce serait évoquer une puissance mystérieuse, un mystique agent. Tout ce qui n'est pas phénomène est fiction mystique; toute réalité subsistante et agissante est pure création de l'imagination[2]. On nous dit bien que l'homme a jusqu'à un certain point le pouvoir de modifier son caractère, que « son caractère est en par-

---

1. *Système de logique*, liv. VI, ch. II (t. II, p. 422).
2. *Examen de la philosophie de Hamilton*, ch. XXVI, *Du libre arbitre*.

tie formé par lui[1], » mais c'est parce que « son désir de le façonner dans tel ou tel sens est une des circonstances de son existence, et non la moins influente ; » or ce désir n'est lui-même que le résultat de circonstances antécédentes, et ce qui est *de notre fait* se réduit en définitive à rien. En vain nous assure-t-on « que le sentiment de la faculté que nous avons de modifier notre propre caractère *si nous le voulons*, est le sentiment même de la liberté morale ; » en vain ajoute-t-on « qu'un homme se sent moralement libre quand il sent qu'il est, non pas l'esclave, mais le maître de ses habitudes et de ses tentations, et que, même en leur cédant, il sait qu'il pourrait leur résister[2] : » ce langage n'a pas la signification que nous lui donnons, puisque cette volonté dont on nous parle n'est que le nom d'ensemble par où l'on désigne le résultat de certaines circonstances de notre existence.

Ainsi l'analyse à outrance, traitant les actions humaines comme des phénomènes de l'ordre physique, laisse échapper le principe vivant, et il n'y a plus d'agent moral, il n'y a plus de personne morale. La même analyse, appliquée à la loi morale, en fait disparaître le caractère propre : on remarque que l'habitude finit par nous rendre capables de vouloir, sans égard au plaisir, ce qui d'abord n'avait

---

1. *Système de logique,* liv. VI, ch. II (p. 423).
2. *Système de logique,* liv. VI, ch. II (p. 425.)

d'autre fin que le plaisir même ; « nous cessons de trouver dans une action du plaisir et même peut-être de prévoir qu'un plaisir puisse en résulter ; et nous continuons de désirer l'action et par conséquent de la faire¹. » C'est par là qu'on explique le désintéressement moral. N'est-ce pas dire que ce désintéressement n'est qu'une illusion ? « Le héros moral, » comme on dit, perd de vue ou croit perdre de vue « la récompense, réelle d'ailleurs, qu'il ne peut manquer de trouver dans la conscience de bien agir ; » et comme « elle peut n'être pas l'équivalent des peines qu'il endure ou des désirs dont il a à faire le sacrifice, » sa persévérance dans la conduite choisie semble inspirée par des motifs désintéressés, quoique dans l'origine toutes ses actions volontaires ne soient peut-être que des moyens sciemment employés pour obtenir quelque plaisir ou pour éviter quelque peine². La détestation désintéressée du mal a une origine semblable : elle semble un instinct, une passion naturelle ; ne s'explique-t-elle pas plutôt par l'association des idées et l'habitude ? « Quand on a pensé longtemps qu'une peine était la conséquence d'un fait donné, ce fait s'engage dans des associations qui le rendent pénible en soi, et portent l'esprit à s'en écarter, lors même que dans le cas particulier, il n'y aurait à redouter aucune conséquence pénible. C'est

---

1. *Système de logique*, liv. VI, ch. II (p. 426).
2. *Système de logique*, liv. VI, ch. II (p. 427).

ainsi que l'aversion pour la dépense, qui se développe quand on a de la peine à économiser, peut devenir une passion tyrannique quand celui qu'elle domine est assez riche pour n'avoir plus rien à craindre de la dépense[1]. » Il n'est donc pas nécessaire de chercher à la distinction du bien et du mal que supposent les sentiments moraux une origine transcendante ou mystique. Quand le bien et le mal des actions ne dépendraient que des conséquences qu'elles tendent à produire, au lieu d'être fondés sur une qualité inhérente aux actions elles-mêmes, la différence entre le bien et le mal n'en subsisterait pas moins, et il n'y en aurait pas moins une raison naturelle de préférer le premier. Que le bien consiste à produire le bonheur, et le mal, la misère, n'est-ce pas assez pour que nous y reconnaissions une différence et que nous la jugions très importante? Un telle différence ne suffit-elle pas pour la fin de la société et pour la conscience de l'individu? Non, nous n'avons pas d'autre distinction, affirme-t-on; et s'il y en a d'autres, nous pouvons nous en passer. Un être humain qui a pour ses semblables un amour désintéressé et constant, qui recherche tout ce qui tend à leur faire du bien, qui nourrit une haine vigoureuse pour tout ce qui leur fait du mal, et dont les actions sont de même nature que les sentiments, un tel être n'est-il pas naturellement, nécessairement, raisonnablement, un objet

---

[1]. *Examen de la philosophie de Hamilton*, ch. XXVI (trad. fr., p. 559).

d'amour, d'admiration et de sympathie ; et celui qui n'a aucune de ces qualités ou qui les possède à un si faible degré que ses actions sont continuellement en conflit avec le bien des autres, n'est-il pas un objet naturel et légitime d'aversion et d'hostilité? Là, nous dit-on, est le principe des distinctions morales; et la réalité de ces distinctions est indépendante de l'origine assignée aux sentiments moraux, non moins que de la solution donnée à la question de la liberté de nos volitions.[1]. On admet donc que, l'expérience historique suppléant dans une large mesure à l'expérimentation directe, il est possible de remonter, avec une probabilité très voisine de la certitude, aux associations particulières qui ont produit les sentiments moraux. On montre que c'est telle association qui est la cause génératrice de la réprobation morale ; par telle autre association on explique le sentiment de la justice[2]. On reconnaît qu'il y a des manières d'agir vertueuses dont il résulte plus de peine que de plaisir ; mais

---

1. *Examen de la philosophie de Hamilton*, ch. XXVI (trad. fr., p. 560-561).
2. *Système de logique*, liv. VI, ch. IV, *Des lois de l'esprit* (t. II, p. 441). — Stuart Mill a consacré à l'étude de l'origine des notions morales un petit écrit fort remarquable, publié en 1863 et non encore traduit en français, *Utilitarianism*, extrait du *Fraser's Magasine*. — Voir encore sur cette question les *Principes de psychologie*, de M. Herbert Spencer, 8e part. ch. VI, VII et VIII; et *The Emotions and the Will* de M. Bain, 2e part., ch. XV, *The ethical emotions, or the moral sense*. L'origine des notions morales a été débattue très vivement, en Angleterre, dans un grand nombre d'articles de revues, entre les partisans de l'*intuition* ou de l'*a priori* et ceux de l'*expérience*. On pourrait citer aussi beaucoup de livres. Nommons *On the genesis of Species*, de M. Saint-George Miwart, ch. IX, *Evolution and Ethics*, et *On Nature and Grace*, du docteur Ward, cité deux fois avec honneur par Stuart Mill qu'il avait combattu dans la *Dublin Review*.

dans ces cas la conduite ne se justifie que parce qu'on peut montrer qu'en somme il y aura plus de bonheur dans le monde si on y cultive les sentiments qui dans certaines occasions font négliger aux hommes le bonheur [1]. Ainsi Stuart Mill prétend enlever aux vérités de l'ordre moral tout caractère propre. Et cependant, entrainé par l'honnêteté de son âme, et par cette force de la conscience morale que l'esprit de système ne peut toujours comprimer, il nous propose un idéal moral que la seule expérience ne peut ni suggérer ni expliquer [2] : le bonheur qu'il conçoit comme la fin suprême, comme le principe régulateur, comme la justification de toutes les actions, c'est un bonheur qui dépasse de beaucoup l'ordre de choses où son système semble nous retenir : il nous parle d'une « noblesse idéale de volonté et de conduite qui est, pour les êtres humains individuels, une fin à laquelle doit céder en cas de conflit la recherche de leur propre bonheur ou de celui des autres (en tant qu'il est compris dans le leur). » Refusant, comme il le fait, toute autorité vraiment impérative à la conscience, comment peut-il concevoir ces sacrifices? sur quoi s'appuie-t-il pour les admirer, que dis-je? pour les prescrire?. « Promouvoir le bonheur du genre humain, » voilà le principe fondamental.

---

[1]. *Système de logique*, liv. VI, ch. XII. *De la logique et de la pratique, ou de l'art comprenant la morale et la politique* (t. II, p. 560).

[2]. *Système de logique*, liv. VI, ch. XII (t. II, p. 559-560). Nous avons déjà fait allusion à cette page dans notre ch. III, p. 123, et nous en avons cité une partie. Voir aussi dans l'*Utilitarianism*, notamment le chapitre II, *What Utilitarianism is*.

Énoncer un tel principe, c'est déjà dépasser l'expérience. Si toute règle supérieure est supprimée comme supposant une intuition *a priori* chimérique, ou comme provenant d'un pouvoir mystique que la science ne connaît pas, si toute notion morale s'explique par la seule expérience, comment l'homme peut-il se proposer cette fin : *procurer le bonheur du genre humain?* Mais il y a plus : en quoi consiste le bonheur? N'y a-t-il pas des bonheurs d'ordres différents, de qualités diverses ? S'il faut faire du bien, n'y a-t-il pas différentes façons d'entendre le bien? Question délicate, importante entre toutes. Stuart Mill la résout : il place au premier rang « la noblesse de caractère parfaite ou approchant de cet idéal; » le bien qu'il s'agit de faire aux hommes, ce n'est pas un bien quelconque ; c'est un bien d'une nature supérieure. « Dans le sens relativement humble du mot, on est heureux par le plaisir et l'absence de douleur ; » mais avec cela, la vie peut être « puérile et insignifiante : » c'est ce qu'elle est « maintenant presque universellement : » la vie heureuse, « dans le sens le plus élevé, » c'est la vie « telle que peuvent la souhaiter des êtres humains dont les facultés sont développées à un degré supérieur. » Ou je suis bien trompé, ou dans ces aspirations, dans ce choix entre les biens, dans ce mépris du bonheur présent, dans cette manière noble et délicate de juger des choses, il y a des suggestions qui viennent d'ailleurs que de l'expérience, même aidée par l'association des idées et l'habitude. C'est la conscience morale qui dicte ce langage : le philosophe croit développer son système ; il répète en sa langue les antiques déclarations qui se font entendre en toute âme d'homme.

Quoi qu'il en soit, Stuart Mill a bien le dessein de traiter des choses morales sans les considérer comme étant d'un ordre à part, et il est ainsi le fidèle représentant du positivisme. Ayant l'ambition et l'espoir de tout expliquer par les procédés des sciences positives, il rêve pour la philosophie morale un nouvel avenir. Il aspire à la débarrasser de toute métaphysique comme d'une entrave usée. Selon lui, il n'y a entre les choses morales et les choses physiques aucune différence essentielle, et le premier obstacle au succès dans les recherches morales, c'est précisément la persuasion qu'on y a affaire à un ordre de vérités absolument nouveau. Il y a une science de la nature humaine, mais à la condition que toute recherche transcendante soit irrévocablement abandonnée ; il y a une science des pensées, des sentiments, des actions des êtres humains, comme il y a une science des phénomènes du monde extérieur, mais à la condition de ne s'occuper que des faits se succédant d'après des lois constantes. Cette science est encore imparfaite ; elle est comparable à la météorologie actuelle ou encore à l'astronomie telle qu'elle est quand ses calculs n'embrassent que les phénomènes principaux et non les perturbations. Elle n'aurait la perfection scientifique idéale que si elle mettait à même de prédire comment un individu penserait, sentirait ou agirait dans le cours de sa vie, avec une certitude pareille à celle de l'astronomie actuelle quand elle prédit les positions et les occultations des corps célestes. Elle ne fait rien d'approchant. Mais, plus développée, elle pourrait, comme la science des marées, par exemple, faire des prédictions se vérifiant presque toujours, et établir des propositions générales presque toujours vraies. Et toutes les fois qu'on prétendra savoir comment agira la majorité de la race humaine, ou quelque nation ou classe de personnes, ces propositions équivaudront à des propositions universelles. Or c'est là tout ce qu'il faut pour les sciences politiques et sociales [1]. Qu'on laisse donc toute spéculation sur la nature propre de l'esprit, toute question relative aux choses en soi ; qu'on étudie les « uniformités de succession » observables entre les états de l'esprit, qu'on s'applique à l'étude de ces « successions mentales » ; qu'on suive dans ces investigations les règles de l'observation, de l'expérimentation, de l'induction ; qu'on fasse un usage sévère des méthodes employées dans les sciences physiques, et l'on établira sur des bases solides la science de l'esprit humain : on découvrira les lois générales de la nature humaine ; on pourra ensuite trouver les lois de la formation du caractère. Le genre humain n'a pas un caractère universel, mais il y a des lois universelles

---

[1]. *Système de logique*, liv. VI, ch. III, *Y a-t-il ou peut-il y avoir une science de la nature humaine ?* ch. IV, *Des lois de l'esprit;* ch. V, *De l'éthologie, ou science de la formation du caractère ;* ch. VI, *Considérations générales sur la science sociale.*

de la formation du caractère. La *Psychologie* est la science des lois fondamentales de l'esprit; l'*Éthologie* est la science ultérieure qui détermine le genre de caractère produit conformément à ces lois générales par un ensemble quelconque de circonstances physiques ou morales [1]. Ces deux sciences sont les sciences morales par excellence : c'est à les perfectionner qu'il faut s'appliquer, et c'est l'emploi des méthodes des sciences physiques qui en assurera le progrès. Les sciences sociales en dépendent, et elles avancent grâce aux mêmes procédés [2]. L'opinion courante est que toute prétention d'établir des vérités générales touchant la politique et la société est du charlatanisme, et qu'il n'y a en ces matières rien d'universel et de certain. C'est une erreur : si l'on vise à constater « des séquences » universelles, non à formuler des préceptes universels, on peut établir des propositions ayant un caractère scientifique : les faits sociaux ne sont que des phénomènes de la nature humaine, produits par l'action des circonstances extérieures sur des masses d'êtres humains : ils sont donc assujettis à des lois fixes comme les faits de la nature humaine, et découvrir ces lois est chose possible pourvu qu'on emploie les méthodes convenables [3].

Le « mode impératif » étant le caractère de « l'art »

1. *Système de logique*, liv. VI, ch. v.
2. *Système de logique,* liv. VI, ch. vii, viii, ix, x (où sont examinées la *méthode chimique ou expérimentale,* la *méthode géométrique ou abstraite,* la *méthode physique ou déductive concrète,* enfin la *méthode déductive inverse ou historique,* appliquées à la science sociale).
3. *Système de logique,* liv. VI, ch. vi (p. 465).

opposé à « la science, » toute recherche relative à la connaissance des devoirs, à l'*Éthique* pratique, ne fait point partie des sciences morales. Ce qui s'exprime par des règles, des préceptes, et non par des assertions sur des matières de fait, est de l'art. L'*Éthique* est donc proprement une partie de l'art qui correspond aux sciences de la nature humaine et de la société. C'est dans les théorèmes de la science qu'on trouve les fondements de toute règle d'art. Un art se compose donc des règles et de toutes les propositions qui justifient ces règles. Au-dessus de tout il y a ce qu'on peut appeler des premiers principes de conduite. C'est comme une *Philosophia prima* particulière pour l'art, comme il y en a une pour la science [1]. Mais ce n'est point une métaphysique, et l'ordre moral n'est nulle part reconnu comme un ordre distinct de l'ordre physique.

Les vérités morales sont donc des vérités comme les autres. Il y a une science des choses morales parce que les choses morales se traitent de la même manière que tout le reste. Ces affirmations rejettent hors de tout savoir : 1° la liberté morale ; 2° la loi obligatoire, au vrai sens du mot ; 3° l'existence de Dieu ; 4° la vie future. C'est tout l'ordre moral et religieux qui s'écroule. Tout se réduit à découvrir les lois de la nature humaine et de la société, et à se rendre capable de prévoir ce que dans telle circonstance un homme fera, ou une masse d'hommes.

---

1. *Système de logique*, liv. VI, ch. xii, *De la logique de la pratique, ou de l'art comprenant la morale et la politique.*

L'élément moral disparaît. La philosophie morale n'existe plus.

Dès lors comment expliquer les convictions morales et religieuses? Par l'imagination.

Il y a dans la *Logique* de Stuart Mill le très remarquable passage que voici : c'est dans le livre qui a pour titre : *Des Sophismes* (*on Fallacies*). Je cite textuellement et sans coupure.

« Les causes morales des opinions, quoique les plus puissantes de toutes chez la plupart des hommes, ne sont que des causes éloignées ; elles n'agissent pas directement, mais par l'intermédiaire des causes intellectuelles avec lesquelles elles sont dans le même rapport qu'en médecine les causes dites prédisposantes avec les causes existantes. L'indifférence pour la vérité ne peut pas, par elle-même, produire une fausse croyance ; elle agit en empêchant l'esprit de rassembler les preuves appropriées ou de les soumettre au critère d'une induction rigoureuse ; ce qui le laisse sans défense contre l'influence des raisons apparentes qui se présentent spontanément ou que peut suggérer le moindre effort intellectuel. L'inclination n'est pas davantage une source directe de mauvais raisonnements. *On ne croit pas à une proposition par cela seul qu'on voudrait ou qu'on ne voudrait pas y croire.* L'inclination la plus violente à trouver vraie une chose ne rendrait pas l'esprit le plus faible capable de la croire en l'absence absolue de toute raison, et sans une preuve quelconque, au moins apparente. Elle influe indirectement en lui présentant les motifs de croire sous un aspect incomplet ou difforme ; elle le détourne de l'ennuyeux travail de l'induction rigoureuse, lorsqu'il soupçonne que le résultat pourra être désagréable, et dans la recherche telle quelle qu'il entreprend, elle lui fait appliquer ce qui dépend dans une certaine mesure de sa volonté, son attention, d'une manière partiale, la tournant de préférence du côté des faits qui semblent favorables à la conclusion désirée et l'éloignant des faits contraires. Elle agit aussi en l'induisant à chercher avec ardeur des raisons ou des semblants de raisons, pour confirmer ou infirmer les opinions favorables ou contraires à ses intérêts ou à ses sentiments ; et lorsque ces intérêts et ces sentiments sont communs à un grand nombre de personnes, des raisons qui ne seraient pas écoutées un instant si la conclusion n'avait rien de plus fort à alléguer en sa faveur, sont acceptées et ont cours. La partialité, naturelle ou acquise, met en honneur des théories philosophiques dont la seule recommandation est de fournir des prémisses à des doctrines de prédilection ou de justifier des sentiments favoris ; et lorsque une de ces théories est discréditée au point de ne plus pouvoir remplir cet office, il y en a toujours une autre toute prête pour la remplacer. Lorsque cette propension s'exerce en faveur d'une opinion ou d'un sentiment très répandus, elle est souvent décorée d'une épithète honorifique, et l'habitude contraire de subordonner le jugement à l'évidence est stigmatisée des noms odieux de scepticisme, d'immoralité, de froideur et de dureté de cœur, et autres semblables, suivant la nature des cas.

Cependant, bien que les opinions de la généralité des hommes aient, quand elles ne dépendent pas de la simple habitude, leur racine dans les inclinations beaucoup plus que dans l'entendement, il faut nécessairement, pour que le penchant triomphe, qu'il fausse d'abord l'intelligence. Toute conclusion erronée, bien que provenant de causes morales, implique le fait intellectuel de l'admission comme suffisantes de preuves insuffisantes ; et celui qui serait en garde contre toutes les espèces de preuves non concluantes ne serait pas en danger d'être induit en erreur par une inclination, même la plus forte. Il y a des esprits si puissamment armés du côté intellectuel qu'ils ne pourraient pas fermer eux-mêmes leurs yeux à la lumière de la vérité, quelque envie qu'ils en eussent réellement ; ils ne pourraient pas, malgré tout le désir possible, se payer de mauvaises raisons et les prendre pour bonnes. Si la sophistiquerie de l'esprit était rendue impossible, celle des sentiments, n'ayant plus d'instrument pour agir, serait réduite à l'impuissance. En conséquence, une classification de toutes les choses qui, n'étant pas des preuves, sont susceptibles d'être prises pour telles par l'entendement, comprendra toutes les erreurs de jugement provenant de causes morales, à l'exception seulement des erreurs de pratique commises malgré une connaissance meilleure.

« Ainsi donc, l'examen des diverses espèces d'évidence purement apparente, et des preuves concluantes en apparence, mais non en réalité, sera l'objet de la partie de notre recherche dans laquelle nous allons maintenant entrer [1]. »

Est-ce que tout cela n'est pas excellent, nous dira-t-on ? Stuart Mill ne distingue-t-il pas avec précision ce qui appartient à l'intelligence et ce qui appartient à la volonté ? Ne dit-il pas formellement « qu'on ne croit pas une proposition par cela seul qu'on voudrait ou qu'on ne voudrait pas y croire » ? La volonté prépare seulement à croire : n'est-ce pas ce que nous avons nous-même tâché de montrer ? Que si ensuite il explique comment la passion peut fausser l'intelligence, ne devons-nous pas applaudir à cette fine analyse, et n'en pouvons-nous pas profiter ? Et ses remarques ne reviennent-elles pas enfin à celles de Pascal disant dans les *Pensées :* « La volonté est un des principaux organes de la créance : non qu'elle forme la créance, mais parce que les choses sont vraies ou fausses, selon la face par où on les regarde. La volonté qui se plaît à l'une plutôt qu'à l'autre, détourne l'esprit de considérer les qualités de celles qu'elle n'aime pas à voir : et ainsi l'esprit, marchant d'une pièce avec la volonté, s'arrête à regarder la face qu'elle aime, et ainsi il en juge par ce qu'il y voit [2]. »

Je ne méconnais aucun des mérites du chapitre de Stuart Mill que nous venons de citer ; mais, après l'avoir lu et relu attentivement, le reste de l'ouvrage et l'esprit de la philosophie de l'auteur étant donnés, je me demande si la conclusion naturelle n'est point que ce

---

1. *Système de logique,* liv. V, ch. 1, § 3. Les *italiques* sont de nous.
2. Voir encore dans Pascal le commencement de l'*Art de persuader.*

qui n'est pas né de la science ou n'est pas réductible à la science, n'est en définitive qu'illusion. Et, comme il n'y a pas dans la *Logique* de Stuart Mill tout entière un seul passage où l'on trouve étudiées la formation des convictions morales et religieuses, ou la manière de les justifier par des preuves, n'est-il pas naturel aussi de penser qu'aucun des procédés réguliers servant à faire la science, n'a d'usage ici ; qu'il ne reste donc que des procédés irréguliers, et que ces procédés irréguliers n'étant considérés dans la logique qu'en tant que vicieux, les croyances en question sont le fruit d'inductions fautives et se résolvent enfin en sophismes ?

J'estime que le positivisme strict et vulgaire devrait s'en tenir là. Ce n'est point ce que fait Stuart Mill. Assurément le chapitre que nous venons de citer s'applique bien, dans sa pensée, aux doctrines religieuses. Ne dit-il pas ailleurs qu'elles sont toutes remplies de contradictions morales[1] ? Dès lors, comment expliquerait-il la croyance qui s'y attache autrement que par un aveuglement à demi volontaire, par un secret désir de se tromper soi-même, par un parti pris qui seul donne à des preuves sans réelle valeur quelque crédit? Soit qu'il fasse de la religion une étude directe et spéciale,

---

1. Stuart Mill, *Essais sur la religion*, trad. franç., p. 236. Ces *Essais* se composent de trois opuscules dont les deux premiers ont été composés entre 1850 et 1858, et le troisième entre 1868 et 1870. Ils ont été publiés après la mort de l'auteur, en 1874, et traduits en français en 1875. Voici le titre de l'édition anglaise : *Nature, the Utility of Religion, and Theism* (ce sont les titres des trois opuscules, qui n'étaient point destinés d'ailleurs à former un tout). Sur la couverture il y a *Three Essays on Religion*.

soit que dans son *Autobiographie*[1] il expose l'origine et le développement de ses idées, il déclare expressément son sentiment. S'il y a « une foi simple et innocente, elle ne peut coexister qu'avec un état d'apathie et d'inaction de l'intelligence. Jamais une personne d'une intelligence exercée, n'arrivera à posséder la foi au Dieu de la nature ou au Dieu de l'Évangile que par une sophistication ou une perversion de l'esprit ou de la conscience[2]. » Voilà les doctrines religieuses condamnées, et, chose remarquable, c'est au nom de la morale dont Stuart Mill se fait le défenseur. Ainsi dans sa polémique avec M. Mansel nous l'avons déjà vu faire appel contre certaines idées religieuses à la conscience morale. Néanmoins, il entend conserver la religion, et de même que refusant aux idées morales toute origine transcendante, il maintient la morale, et veut en garder avec un soin jaloux la pureté, de même, ayant sur l'origine et la valeur des idées religieuses l'opinion que nous allons voir, il prétend retenir ce que la religion a d'essentiel. Il nous présente en cela un spectacle singulièrement intéressant et instructif. Comme il unit à une trempe d'esprit peu commune une incontestable noblesse de sentiments, rien n'est plus propre que ses écrits à nous montrer ce que le positivisme de la meilleure qualité, si je puis m'exprimer ainsi, peut faire de la religion.

Selon Stuart Mill[3], il y a dans la religion les deux élé-

---

1. *Autobiography*, 1870, 2ᵉ édit. 1873, trad. franç., sous ce titre *Mes Mémoires*, 1874.
2. *Essais sur la religion*, p. 108-109.
3. Voir le second *Essai*, intitulé *Utilité de la religion*, et le troisième *Essai*,

ments essentiels que voici : concevoir un idéal du bien, compter sur le progrès et même sur le triomphe final du bien. Mais on peut réaliser cet idéal, et en faire ainsi un principe du bien, de qui précisément l'on attende ce progrès et ce triomphe. L'idée religieuse alors admet le *surnaturel*. On conçoit un Être réel parfaitement bon, une intervention providentielle dans le monde, enfin une autre vie où s'achève la destinée de l'homme : ce sont des conceptions qui dépassent les limites de la *nature*. Le surnaturel ainsi entendu n'est donc pas seulement dans la religion révélée, dans le christianisme ; il est aussi dans la religion dite naturelle : Stuart Mill le déclare expressément. Or, « à l'égard du surnaturel, tant dans la religion naturelle que dans la religion révélée, quelle peut être l'attitude rationnelle d'un penseur [1] (*of a thinking mind*) ? » Telle est la question.

Stuart Mill répond : Ce ne peut être que l'attitude du scepticisme. Considérons les trois points auxquels il réduit la religion dite naturelle : l'existence de Dieu, la Providence, l'autre vie. Un penseur qui ne sait rien de l'origine des choses [2] n'a qu'un parti à prendre : c'est de dire qu'il se peut qu'il y ait un Dieu, une intervention provi-

intitulé le *Théisme*, et, dans cet *Essai*, particulièrement la cinquième partie, ou conclusion (*general result*). Il est utile de rappeler les titres des quatre premières parties ; ils marquent bien le dessein et la marche de l'auteur : 1° le Théisme ; les preuves du Théisme ; 2° les attributs (de Dieu) ; 3° l'Immortalité ; 4° la Révélation.

1. *Essais sur la religion*, p. 227. (Texte anglais, p. 242.)
2. Dans ses *Mémoires*, p. 37, Stuart Mill, racontant sa première éducation et les opinions de son père, dit : « Mon père s'arrêta à cette conviction que l'on ne peut rien savoir de l'origine des choses. Nulle autre expression ne rend mieux son opinion : en effet il trouvait l'athéisme dogmatique absurde... »

dentielle dans le monde, une autre vie. Cela *se peut*, mais voilà tout. Il y a en faveur de l'existence de Dieu des témoignages : ils sont insuffisants pour servir de preuves, ils n'ont que la valeur d'une faible probabilité[1]. Donc ni théisme ni athéisme, mais le scepticisme. Et Stuart Mill appelant croyance toute affirmation, déclare que « tout le domaine du surnaturel est écarté de la région de la croyance[2]. » Mais ne pouvant *croire*, on peut encore *espérer*. Cette espérance, qui est possible, est-elle permise ou interdite au penseur ? Telle est maintenant la question.

Stuart Mill s'exprime en termes d'une parfaite netteté : « Est-il irrationnel, demande-t-il, de se laisser aller, guidé par l'imagination seule, à une espérance sur la réalisation de laquelle il n'y a pas d'apparence qu'on ait jamais une raison probable de compter ? Faut-il décourager cette espérance comme une dérogation au principe rationnel qui nous ordonne de régler avec rigueur sur des preuves nos sentiments aussi bien que nos opinions[3] ? »

Ainsi, pour savoir si l'espérance religieuse est per-

---

1. *Essais sur la religion*, p. 227.
2. *Essais sur la religion*, p. 229. Citons ici le texte anglais, p. 244. « The whole domain of the supernatural is thus removed from the region of Belief in that of simple Hope. »
3. *Essais sur la religion*, p. 229. Il est bon de citer ici le texte anglais, p. 244. « It is now to be considered whether the indulgence of hope (remarquons ces mots), in a region of imagination merely, in which there is no prospect that any probable grounds of expectation will ever be obtained, is irrational and ought to be discouraged as a departure from the rational principle of regulating our feelings as well as opinions strictly by evidence. »

mise au penseur, il faut d'abord savoir si une raison sévère accorde à l'imagination un rôle dans la vie.

A cette nouvelle question, Stuart Mill n'hésite point à répondre affirmativement. Il connaît trop la nature de l'homme pour prétendre le réduire à la seule pensée. Il estime qu'il faut « conserver une balance convenable entre les facultés[1]. » Il combat ceux qui ne voient dans l'émotion imaginative qu'un embarras[2]. Il déclare qu'il faut « cultiver le sentiment, et le cultiver à l'aide de l'imagination », et il attache à cette culture une importance capitale. « L'esprit d'analyse » est nécessaire, mais il « a des correctifs », qu'il est dangereux de négliger. « L'habitude de l'analyse tend à ruiner les sentiments, quand nulle autre habitude d'esprit n'est entretenue[3]. »

C'est donc « faire une chose sage que de tirer tout le parti possible des probabilités, fussent-elles faibles, qui fournissent à l'imagination un terrain où elle s'appuie[4]. »

S'alarmerait-on pour la raison, craignant que l'imagination ne risquât de pervertir le jugement? Stuart Mill dissipe toute crainte. La vivacité du sentiment, selon lui, n'implique rien d'erroné ou de fallacieux dans la conception des objets. Elle est parfaitement compatible avec la connaissance la plus exacte et la reconnaissance pratique la plus complète de toutes les lois et de tous les rapports de la nature tant dans le monde physique que dans celui de l'intelligence. « Le sentiment le

---

1. *Mes Mémoires*, p. 137.
2. *Mes Mémoires*, p. 145.
3. *Mes Mémoires*, p. 136.
4. *Essais sur la religion*, p. 230.

plus vif de la beauté d'un nuage illuminé par le soleil couchant, ne m'empêche pas, dit-il, de savoir que le nuage est de la vapeur d'eau et soumis à toutes les lois de la vapeur à l'état de suspension. Je puis compter tout autant sur les lois de la physique, et m'en servir tout aussi bien, quand l'occasion s'en présente, que si j'étais incapable de percevoir la distinction qui sépare la beauté de la laideur[1]. » Si l'imagination et la raison reçoivent chacune la culture qui lui convient, l'une ne saurait empiéter sur les prérogatives de l'autre[2]. Par exemple, « la disposition à la joie, qui est un des éléments du bonheur, serait une des formes de la folie, s'il fallait que tout ce qu'il y a d'agréable ou de bon dans chaque chose occupât exactement dans notre imagination la même place que dans la réalité ou dans la raison réfléchie ; car cette disposition à la joie est un penchant à considérer surtout le côté séduisant du présent et de l'avenir. » Mais voit-on « qu'en pratique, les gens qui prennent la vie gaiement soient moins vifs que d'autres à saisir les points de vue rationnels du mal ou du danger, ou plus négligents à recourir à de sages précautions[3] ? » Ils ont plus de ressort, plus de flamme : leur vue n'est pas moins nette. « Dans le règlement de l'imagination, la vérité littérale n'est pas la seule chose à considérer. La vérité est le domaine de la raison, et c'est par la culture de la faculté rationnelle que l'on se dispose à la connaître toujours, et à y

---

1. *Mes Mémoires*, p. 145.
2. *Essais sur la religion*, p. 231.
3. *Essais sur la religion*, p. 231.

penser aussi souvent qu'il est nécessaire pour accomplir son devoir. Mais quand la raison est bien cultivée et bien affermie, que l'imagination poursuive sa propre fin et fasse de son mieux pour rendre la vie aimable et riante au dedans de la place, il n'y a pas à cela de danger, et l'on peut se fier au rempart élevé et entretenu par la raison autour de ses limites[1]. »

C'est d'après ces principes que Stuart Mill résout la question religieuse. Si un penseur est sceptique en religion, et ne peut être que tel, « il fait néanmoins une chose légitime et soutenable au point de vue philosophique en se laissant aller à l'espérance relativement au gouvernement de l'univers et à la destinée de l'homme après la mort, bien qu'il reconnaisse qu'il n'y a pas de raison pour faire plus que d'espérer[2]. » « On peut évaluer avec une parfaite exactitude les preuves pour ou contre dans une question, tout en laissant l'imagination se porter de préférence sur les solutions possibles qui sont à la fois les plus propres à consoler et à rendre meilleur (*the most comforting and the most improving*). On n'exagère pas pour cela la force des raisons qu'on a d'attendre que ces solutions possibles soient réalisées effectivement plutôt que d'autres[3]. »

Nous cherchons le bonheur. Or, ce bonheur, Stuart Mill nous l'a déjà dit, ne consiste pas purement et simplement dans les plaisirs humbles et dans l'absence

---

1. *Essais sur la religion*, p. 233.
2. *Essais sur la religion*, p. 234.
3. *Essais sur la religion*, p. 230.

de douleur[1] ; on n'est vraiment heureux que par le large développement des plus nobles et des plus hautes facultés. Mais comment « les aspirations élevées ne seraient-elles pas tenues en échec et rabattues par le sentiment de l'insignifiance de la vie humaine, » si l'imagination ne venait embellir la réalité et donner essor à l'espérance[2] ? Stuart Mill parle souvent de l'insignifiance de la vie[3] : il la constate, il s'en plaint, il ne la croit pas sans remède. La vie que mènent la plupart des hommes est, selon lui, puérile et nulle ; et ceux qui sont élevés au-dessus du niveau ordinaire, voyant les maux dont la vie est remplie, se prennent à penser « qu'elle ne vaut pas la peine qu'elle cause[4]. » Il faut ne pas ignorer le peu qu'est la vie, entendue d'une humble manière et considérée dans ses trop réelles et trop nombreuses misères ; mais il faut que « l'espérance fasse de la vie et de la nature humaine des objets d'un haut prix pour le cœur. » « Alors les sentiments qui sont éveillés en nous par nos semblables et par l'humanité en général reçoivent une force nouvelle et comme une forme plus solennelle et plus auguste[5]. » On se dit qu'on sait à quoi consacrer son existence[6] ; et puis « l'on trouve moins cruelle cette ironie

---

1. Nous rappelons de nouveau la dernière page de la *Logique* que nous avons citée plus haut, puis l'*Utilitarianism*, et dans cet écrit, particulièrement le chap. II, *What utilitarianism is*.
2. *Essais sur la religion*, p. 234-235.
3. Voir encore la dernière page de la *Logique*, et les *Mémoires*, ch. v, intitulé *Une crise dans mes idées, un progrès*.
4. *Essais sur la religion*, p. 235. « The desastrous feeling of « not worth while. »
5. *Essais sur la religion*, p. 234.
6. *Mes Mémoires*, p. 128.

de la nature dont le sentiment est si pénible quand on voit un esprit sage et noble, formé au prix de longs efforts et de grands sacrifices, disparaître au moment même où il semblait prêt à répandre sur le monde le fruit de ses labeurs [1]. » On se console en espérant que le bien fait des progrès dans le monde et que finalement il triomphera. On travaille soi-même à ce grand ouvrage, et, tâchant de promouvoir le bonheur du genre humain, on est heureux.

C'est qu'en effet, selon la remarque de Stuart Mill, si le bonheur est pour chacun le but de la vie, le meilleur moyen d'atteindre ce but est néanmoins de ne le point poursuivre directement. « Il faut avoir l'esprit tendu vers quelque autre objet et s'en faire non un moyen, mais une fin idéale. Aspirant ainsi à autre chose, on trouve le bonheur chemin faisant. Pour être heureux, il n'est qu'un moyen, c'est de prendre pour but de la vie, non pas le bonheur, mais une fin étrangère au bonheur [2]. »

Quelle peut être cette fin? La plus noble, c'est « le bonheur d'autrui, » c'est « l'amélioration de la condition de l'humanité [3]. » Quand « on entretient en soi un dévouement religieux pour le bien de ses semblables, afin d'en faire une barrière sacrée que nulle aspiration égoïste ne devra franchir, et une fin pour l'avancement de laquelle nul sacrifice ne saurait être trop grand [4], »

---

1. *Essais sur la religion,* p. 234.
2. *Mes Mémoires,* p. 135-136.
3. *Mes Mémoires,* p. 136.
4. *Essais sur la religion,* p. 240. Texte anglais, p. 256. « ... *a religious de-*

on est bon et on est heureux, ce qui, ainsi entendu, est la même chose. L'espérance qui avive de tels sentiments est donc éminemment profitable. « L'augmentation du nombre des mobiles qui nous portent à nous rendre meilleurs jusqu'à la fin de notre vie, est pour nous un gain si évident qu'il n'est pas nécessaire de dire en quoi il consiste [1]. »

Ce n'est pas tout. Voulant vivre d'une manière noble et procurer le bonheur d'autrui, nous trouvons un précieux secours « dans l'habitude de concevoir par l'imagination un Être moralement parfait et de prendre l'approbation de cet Être comme le type auquel nous devons comparer et sur lequel nous devons régler notre caractère et notre vie. » Voilà donc « un autre emploi extrêmement important de l'imagination. » Si nous croyons sans réserve à l'existence réelle de cet Être qui réalise notre idéal de la perfection, et si, le concevant comme le régulateur de l'univers, nous croyons qu'une entière dépendance nous rattache à lui, c'est une chose incontestable qu'une telle croyance donne à nos sentiments bien plus de force qu'ils n'en sauraient puiser dans une conception purement idéale, et nos aspirations vers la bonté sont énergiquement stimulées et encouragées [2].

Cependant Stuart Mill déconcerté par les souffrances

---

votion to the welfare of our fellow-creatures, as an obligatory limit to every selfish aim, and an end for the direct promotion of which no sacrifice can be to great. »

1. *Essais sur la religion*, p. 235. Texte anglais, p. 250. « The gain obtained in the increased inducement to cultivate this improvement of character up to the end of life, is obvious without being specified. »

2. *Essais sur la religion*, p. 235-236.

et les injustices qui abondent dans l'univers, accuse le théisme, et particulièrement le théisme chrétien, de tomber en des contradictions morales révoltantes ; il prétend qu'on « prête à Dieu, maître omnipotent du monde, des actes et une manière générale d'agir incompatibles avec la plus vulgaire bonté, » et cela en continuant quand même à « concevoir Dieu comme ayant la plus sublime bonté idéale. » Il rejette donc « toutes les formes religieuses qui essayent de justifier le gouvernement de l'univers ; » il dit que c'est une indigne flatterie d'appeler bon un maître omnipotent qui aurait fait le monde que nous voyons ; et il déclare enfin qu'il n'est pas nécessaire d'attribuer au principe du bien la toute-puissance [1]. De là il conclut qu'il y a une espérance permise au penseur sceptique. C'est que « le caractère idéalement parfait sur lequel notre devoir serait de chercher à nous modeler, et dont nous voudrions obtenir l'approbation pour nos actions, ait une existence réelle dans un Être auquel nous devons tout le bien dont nous jouissons. » Ainsi « pourvu que l'on reconnaisse que la puissance de l'auteur de l'univers est limitée, rien n'empêche plus de supposer que sa bonté est parfaite [2]. » Le penseur, sans se faire aucune illusion sur la valeur des preuves de l'existence et des attributs de Dieu, peut alors réaliser l'idéal moral. En abandonnant l'idée de l'omnipotence divine, il ne se prive d'au-

---

1. *Essais sur la Religion*, p. 236 et 237. — *Mes Mémoires*, p. 37 et 38
2. *Essais sur la religion*, p. 237. Voir aussi p. 109 (c'est dans le deuxième Essai).

cun des avantages de l'idée religieuse. Il échappe aux contradictions morales qui excitent son indignation. Il se fait de la bonté idéale une idée plus vraie et plus consistante [1], et il a, ajoute-t-on encore, cet autre grand avantage de puiser dans sa conception un sentiment élevé, celui qu'il aide par un concours volontaire l'Être invisible auquel il doit les biens de la vie : Dieu n'étant pas omnipotent, a besoin de l'assistance de l'homme, et l'homme s'acquitte envers Dieu en coopérant avec lui à l'accomplissement de ses desseins. Nouveau stimulant pour l'activité humaine. Faire avancer le bien, hâter le progrès du bien, en préparer le triomphe définitif, c'est la plus noble des tâches [2].

Voilà donc les idées religieuses que le penseur sceptique peut admettre, selon Stuart Mill, non à titre de vérités prouvées, ni même d'opinions probables, mais à titre d'espérances. Et remarquant « l'effet précieux que le christianisme a produit sur le génie de l'homme en lui présentant dans une personne divine un type d'excellence et un modèle à méditer, » il se dit qu'il y a là « un secours utile même pour un incrédule. » « Le Dieu fait chair a pris un empire étendu et salutaire sur l'esprit moderne. » Serait-il facile de trouver « une meilleure façon de traduire la règle de la vertu de l'abstrait au concret ? » Et qui donc ne se trouverait pas bien « d'essayer de vivre de telle façon que le Christ approuvât sa vie ? » « De quel-

---

1. *Essais sur la religion*, p. 237. Voir aussi p. 109.
2. *Essais sur la religion*, p. 240-241.

que croyance que la critique rationnelle nous dépouille, le Christ nous reste : figure unique, vraiment digne d'être le représentant idéal et le guide de l'humanité. » Et enfin, « aux yeux du sceptique rationaliste, il est possible que le Christ fût réellement ce qu'il croyait être lui même, c'est-à-dire un homme chargé d'une mission expresse et unique par Dieu pour conduire l'humanité à la vérité et à la vertu[1]. »

Stuart Mill conclut que « les influences de la religion sur le caractère, qui persistent après que la critique rationnelle *a fait l'impossible (has done its utmost)* contre les preuves de la religion, valent bien la peine d'être conservées, et que ce qui leur manque de force directe en comparaison de celles d'une croyance plus solide, est plus que compensé par la vérité et la rectitude supérieure de la morale qu'elles sanctionnent[2]. »

Ainsi la science, qui semblait être tout, ne contient pas le dernier mot de la vie. Ici remarquons bien la situation d'esprit de Stuart Mill. Il entend « traiter la question de religion comme une question scientifique. » Il déclare « indispensable que les preuves de la religion soient vérifiées par les mêmes méthodes et d'après les mêmes principes que celles de toutes les conclusions philosophiques des sciences physiques. » Il dit bien haut qu'il y a un point hors de discussion, c'est que les conclusions légitimes de la science ont le droit de primer toutes les opinions (*are entitled to prevail over all opi-*

---

[1]. *Essais sur la religion*, p. 237-239. Texte anglais, p. 255.
[2]. *Essais sur la religion*, p. 239.

nions), quelque répandues qu'elles soient, qui les contredisent, et que les canons de la preuve scientifique, fixés par deux mille ans de succès et de revers, sont applicables à tous les sujets dont il est possible d'atteindre la connaissance. » Son dessein, c'est donc de « voir quelle place il convient de faire aux croyances religieuses dans le cadre de la science (*what place is for religious beliefs on the platform of science*), quelles preuves on peut invoquer en leur faveur que la science puisse avouer, et quel fondement il est possible de donner aux doctrines de la religion considérées comme théorèmes scientifiques[1]. » Mais si la science garde le premier rang, il y a pourtant quelque chose à côté d'elle : il y a la pratique, le sentiment, l'imagination ; il y a l'espérance avec son effet moral, et l'idée religieuse demeure. Il se peut que la vie ait un sens, que le travail de l'homme de bien ne soit pas vain, que le monde soit gouverné par un Être moral, parfaitement bon ; cela se peut, et il est bon d'espérer que cela est : on a plus de cœur pour bien faire. Stuart Mill reproduit, à sa manière, la distinction de Kant entre la spéculation et la pratique ; à sa manière, il admet, comme Kant, une conception idéale du souverain bien, et le devoir de travailler, chacun pour sa faible part, à s'en approcher. Ici comme dans Kant, des besoins moraux, des raisons morales conduisent le penseur à la religion, et c'est une foi morale que cette espé-

---

1. *Essais sur la religion,* p. 120, texte anglais, p. 129.

rance dont on nous parle. Le sévère écrivain trouve un instant de la chaleur et quelque éclat pour célébrer la tâche de l'homme vertueux, il se rencontre presque avec Fichte, et semble écrire, lui aussi, des chapitres d'un livre sur la *Destination de l'homme*. Bien plus, il emprunte au christianisme même de grandes paroles, et il rend hommage au Christ. Il va presque jusqu'à dire que l'homme de bien accomplit la volonté de Dieu en se dévouant au service de l'humanité; et c'est un mot de saint Paul qu'il répète à son insu[1], quand limitant, il est vrai, la toute-puissance divine, ce que certes ne faisait point saint Paul, il nous exhorte à devenir dans le monde les coopérateurs et comme les aides de Dieu.

Voilà les hauteurs où s'élèvent ses conceptions. Pourtant l'humilité de l'origine qu'il assigne à l'idée du bien, se trahit toujours. En vain il distingue entre les jouissances basses ou mesquines et les jouissances nobles; il a beau déclarer dans des pages qui rappellent Aristote, que la *qualité* du plaisir est ce qui importe le plus, que les plaisirs vraiment humains ce sont les plus élevés, et que la préférence des juges compétents a une incontestable autorité[2] : on peut toujours se demander sur quelle base reposent dans son système de telles déclarations, et au nom de quoi il les fait. Et puis, cette distinction même entre diverses sortes de jouissances, si excellente qu'elle soit, ne peut suffire seule. Jouir est toujours, si l'on s'en tient là, l'unique terme de tout.

1. Saint Paul, IIe *Épitre aux Corinthiens*, ιι, 9. « Θεοῦ γάρ ἐσμεν συνεργοί. »
2. Stuart Mill, *Utilitarianism*, p. 11-14.

Bonheur et bonté n'ont d'autre horizon que la vie humaine. Être heureux, c'est avoir une vie à la fois facile et noble ; être bon, c'est travailler à procurer à autrui ces facilités et ces nobles jouissances. La bonté que Stuart Mill appelle idéale revient toujours à ceci : procurer en abondance aux hommes les biens qui rendent la vie humaine heureuse. L'excellence ou la perfection n'a pas en soi un prix, une dignité ; la beauté ne vaut que par le plaisir qu'elle cause ; la loi morale n'a pas une majesté qui la rende vénérable, indépendamment des satisfactions dont la vertu est la source ; le bien n'a point son origine primitive dans cette sphère tout à fait supérieure et vraiment divine où, l'idée même de l'homme et de toute créature possible étant écartée, une chose demeure bonne, et souverainement bonne, à savoir l'essentielle perfection et l'essentielle sainteté de Dieu. Aussi les maux de la vie sont-ils pour le philosophe une énigme et un scandale. Comme il ne prend que dans le pur humain toute son idée de la bonté, il se fait de la souffrance une arme contre Dieu ; et pour continuer de le croire bon, il a besoin de le supposer impuissant. Combien différentes seraient ses vues, si sa philosophie ne demeurait point étrangère aux incomparables grandeurs de l'ordre moral absolu et de l'ordre divin ! Certes un Dieu qui se plairait à faire du mal à ses créatures ne serait pas Dieu, et il ne faudrait pas l'adorer. La théologie n'avait pas attendu Stuart Mill pour dire cela, et Malebranche, par exemple, a là-dessus des paroles plus fortes encore que la page de Stuart Mill que nous avons citée¹. Mais quand on sait ce que c'est que bien en soi, moralité absolue, perfection souveraine, sainteté essentielle, on ne fait pas de la bienfaisance de Dieu et de ce que saint Paul appelle sa *philanthropie*, φιλανθρωπία², la forme primitive et originaire de la bonté, ce n'en est qu'une suite et un libre écoulement, et elle n'en est pas pour cela moins véritable ni moins touchante; tout au contraire, on lui trouve une profondeur et une étendue, et encore une délicatesse et une tendresse, dont les types de bonté utilitaire les plus relevés ne sauraient approcher; mais aussi on ne s'étonne point de la trouver mystérieuse : si ses voies paraissent étranges, on continue de l'adorer, parce qu'on est sûr d'elle, et l'on est sûr d'elle, non parce que le monde est toujours conforme à nos plans, mais parce qu'elle est divine et que dès lors le monde ne peut la démentir qu'en apparence. Entre cette philosophie et celle de Stuart Mill il y a un abîme. Lors donc qu'il nous semblait si près des plus hautes doctrines, c'était par quelque noble élan de l'âme qu'il s'en rapprochait, ou bien c'était par l'emploi de certains mots; il en demeurait loin par l'esprit de

---

1. Voir dans notre chap. IV, p. 198, le passage de Stuart Mill. — Voici les textes de Malebranche. *Traité de Morale*, I, VIII, 17. « Le vrai Dieu, c'est l'Être infiniment parfait, et non pas un fantôme épouvantable, un Dieu puissant, absolu, souverain, tel que les hommes souhaitent d'être, mais sans sagesse et sans bonté. » Et encore, II, XIV, 5. « Celui qui aimerait mieux qu'il n'y eût point de Dieu que d'y en avoir un qui se plût à rendre éternellement malheureux ceux-là même qui aiment véritablement l'ordre et la raison, est juste, parce que ce Dieu fantastique, injuste et cruel, n'est point aimable... »

2. Saint Paul, *Épître à Tite*, III, 4. « Ὅτε δὲ ἡ χρηστότης καὶ ἡ φιλανθρωπία ἐπεφάνη τοῦ σωτῆρος ἡμῶν Θεοῦ... » Ces mots χρηστότης et φιλανθρωπία sont traduits dans la Vulgate par *benignitas* et *humanitas*.

son système. Les mêmes pages où il exprime ses aspirations religieuses, contiennent des assertions impies, et les plus beaux mots de la morale et de la religion ne reçoivent point chez lui ou ne gardent pas longtemps leur sens le plus large et le plus profond, le plus plein et le plus élevé. Comment en serait-il autrement, à moins que le positivisme ne se reniât lui-même?

Mais ces croyances ou espérances religieuses que Stuart Mill entend nous laisser, quelles garanties leur offre-t-il? sur quel fondement, selon lui, reposent-elles? C'est ce qui doit ici arrêter particulièrement notre attention. L'effet bienfaisant et salutaire des espérances religieuses nous les recommande. Si c'est là tout, voilà une base bien fragile. Kant, qui n'osait pas faire un *devoir* de croire, en faisait un *droit*. Ici on nous accorde tout simplement la permission d'espérer. Pour Kant, les besoins de la pratique avaient une valeur rationnelle, et si les preuves morales justifiaient la foi, c'est qu'elles montraient dans les vérités religieuses des suppositions nécessaires aux fins essentielles de la raison même. Ici l'espérance est admise comme une consolation, comme un encouragement, comme une force, mais son utilité, si élevée qu'elle soit, n'est pas un argument en faveur de l'existence de son objet. Elle est avantageuse, l'homme étant fait comme il est : ces avantages n'autorisent pas à penser qu'elle doit avoir un fondement réel. Le penseur sait qu'il ne sait rien de l'origine des choses; il sait que toute idée religieuse ne s'appuie que sur de faibles probabilités; il sait que le scepticisme est la seule attitude qui lui convienne. Et puis il *se laisse aller* à l'espérance. Il sait qu'il le peut, mais il sait aussi que ses espérances n'ont guère de chances d'être réalisées, et il n'a pas le devoir de les croire réalisables malgré les apparences. Il s'y laisse aller parce qu'il trouve cela avantageux. C'est sa nature d'homme, sans doute, qui lui fait souhaiter ou agréer ce secours; mais, dans le domaine du sentiment, quelle large place laissée aux dispositions et au tempérament de chacun! Vienne un homme qui se passe de ce secours. Que lui dire? Si ce qui est utile à la foule est superflu pour lui, cela le regarde. Peut-être même verra-t-on là une marque de force; et, s'il n'y a rien par ailleurs qui assure les idées religieuses, pourquoi ne pas admirer ce stoïcisme d'un nouveau genre? Sans aucun doute, Stuart Mill l'admire. Que dis-je? il y incline; ou mieux encore, il le professe pour lui-même, et il compte que l'humanité y arrivera. C'est même là, à son sens, ce qu'il y a de plus parfaitement religieux. La religion, épurée comme il l'entend, se réduit à cela. Ne disions-nous pas, en commençant cette étude, que l'essentiel de la religion, selon lui, c'est de concevoir un idéal du bien, c'est de compter sur le progrès et le triomphe final du bien? Dans le cas que nous examinons, cela reste. On continue de concevoir cet idéal, on garde cette espérance. On se représente un caractère idéal parfait: c'est le premier point. On a la confiance que la victoire du bien, encore très éloignée, arrivera un jour: c'est le second point. Cela suffit. On n'a plus de Dieu objectif: qu'importe? Ou plutôt tant mieux. Si tout le surnaturel est écarté, si tout essai de réaliser les conceptions de l'imagination est abandonné, n'est-ce pas plus conforme à l'esprit scientifique? et si d'ailleurs l'idéal et l'espérance demeurent avec leur salutaire effet, n'a-t-on pas là une vraie religion, celle qui convient au penseur, à l'homme civilisé? Stuart Mill dit expressément que c'est la religion de l'avenir[1]. Il la nomme aussi la religion de l'Humanité, ou la religion du devoir. Enfin il dit qu'elle est

1. Stuart Mill, *Essais sur la religion*, p. 241. Voici un passage du 2º Essai, *De l'Utilité de la religion*, où la pensée de Stuart Mill est très nettement marquée. C'est à la p. 110. Il vient de dire qu'on peut regarder Dieu comme bon si on ne le regarde pas comme omnipotent. On croit que tout ce qu'il y a de mal dans le monde arrive en dépit de l'Être auquel nous sommes redevables de toutes les combinaisons favorables que nous offre la nature. « Il n'y a, ajoute-t-il, aucune objection à faire à la tendance morale de cette croyance; elle ne peut avoir sur ceux qui l'adoptent, d'autre effet que d'ennoblir leur âme. Les preuves de cette croyance, si ce nom convient ici, sont trop chimériques, trop insaisissables, et les promesses qu'elle nous présente trop éloignées, trop incertaines, pour qu'elle puisse remplacer d'une façon durable la religion de l'Humanité. Mais on peut les garder ensemble. Celui pour qui le bien idéal et le progrès par lequel le monde s'en rapproche, sont déjà une religion, alors même que l'autre croyance lui paraîtrait dénuée de preuves, a la liberté de s'abandonner à la pensée agréable et encourageante qu'il est possible qu'elle soit vraie. Toute croyance dogmatique mise à part, il y a, pour ceux qui en ont besoin, une vaste région dans le domaine de l'imagination que l'on peut remplir d'hypothèses possibles dont la fausseté ne saurait être constatée. » Cependant c'est à la religion de l'Humanité que, dans la pensée de Stuart Mill, l'avantage demeure sur les religions surnaturelles : il nomme ainsi tout théisme. Il accorde que le théisme permet d'espérer en une autre vie, mais ce n'est jamais, dit-il, qu'une possibilité vague qui doit rester bien en arrière d'une conviction (p. 111), et il prétend que si la religion de l'Humanité était aussi diligemment cultivée que le sont les religions surnaturelles, le besoin d'une immortalité réelle ne se ferait plus sentir : les hommes se contenteraient de souhaiter, à l'heure de la mort, de vivre d'une vie idéale dans la vie de ceux qui les suivent (p. 112); et enfin, dans une condition supérieure et surtout plus heureuse de la vie humaine, l'idée de l'anéantissement n'aurait rien d'insupportable (p. 113).

réelle[1]. Tout cela s'entend pour peu que l'on considère sa philosophie. Cette religion consiste en définitive dans l'amélioration de la vie humaine. Le grande affaire, c'est que le mal diminue dans le monde. Et comment? sans doute, grâce aux progrès de la science, grâce à une meilleure organisation de la société, grâce à une plus complète entente des lois de la vie et des conditions du bonheur, grâce enfin à une culture plus éclairée, plus constante, plus généralement répandue des diverses facultés humaines. Travailler à cela, voilà le dévouement religieux à l'humanité, voilà la religion réelle dont parle Stuart Mill. Mais le bien gagne graduellement du terrain sur le mal[2]. On le voit. C'est cela même qui est la civilisation. Il triomphera, et il triomphera sans l'intervention d'aucune puissance surnaturelle. Voilà l'espérance qui suffit à plusieurs, qui un jour suffira à tous; voilà donc la religion de l'avenir. Écoutons ces paroles : « Faire quelque chose pendant la vie, même sur la plus humble échelle, si l'on n'a rien de plus à sa portée, pour hâter si peu que ce soit le triomphe final du bien, c'est la pensée la plus stimulante et la plus fortifiante qui puisse inspirer un homme[3]. » Nous savons maintenant tout ce que cela veut dire. Quant aux espérances surnaturelles, elles n'avaient, on le voit, qu'une valeur secondaire. Stuart Mill dit nettement « qu'étant du genre et du degré de celles que l'état d'esprit appelé par lui scepticisme

---

1. *Essais sur la religion,* p. 240.
2. *Essais sur la religion,* p. 241.
3. *Essais sur la religion,* p. 241.

rationnel, ne refuse pas d'avouer, elles peuvent contribuer à donner à la religion l'ascendant légitime qu'elle doit posséder sur l'esprit humain [1]. » C'est dire qu'elles sont des auxiliaires dont il est permis d'user, dont il est désirable de se pouvoir passer. Et on finira par s'en passer.

Servir l'humanité, avoir pour elle un dévouement religieux : belles et grandes paroles. Mais c'est faire une pure métaphore que de parler de religion dans une doctrine où le mieux est de ne reconnaître aucune réalité supérieure à l'humanité même ; et, en dépit des plus nobles efforts, la morale utilitaire ne vaudra jamais, pour refréner l'égoïsme, la morale de la charité. C'est avec une tout autre force et avec un accent inimitable que le christianisme nous parle de nous dévouer pour nos frères. « Le commandement que je vous ai donné, est que vous vous aimiez les uns les autres [2]. » « En cela nous connaissons l'amour de Dieu, parce qu'il a donné sa vie pour nous ; et nous devons aussi donner notre vie pour nos frères. » « Ne nous regardons pas nous-mêmes, mais ce qui est de l'intérêt des autres. » « Celui qui aime son frère, accomplit la loi. » « Celui qui ne se sacrifie pas pour son frère, s'il dit qu'il aime son frère, c'est un menteur. Il ferme ses entrailles sur son frère, et l'amour de Dieu n'est point en lui. » Là où l'amour de l'homme pour l'homme a pour modèle l'amour de Dieu pour

---

1. *Essais sur la religion*, p. 241. C'est la dernière phrase du livre.
2. Saint Jean, *Évang.*, xv, 13. — Ire *Épitre*, iii, 16. — Saint Paul, *Épitre à Philémon*, ii, 4 ; *Épitre aux Romains*, xiii, 9. — Saint Jean, Ire *Épitre*, iv, 20. Pour traduire ces admirables passages, je me suis servi de Bossuet qui les cite dans ses *Méditations sur l'Évangile*, passim.

l'homme, pour principe l'amour de l'homme pour Dieu, pour fin les souveraines perfections et amabilités de Dieu, Bien absolu, c'est là que le dévouement est vraiment religieux et c'est là qu'il a une incomparable pureté et qu'il inspire un incomparable héroïsme. Répétons ici ce que nous disions tout à l'heure. Stuart Mill, parlant en termes presque mystiques du devoir et du bonheur de faire du bien aux hommes, semble près des plus hautes doctrines ; mais entre elles et sa théorie il y a un abîme.

Cette théorie, en définitive, pourrait se résumer dans les deux ou trois propositions que voici :

C'est toujours de l'imagination que naît l'idée religieuse ; mais tantôt elle demeure dans une région tout idéale, tantôt on se dit qu'elle peut être réalisée d'une certaine manière. Or, c'est dans l'état tout idéal qu'elle a le plus de pureté, et qu'elle est le plus digne du penseur et de l'homme civilisé. En sa forme inférieure, elle est tolérée, ou même recommandée provisoirement ; en sa forme supérieure, elle est vraiment bonne, n'ayant plus rien de *surnaturel,* rien de transcendant, et ne demandant point d'autre réalité que le progrès constant de la civilisation obtenu par le travail même de l'homme. C'est alors qu'elle s'accorde le mieux avec la science, souveraine maîtresse des esprits.

Ainsi ont été écartés d'abord, comme illusions entretenues par des sophismes, tous les dogmes religieux ; restaient alors quelques points essentiels, et, toutes les sûretés étant prises contre les faux jugements, permission était donnée au sceptique de s'enchanter d'une belle espérance : libre à lui de se dire qu'après tout Dieu pouvait bien exister ; mais enfin disparaissent à leur tour ces derniers débris : pourquoi se dire que Dieu peut bien exister ? On est religieux sans cela. Si la religion consiste dans certaines qualités, et non dans certains dogmes, pourquoi ne pas appeler religieux ceux dont les croyances ne vont même pas jusqu'au déisme [1] ? Mais, reprendrons-nous, une conception idéale et une espérance idéale sans réalité aucune, c'est une religion sans Dieu, c'est l'homme réduit à l'homme seul et enfermé dans le monde présent sans rien qui porte jamais au delà ni au-dessus son regard ni son amour.

N'avions-nous pas raison de dire que, dans le positivisme, même professé par un Stuart Mill, les vérités morales et religieuses, dépourvues de toute certitude, expliquées par la seule imagination et le sentiment seul, n'étaient en définitive que des sophismes bien souvent, et toujours des illusions ?

Nous trouvons la même chose dans M. Alexandre Bain. Ouvrons son livre sur « les Émotions et la Volonté [2]. » Parlant de la foi, *Faith*, qui est une des espèces de la croyance, *Belief*, il déclare que « la foi, au sens religieux du mot, a pour source principale le sentiment, et qu'on l'entretient elle-même comme un mode d'émotion

---

1. *Mes Mémoires*, p. 44.
2. Bain, *The Emotions and the Will*, Londres, 3º édit. 1875. La traduction française de cet ouvrage est annoncée, mais n'a point encore paru.

propre à consoler, à réconforter, à élever l'âme. » Est-ce là mal parler de la foi? dira-t-on peut-être. Non, pas précisément ; mais c'est la faire dépendre de ce qui est essentiellement *subjectif.* M. Bain n'ajoute-t-il pas que « l'expérience directe n'ayant pas grand'chose à faire avec des essences spirituelles, et le témoignage et l'accord de nos semblables pouvant augmenter, mais non faire naître la confiance en la présence d'une puissante et bienfaisante divinité et en un état de félicité future, c'est la culture des sentiments et des affections énergiques qui est le principal moyen d'appuyer de telles assurances ? » N'ajoute-t-il pas encore : « Jérémie Taylor a dit : Croyez, et vous aimerez, il vaudrait mieux dire : Aimez et vous croirez »? Les vérités religieuses, répète-t-il enfin, sont « affaire de sentiment. » La méthode qui convient ici, c'est celle qui est propre à augmenter l'intensité des sentiments eux-mêmes. Un homme accoutumé aux raisonnements métaphysiques ou autres, pense que ses conclusions reposent sur des fondements intellectuels : il faut avoir de l'indulgence pour sa méprise. Mais ce qui fait la force de la conviction, c'est la force même de l'émotion. Voulez-vous considérer l'aspect sombre de la religion, au lieu d'en considérer l'aspect consolant? Vous avez un exemple inverse mais non moins frappant de cette vérité : la foi consistera ici à réaliser les menaces de malheur futur, et plus l'épouvante sera grande et la désolation profonde, plus la conviction elle-même sera puissante [1].

1. Voir dans l'ouvrage précité, *The Emotions and the Will,* la 2º part., *the*

Voilà l'influence du sentiment reconnue. Là certes n'est point le mal. Le mal, c'est de ne voir que cela. Cherchez dans la *Logique* de M. Bain une place pour la foi [1] : vous ne trouverez rien. En revanche on vous apprendra que ces mots « âme, libre arbitre, choses en elles-mêmes, » n'ont aucun sens, car nous ne pouvons aller au delà des « liaisons générales des phénomènes; » on excluera toutes les notions métaphysiques sous le titre « d'explications trompeuses et illusoires [2] » ; on exposera la logique de la psychologie, la logique des sciences prati-

---

Will, ch. xi, *Belief*, § 28 (p. 532). « *Faith*, in the religious sense, is mainly supplied from the fountains of human feeling, and, in point of fact, is cherished as itself a mode of consoling, charing and elating emotion. Direct experience can have but little to do with the subject-matter of spiritual essences. Testimony, and the accordance of fellow beings, may go far to stir up the state of confidence in a present, presiding, and benignant Deity, and in a state of future blessedness. Nevertheless, the culture of strong feelings and affections must ever be the main instrumentality in gaining the comfort of such assurances. It was said by Jeremy Tailor, Believe and you shall love; he should have said rather, « Love and you shall believe. » Religious truth cannot, therefore, be imparted, as has sometimes been supposed, by an intellectual medium of verbal exposition and theological demonstration. Being an affair of the feelings, a method must be sought adapted to leighten the intensity of these. Still, we must make some allowance for a man thoroughly practised in metaphysical and other reasonings, and fully convinced of his conclusions their intellectual grounds. Doubtless Aquinas, Calvin, and Butler has a considerable amount of comfort from their intellectual convictions, apart altogether from their emotional culture, in wich probably they were much below many Christians that could give no reason at all for the faith that is in them. As in other things, the belief here also may refer to the side of evil, and consist in realizing strougly the threatenings of future misery. The terms « faith » and « believer », are commouly used to express the comforting aspect of religion, but the fact of belief is as much exemplified in the opposite side. The strongest conviction there is what casts on the mind the deepest gloom. »

1. Bain, *Logique déductive et inductive*, 2 vol., 1871 (trad. franç. par M. Gabriel Compayré, 1875.)

2. *Logique*, liv. III, ch. xii, surtout §11 (t. II, p. 185-187, trad. fr.)

ques ¹, c'est-à-dire qu'on montrera que ces sciences, dans la partie seule digne d'être conservée, se peuvent traiter par les mêmes procédés que les sciences physiques. Et puis enfin, on écrira un chapitre intitulé : « Des tendances trompeuses de l'esprit ². » Là on étudiera l'influence de la sensibilité sur la croyance. « Ce qui nous procure du plaisir, dira-t-on, détermine la volonté à le poursuivre, et l'activité de quelque façon qu'elle soit mise en mouvement, entraîne notre croyance avec elle..... Le résultat de l'amour, c'est d'entraîner l'activité dans un sens donné, et par suite de donner à la croyance une force capable de surmonter un certain nombre de preuves contraires ³. » Plus loin, on remarquera que « la force de l'habitude est un des principes essentiels des croyances humaines, » et l'on terminera le chapitre par ces mots : « La force des opinions préconçues est due en grande partie à ce qu'elles ont été longtemps acceptées ⁴. » Bonnes et utiles remarques sans doute ; mais si nos convictions, sans base rationnelle, ne s'expliquent que par la sensibilité et l'habitude, que sont-elles sinon des illusions, produits « des tendances trompeuses de l'esprit ? » Ailleurs M. Bain, parlant de l'art et des *constructions* de l'imagination, dit : « Nous ne devons pas demander à un artiste de nous conduire à la vérité, il suffit qu'il ne nous en

---

1. *Logique,* liv. V, ch. v, vii et viii.
2. *Logique,* liv. VI, *Des sophismes,* ch. iii.
3. *Logique,* liv. VI, ch. iii, sect. 2. (p. 559).
4. *Logique,* liv. VI, ch. iii, sect. 3 (p. 567 et 568).

éloigne pas [1]. » Des *constructions* de la foi morale et religieuse, que pourrait-il dire? Qu'elles nous éloignent de la vérité, et en une matière où l'on devrait « demander la vérité pour elle-même. »

Ainsi on nous montre fort bien que le sentiment, la volonté, l'habitude ont de l'influence sur la croyance ; mais, comme on estime que le savoir se borne aux phénomènes et aux liaisons générales des phénomènes, on place les choses morales en dehors de tout savoir, et, toute base rationnelle manquant, ces influences diverses ne semblent servir qu'à fausser le jugement. La foi repose donc sur des preuves intellectuellement insuffisantes, ou plutôt défectueuses, fautives, trompeuses ; les moyens employés pour préparer et entretenir cette foi rationnellement injustifiable, sont eux-mêmes contraires ou du moins étrangers à la raison ; enfin le résultat de cette préparation, c'est que la raison est amenée à voir ce que l'on veut, et dès lors, la foi, œuvre de la volonté plus que de l'intelligence, recèle un vice que rien ne peut corriger. Illusion et sophisme, voilà donc le dernier mot de la foi.

Comment ne pas remarquer que les motifs de cette condamnation sont précisément les motifs du jugement contraire porté sur la foi par ceux qui l'exaltent? Nous l'avons vu durant tout le cours de cette étude : la foi, séparée de la raison, opposée à la raison, affirme sans preuves ou contre les preuves. Qui peut autoriser cette

---

[1]. *Les Sens et l'Intelligence*, 3ᵉ édit., 1868 (trad. fr. par Cazelles, 1874). 2ᵉ part. *De l'Intelligence*, ch. IV, *Association constructive*, § 10, *Constructions des beaux-arts. Imagination* (tr. fr., p. 564.)

affirmation? Une inspiration qu'on dit supérieure, un enthousiasme, si l'on veut, quelque chose enfin où la raison n'a rien à voir. Voilà le mysticisme. On se transporte dans une sphère où les lois intellectuelles n'ont plus d'application, on pose un principe qui n'a pas de valeur rationnelle, qui est au-dessus de la raison et de la science, et celles-ci, dit-on, n'ont pas à demander de quel droit on s'y fie. Mais ce droit non justifié n'est-il pas imaginaire, ce principe soi-disant au-dessus de la raison, n'est-il pas tout simplement en dehors d'elle et partant nul, ce qui n'a point de valeur scientifique n'est-il pas absolument sans valeur? Question nouvelle, à laquelle la réponse sceptique et positiviste est en définitive la seule possible, si le point de départ des partisans exaltés de la foi est admis. Ils se disaient à l'abri de toute objection dans ces hauteurs inaccessibles où ils planaient. Le positivisme les en déloge. Le surplus d'affirmation que la foi suppose est-il légitime? leur crie-t-il, et les vérités morales s'évanouissent avec l'illusion des rêveurs et des enthousiastes.

Maintenez au contraire que les vérités morales sont objet de connaissance, et puis proclamez que c'est un devoir de se mettre en état de les connaître, l'élément intellectuel est conservé. Vous pouvez alors parler de la foi, des conditions morales, personnelles, de la certitude, sans tomber dans aucun des excès que nous avons signalés. Vous rejetez ce premier rang que tant d'éminents penseurs veulent donner à la foi; vous rejetez le rôle infime que lui attribue le positivisme. Ni si haut ni si bas. Vous n'êtes pas arrêté davantage par la prudente retenue des sages du milieu ou par l'interdit audacieux de M. Herbert Spencer. Vous pensez que la raison est faible, sans être impuissante ; que la foi est indispensable sans être tout ; que la volonté a le devoir de préparer la connaissance et d'acquiescer à la vérité connue, mais que la pratique de ce devoir, bien loin de nous jeter dans l'illusion et de nous exposer au sophisme, est au contraire ce qui nous en préserve le mieux.

Avouons-le pourtant : la mesure que nous recommandons, que nous cherchons, est difficile à garder. Pascal dit quelque part de l'homme : « S'il s'abaisse ; je le vante ; s'il se vante, je l'abaisse. » En toute chose ne sommes-nous pas tentés de faire cela ? On abaisse la foi, nous la vantons ; on la vante, nous l'abaissons. Nous voulons réfuter ceux qui laissent dans l'ombre l'élément moral : qui nous dit que nous ne le considérons pas trop, et que nous ne négligeons pas l'élément intellectuel ? Nous voulons réfuter ceux qui oublient ou sacrifient cet élément intellectuel : qui nous dit que nous ne faisons point tort à l'élément moral ? Notre langage est-il toujours juste, précis, exact ? Nous tendons à cette exactitude sans y prétendre ; nous travaillons à garder cette parfaite mesure, sans oser nous flatter que nous la gardons en effet. Quoi qu'il en soit, en présence des systèmes les plus opposés, tous d'accord à séparer la foi de la raison, nous avons essayé de notre mieux de rappeler et de maintenir les distinctions nécessaires sans lesquelles on brouille tout.

CHAPITRE VI

DE LA CERTITUDE MORALE DANS L'ÉCOLE CRITIQUE.

M. Renouvier termine une longue et vigoureuse discussion du positivisme par la page que voici :

« Enfin, demanderons-nous aux positivistes : Êtes-vous en état de nous démontrer, mieux que par de vaines remontrances, qu'il est plus sage et meilleur pour nous de nous en tenir au savoir borné, — bien plus borné au fond que vous-mêmes ne le pensez, — que de nous porter et nous confier d'esprit et de cœur à des croyances, avouées telles, sur des sujets qui intéressent et passionnent en général les hommes, et touchant lesquels il est très certain que *ceci est vrai,* que *cela est faux,* encore que nous n'en ayons pas la preuve par expérience ou par raisonnement universellement convaincant ? C'est une démonstration d'ordre moral que vous avez ici à nous donner : où est-elle ? Vous ne sauriez vous élever à la certitude ni à rien qui en approche et nous force de nous rendre, quand vous ne faites en somme qu'opposer votre manière de sentir à la nôtre, et que soutenir que, des deux, c'est la nôtre qui est la mauvaise. Votre réduction prétendue ou désirée de l'esprit humain à « la science » n'est pas une science ; c'est une croyance, négative à la vérité, mais enfin, une croyance. C'est une espèce de religion, impie, à notre avis, qui vous incline à regarder comme vos inférieures en développement humanitaire les personnes attachées à des croyances positives, philosophiques et religieuses, de préférence à votre croyance à vous, qui est qu'il ne faut rien croire. Mais votre parti pris d'indifférence et de négation à l'égard de tout ce que vous estimez n'être pas établi scientifiquement, n'a rien à démêler ni avec la science, ni avec la logique, ni surtout rien à apporter, rien à prétendre dans une théorie de la certitude [1]. »

Quand M. Renouvier proteste avec tant de force contre le positivisme, c'est au nom d'une doctrine propre, la *critique*, ou, comme il dit encore, le *criticisme*. Système étrange, puissant, très remarquable, que nous devons étudier à part. Les assertions des partisans exaltés et celles des détracteurs de la foi morale viennent s'y réunir et s'y fondre. M. Renouvier parle de la morale et de la foi comme Kant et Fichte; il n'admet, comme M. Cournot, que des probabilités dans l'ordre des vérités morales ; lui qui combat si vivement les positivistes, il reste pourtant d'accord avec eux pour re-

---

1. Renouvier, *Critique philosophique*, 21 février 1878, p. 53.

jeter hors du savoir toute réalité transcendante ; enfin il insiste sur le rôle de la foi morale, mais il est plus sévère que personne pour la foi qu'il appelle mystique : il y voit ce qu'il nomme énergiquement un *vertige mental*.

Quel spectacle plein d'enseignement pour nous! Où mieux voir du même coup, dans un dernier et frappant exemple, la grandeur du péril auquel s'exposent ceux qui exagèrent le rôle de la foi morale, et le tort de ceux qui la déprécient?

Examinons donc ce que devient la certitude morale dans le *criticisme* personnifié en M. Renouvier[1]. Il en fait une étude approfondie, la nommant par son nom. Ce nom, il ne s'en sert jamais dans l'acception mesquine que l'usage consacre.

Notons d'abord les vues justes et excellentes que l'auteur développe avec une rare vigueur dans cette étude. On pourrait extraire de ses livres toute une série de propositions qui textuellement reproduites formeraient une théorie de la certitude, très belle et irréprochable, ce semble, à la condition seulement qu'on supprimât certains textes voisins, et puis, qu'on eût soin de rectifier ou d'interpréter quelques mots.

Il y a trois éléments dans la certitude, « l'élément de la perception, sensible ou rationnelle, l'élément

---

1. Renouvier, *Essais de critique générale*, 2º édit. — Voir surtout le 2º essai, *Traité de psychologie rationnelle, d'après les principes du criticisme*, 3 vol.—M. Renouvier a encore étudié la *question de la certitude* dans neuf articles fort remarquables de sa *Critique philosophique*, de février à septembre 1878. Il y expose les mêmes idées que dans ses *Essais*.

passionnel, l'élément volontaire[1]. » Qu'est-ce qu'une conviction entière? « Celle qui procède tout ensemble de la « raison, » du « cœur, » et de la « volonté. » « L'homme, par rapport à l'objet quelconque de sa pensée est certain, s'il le comprend de toute l'étendue de son intelligence, et se sent porté par un instinct puissant, animé d'une volonté immuable en l'affirmant, et se complaît dans cette affirmation entièrement et sans réserve[2]. » « Ces trois éléments distincts sont indissolubles. » Ils peuvent bien être inégalement distribués; mais ils sont partout présents : l'homme est entier « dans chacun de ses états et de ses actes réfléchis. » « Nulle des trois grandes fonctions humaines ne saurait être écartée de la certitude. » « Nous ne pouvons rien affirmer systématiquement, ni sans une représentation quelconque d'un groupe de rapports comme vraie, ni sans un attrait de quelque nature qui nous porte à nous engager ainsi dans la vérité aperçue, ni sans une détermination de la volonté qui se fixe, alors qu'il serait possible, ce semble, de suspendre le jugement, soit pour chercher de nouveaux motifs et de nouvelles raisons, soit même en s'abandonnant simplement aux impulsions qui se présentent[3]. » Être certain, ce n'est donc pas seulement « voir et savoir : » « c'est encore croire[4] », et ainsi c'est tout ensemble « saisir de

---

1. *Essais de critique générale,* 2º Essai, t. II, p. 136-137.
2. *Essais...,* 2º *Essai,* t. II, p. 153.
3. *Essais...,* 2º *Essai,* t. II, p. 136.
4. *Essais...,* 2º *Essai,* t. II, p. 130-132.

toute sa raison, aimer de tout son cœur, étreindre de toute sa volonté l'objet de sa croyance¹. » Si l'on nie « l'intervention des affections et de la volonté, » on oublie que « c'est tout l'homme, et non l'intelligence seule, » qui affirme². Craindrait-on que la passion entrant pour quelque chose dans l'affirmation, la rendît mobile? « Les passions ne changent pas au gré des systèmes; on ne se donne pas celles que l'on veut. Et de là vient précisément qu'en leur qualité de faits incoërcibles, elles font parler la nature et révèlent ses vues³. » Ainsi « une force, un attrait puissant, fondus dans notre nature entière, nous attachent au sentiment de la réalité et de l'ordre⁴. » Si la certitude est croyance, c'est une « croyance commune à tous les hommes, essentielle à leur nature, quant à ses données ou applications fondamentales⁵. » Mais cette puissance de l'instinct n'empêche pas la volonté d'intervenir : la certitude n'est-elle pas réfléchie? « La réflexion n'est point anéantie par la force de l'instinct; or une réflexion réelle précédant l'affirmation, fait toujours de celle-ci un mode volontaire⁶. » Ne méconnaissons donc jamais l'unité de l'homme. « Kant a dit : je devais abolir la science pour faire place à la foi. Quelle formule ! Quel oubli !... La sépa-

---

1. *Essais...*, 2ᵉ *Essai*, t. III, p. 84.
2. *Essais...*, 2ᵉ *Essai*, t. III, p. 79-80.
3. *Essais...*, 2ᵉ *Essai*, t. II, p. 195.
4. *Essais...*, 2ᵉ *Essai*, t. III, p. 80.
5. *Essais...*, 2ᵉ *Essai*, t. II, p. 153.
6. *Essais...*, 2ᵉ *Essai*, t. II, p. 150.

ration de la raison théorique et de la raison pratique, rigoureusement posée et maintenue par le philosophe,... a pour effet de placer la vérité une dans l'incompréhensible agencement de deux systèmes qui se détruisent mutuellement. Kant a fait de l'homme deux hommes en lui : un qui croit nier nécessairement, pour la logique, un autre qui veut affirmer librement, pour la morale... La raison théorique et la raison pratique contractent de leur séparation un vice égal. » Il faut « rectifier Kant », et, « en son nom », mais en évitant les reproches encourus par son criticisme, « unir les *deux raisons* pour l'établissement de la certitude [1]. »

S'il est établi qu'être certain c'est « aimer, comprendre et vouloir de toutes ses forces » ce qu'on affirme [2], « l'erreur, » dans ce système, « dépend de jugements dont nous pouvons toujours suspendre l'arrêt, et ainsi n'a rien de fatal [3]. » Y a-t-il, en toutes choses, « un critère en quelque sorte matériel et en tout point inéluctable » pour discerner le vrai du faux ? Non, et c'est la liberté même qui veut qu'il n'y en ait point. Mais, « si le moyen n'existe pas tout trouvé, une méthode du moins existe pour y suppléer : c'est la réflexion soutenue, la recherche constante, la saine critique, *l'élimination des passions invisibles*, la satisfaction des justes instincts, l'équilibre observé entre la connaissance qui souvent nous fuit, et la

---

1. *Essais...*, 2º *Essai*, t. II, p. 217-223.
2. *Essais...*, 2º *Essai*, t. II, p. 153.
3. *Essais...*, 2º *Essai*, t. II, p. 343.

volonté prête à supposer ou à feindre la connaissance, en un mot le *sage* exercice de la *liberté*. *Nous pouvons* donc *éviter l'erreur*, ce qui est le grand point et le point moral... *Chacun de nous est responsable de ses opinions comme il l'est de ses actes moraux;* ou plutôt l'opinion même est ou doit être un acte moral[1]. »

En composant ce résumé (dirai-je des théories de M. Renouvier, ou des nôtres?) qu'avons-nous prétendu faire? Est-ce un amusement? A Dieu ne plaise. C'est une chose fort sérieuse. Comment ne pas retrouver avec le plus sérieux plaisir des idées qui nous sont chères dans la bouche d'un homme d'un esprit vigoureux, original, dont nous n'acceptons point d'ailleurs la philosophie? Nous avons ici quelques réserves à peine à faire, quelques mots à changer : ces pages que nous n'avons connues qu'à la fin de nos études, nous offrent comme l'expression en une autre langue de notre propre pensée.

Rétablissons maintenant la théorie de M. Renouvier tout entière. Il prétend établir que « la certitude n'est pas un absolu. » « Il n'y a pas de certitude, dit-il ; il y a seulement des hommes certains[2]. » Selon lui, « toute théorie de la certitude qui ne procède pas de l'illuminisme et de la mysticité, mais qui vise au rationnel, » doit admettre « la relativité du vrai. »

---

1. *Essais...*, 2º *Essai*, t. II, p. 348-349. Les *italiques* sont de nous.
2. *Essais...*, 2º *Essai*, t. II, p. 152.

« L'absolu invoqué » dans les théories contraires « n'engendre que systèmes et manie, folie, intolérance, fanatisme, inhumanité[1]. » « Les théories à visée absolue sont condamnées au sophisme ou au mysticisme. J'appelle mystique, dit M. Renouvier, le philosophe qui se targue d'une révélation de nature quelconque pour se poser dans le complet, dans le définitif, dans l'immuable de la science ; celui-là dont la conviction propre n'est pas seulement à ses propres yeux une croyance actuelle jointe à la croyance morale en la durée et en la perpétuité de cette même croyance, ce qui est légitime et bon, indispensable même, mais, bien plus que cela et tout autre chose, une incompréhensible certitude en soi, fruit d'une participation non moins obscure à un être en soi non moins mystérieux[2]. »

Sur quel fondement M. Renouvier veut-il que la certitude repose ? sur le fondement de la morale et de la liberté. Il reprochait tout à l'heure à Kant d'avoir séparé les *deux raisons*. Mais lui, que fait-il ? Il bannit, plus complètement que Kant, tout élément de l'ordre spéculatif ; il écarte ce qu'il appelle la chimère de la *chose en soi*, maintenue par Kant ; il abandonne, au nom de Kant redressé, la notion de substance comme étrangère à toute espèce de connaissances[3] ; adversaire si vigoureux de la doctrine positiviste, il professe lui-même un complet et absolu positi-

---

1. *Essais...*, 2º *Essai*, t. II, p. 353, 355, 357.
2. *Essais...*, 2º *Essai*, t. II, p. 355.
3. *Essais...*, 2º *Essai*, t. II, p. 223.

visme, poussant à l'extrême les vues de Kant. « La certitude, dit-il, est éminemment une assiette morale [1]. » « Serait-il possible que la chose comprise, aimée, voulue de toutes les forces de la conscience, n'existât point comme la conscience la pose? Oui, dira le savoir; oui, à l'extrême rigueur, et dans tous les cas, attendu que la vérité relative à l'homme est une vérité humaine, et la vérité relative à l'individu une vérité individuelle. Non, dira le croyant, fort du sentiment qui le possède [2]. » Sentiment, sans doute, instinct, nature; mais c'est dans la liberté qu'en définitive la croyance trouve son fondement. « La formule de la science : *Faire,* non pas devenir, mais faire, et en faisant se faire [3]. » « C'est à la liberté qu'il appartient de poser le fondement de la certitude [4]. » De la liberté elle-même, il n'y a pas de preuve de fait, pas de démonstration logique. Tant mieux. « C'est une affirmation morale qu'il nous faut. La raison pratique doit poser son propre fondement et celui de toute raison réelle, car la raison ne se scinde pas. La raison n'est, selon notre connaissance, autre chose que l'homme, et l'homme n'est jamais que l'homme pratique [5]. » Voilà l'unique point de départ de toute philosophie, que dis-je? de toute affirmation. « La croyance de raison pratique procède... du désir et de la liberté... Nous partons de nous-mêmes, et

---

1. *Essais...*, 2ᵉ *Essai,* t. II, p. 155.
2. *Essais...*, 2ᵉ *Essai,* t. II, p. 153.
3. *Essais...*, 2ᵉ *Essai,* t. II, p. 422.
4. *Essais...*, 2ᵉ *Essai,* t. II, p. 151.
5. *Essais...*, 2ᵉ *Essai,* t. II, p. 322.

de nos passions, et de notre loi morale, et nous posons ce qui doit y correspondre au sein de l'univers, afin que l'harmonie soit[1]. » Ne nous abusons pas d'ailleurs. Nous ne pouvons arriver sur les grands objets qui sollicitent notre curiosité, qu'à des probabilités, *probabilités morales*. « J'appelle probabilité morale, dit M. Renouvier, une crédibilité dont certains éléments peuvent bien comporter l'évaluation mathématique, mais de laquelle pourtant un ou plusieurs motifs essentiels échappent au calcul. Elle se forme, non par un procédé exclusivement logique ou expérimental, mais du concert des fonctions humaines, appliquées à juger d'une vérité qui n'est ni d'analyse intellectuelle pure, ni de fait actuellement sensible, et qui, de sa nature, ne saurait ni se démontrer avec rigueur, au moyen de principes fixes et universellement reçus, ni s'appuyer sur des motifs propres à se transmettre inflexiblement d'une conscience à l'autre, ni enfin éviter une intervention manifeste et variable de la liberté dans le mouvement de l'esprit qui les pèse[2]. » Nous n'avons donc que des probabilités touchant l'ordre moral du monde, touchant l'immortalité, la liberté, la divinité[3]. C'est ainsi que nous admettons « comme une souveraine réalité » ce que « la science et le bon sens » déclarent « insondable en son origine et en son but dernier, » mais que « nous

---

1. *Essais...*, 2ᵉ *Essai*, t. III, p. 193.
2. *Essais...*, 2ᵉ *Essai*, t. III, p. 102-103.
3. *Essais...*, 2ᵉ *Essai*, t. III, p. 108.

comprenons clairement en ce qui nous touche : »
« l'existence d'une moralité dans l'ordre et dans le mouvement du monde, une sanction physique des lois morales, de la vertu et du progrès, la réalité externe du bien, la suprématie du bien, le Bien même. » Alors « le théisme et l'absolu même reparaissent transformés dans l'idéal de la perfection morale, dans l'affirmation du Bien comme donnée et comme loi du monde, dans la suprême hypothèse d'un ordre moral réel qui enveloppe et domine l'expérience[1]. » Mais M. Renouvier surveille avec un soin jaloux les démarches de l'esprit dans ce domaine nouveau. Il se permet, il est vrai, de fort surprenantes applications de ses conceptions politiques au gouvernement de l'univers, sous prétexte qu'en métaphysique, comme ailleurs, « il ne faut plus de rois » : ces assertions aventureuses s'accordent bien, paraît-il, avec l'esprit critique ; pour autrui, il est plus sévère. Tout, dans la métaphysique religieuse, lui semble rêverie, mysticité, sophisme. « La foi mystique », entendez la foi religieuse, est « variable, arbitraire ; c'est l'imagination qui l'enfante en grande partie, et l'éducation et la coutume la perpétuent dans les nations[2]. » Ici se place la très curieuse théorie de l'auteur sur le *vertige mental*. Oubliez qu'il lui donne une extension telle que les convictions morales et religieuses s'expliquent presque entiè-

---

1. *Essais...*, 2ᵉ *Essai*, t. III, p. 185, 186, 187.
2. *Essais....*, 2ᵉ *Essai*, t. II, p. 153-154.

rement par là : en elle-même, cette théorie est un chef-d'œuvre de sagacité, et d'analyse fine et pénétrante. Nous y recueillons de très utiles leçons. Nous y voyons ce que la passion et la volonté peuvent faire pour égarer l'esprit. Ce n'est pas ainsi que se forment les convictions que nous défendons ; mais c'est bien ainsi qu'elles se perdent ou se corrompent. Ce ne sont pas là les sources de nos croyances ; mais ce sont bien là les dangers que nous devons éviter. Nous apprenons ce qu'il faut craindre, ce qu'il faut ne pas faire : salutaire enseignement. Malebranche avait écrit, dans la *Recherche de la Vérité*, un chapitre sur les sorciers, où les abus de la crédulité étaient admirablement signalés [1]. L'étude de M. Renouvier en est un précieux complément. Mais Malebranche, en décrivant « la contagion des esprits visionnaires » et la folie des « sorciers », ne prétendait pas décrire la foi religieuse elle-même !

On nous dit donc ce que c'est que le *vertige mental* et comment il se produit [2]; on compte les degrés qui séparent de la démence les cas les plus simples du vertige ; mais on montre que c'est bien une sorte de démence, que c'en est un commencement et comme un *minimum* [3] ; puis on arrive au vertige mystique [4] ; on étudie les effets des pratiques habituelles en matière de reli-

---

1. Malebranche, *Recherche de la vérité,* liv. II, 3ᵉ part., chap. vɪ.
2. Renouvier, *Essais...*, 2ᵉ *Essai*, t. II, p. 11.
3. *Essais...*, 2ᵉ *Essai*, t. II, p. 17.
4. *Essais...*, 2ᵉ *Essai*, t. II, p. 24.

gion. « La pensée, ajoute-t-on, s'exerce à découvrir des motifs de faire ce qu'on fait, d'assurer ce qu'on assure, et de s'en persuader. Il suffit de mentir une fois d'abord, on est de bonne foi plus tard. Qui veut croire croira. Faites comme si vous croyiez, pliez la machine, disait Pascal. La méthode est infaillible, surtout si l'on tient sa raison bien soumise, à quoi l'on parviendra en se la représentant ployable en tout sens, autre expression de ce même grand génie qui unissait les dons de la raison la plus forte à ceux de l'imagination la plus vertigineuse. La pente est forte, quand les passions, c'est-à-dire l'intérêt et la peur sont en jeu. C'est l'affaire aux hiérophantes de manœuvrer ces ressorts[1]. » Page violente et injuste. Celui qui l'écrit oublie qu'il compte la passion parmi les éléments essentiels de la certitude légitime, et que la méthode morale de Pascal n'est pas sans analogie avec celle qu'il recommande lui-même.

Les « forces mécanisantes de l'esprit humain », comme il dit énergiquement[2], l'habitude, l'association des idées, ont une influence inévitable : ne peut-on pas, ne doit-on pas la tourner à bien, s'il est vrai que la croyance qui va à son objet, c'est l'homme tout entier, et non l'intelligence seule? Pascal a pratiqué ce précepte de « maintenir » ce que M. Renouvier appelle[3] « l'intégrité de l'homme dans ses états et ses

---

1. *Essais...*, 2e *Essai*, t. II, p. 24.
2. *Essais...*, 2e *Essai*, t. II, p. 25-26.
3. *Essais...*, 2e *Essai*, t. II, p. 46-47.

actes divers. » Ce n'est pas une « mutilation » qu'il a conseillée, c'est tout le contraire ; et s'il a dit qu'il faut avoir recours à la coutume, en quoi il a raison, n'ajoute-t-il pas : « Quand une fois l'esprit a vu où est la vérité[1]. » Et ces simples mots, qu'il ne faut pas omettre, anéantissent le reproche qu'on lui inflige.

Mais laissons Pascal, sur lequel d'ailleurs l'auteur écrit de très remarquables et même de très belles choses [2]. Ce qui nous importe en ce moment, c'est de bien caractériser le thèse de M. Renouvier : toutes les diverses assertions touchant la connaissance et la foi, par nous exposées et discutées dans ce livre, se réunissent, se mêlent en M. Renouvier. Est-il fidéiste ? est-il sceptique ? est-il positiviste ? n'a-t-il pas son mysticisme aussi, et, comment dirai-je ? son fanatisme moral (Kant parlait du fanatisme moral des stoïciens), son *moralisme,* si j'ose forger ce mot barbare. Il y a de tout cela dans sa

---

1. Pascal, Pensées. Tout le passage est à méditer. « Il ne faut pas se méconnaître, dit Pascal, nous sommes automate autant qu'esprit ; et de là vient que l'instrument par lequel la persuasion se fait n'est pas la *seule* démonstration... Il faut avoir recours à la coutume, quand une fois l'esprit a vu où est la vérité, afin de nous abreuver et nous teindre de cette créance, qui nous échappe à toute heure ; car d'en avoir toujours les preuves présentes, c'est trop d'affaire. » Descartes aussi trouvait difficile d'avoir toujours présentes à l'esprit les démonstrations les plus solides, et il se contentait d'en retenir les résultats dans sa mémoire. Mais continuons à citer Pascal. « Quand on ne croit que par la force de la conviction, et que l'automate est incliné à croire le contraire, ce n'est pas assez. Il faut donc faire croire nos deux pièces : l'esprit, par les raisons qu'il suffit d'avoir vues une fois en sa vie ; et l'automate, par la coutume, et en ne lui permettant pas de s'incliner au contraire. *Inclina cor meum, Deus.* » Disons qu'il est bon de renouveler aussi la vue des raisons, et Pascal sans doute n'y contredit pas : mais, en tout cas, où est ici la mutilation dont parle M. Renouvier ?

2. Renouvier, Essais..., 2e Essai, t. II, p. 42-43.

pensée. Et qu'est-il donc d'un mot? il nomme sa doctrine *criticisme,* c'est bien. Elle procède en effet de la critique de Kant, et puis la dépasse. C'est bien de Kant que viennent ces deux propositions qui dominent tout : impuissance de la raison à saisir le transcendant; suprématie de la foi morale. Mais si l'on voulait trouver un mot qui marquât encore plus fortement le sens de la théorie de M. Renouvier, peut-être faudrait-il la nommer *subjectivisme*, et, pour préciser encore davantage, *subjectivisme critique et moral.* C'est bien ici, ce me semble, que le *subjectivisme* trouve sa plus complète et sa plus forte expression.

Que si maintenant je considère l'état des esprits qui pensent dans le temps présent, voici ce que je remarque. Il y a dans l'atmosphère philosophique comme deux courants : l'un entraîne au *subjectivisme,* l'autre ramène sans cesse devant la pensée l'excellence de la vérité morale et la qualité spéciale de la certitude propre à cette vérité.

Ce double mouvement semble avoir Kant pour origine principale. Il est incontestable que toute la philosophie contemporaine est pleine de l'esprit de Kant. Au dix-septième siècle, il n'y a pas de penseur qui ne subisse en quelque chose l'influence de Descartes : Locke même n'est-il point cartésien à sa manière ? De même, en notre siècle, l'influence de Kant se fait sentir partout où presque partout. Si la *Critique de la raison pure* fournit contre l'empirisme des armes redoutables, le positivisme à son tour y trouve de quoi justifier ses défiances à l'égard de la métaphysique. C'est aussi à Kant que se rattache ce spiritualisme découragé, doutant presque de lui-même, qui ne recouvre la force d'affirmer quelque chose que dans l'ordre de la moralité. C'est avec Kant que la plupart des penseurs proclament ce que lui-même appelle la primauté de la morale[1]. C'est lui enfin qui donne l'exemple de mettre sur le compte de mystiques illusions tout ce qui, dans les choses religieuses, dépasse la mesure qu'on juge convenable, et pourtant il inspire le goût d'un mysticisme nouveau : car, ainsi que l'a dit M. Secrétan, dans la doctrine kantienne qui substitue au savoir « une foi qui est une autre forme de la science, produite par d'autres facultés et par une autre méthode », il y a « quelque affinité avec le mysticisme, affinité d'autant plus remarquable que le mysticisme est l'objet d'un grand déchaînement de la part des kantiens[2]. »

---

1. Citons, parmi les allemands, Lange, l'auteur d'une remarquable *Histoire du matérialisme*. M. Nolen dit dans un mémoire lu à l'Académie des Sciences morales et politiques, le 1ᵉʳ septembre 1877, et publié à part chez Reinwald : « Sa doctrine critique repose sur l'opposition de la science et de la croyance, sur la distinction... de la certitude démonstrative et de la certitude métaphysique... Son idéalisme subjectif repose, comme celui de Fichte, sur un dogmatisme moral très décidé. La loi du devoir... est affirmée par lui... comme la suprême certitude. Les inspirations de la foi métaphysique voient alors leur vérité mesurée au rapport qu'elles ont avec notre besoin moral... C'est à la lumière supérieure de la conscience morale que, comme Kant, et plus encore comme Fichte, Lange se hasarde... à des hypothèses sur le fond dernier de la réalité. » D. Nolen, *L'Histoire du matérialisme de Lange,* p. 35-36.

2. Charles Secrétan, *La Philosophie de la Liberté*, 1ʳᵉ édit., 1849; 3ᵉ édit., 1879. Dans cette nouvelle édition, le premier volume a pour titre spécial

Tel est le rôle de Kant, et c'est pourquoi le *criticisme* de M. Renouvier, qui continue Kant en le modifiant sur quelques points, me paraît avoir une importance capitale, et résumer et traduire en quelque sorte l'esprit de l'époque présente.

Néanmoins Kant n'est point lui-même le premier auteur du mouvement que nous étudions. La foi morale, nous l'avons déjà remarqué dans notre Introduction, et nous devons le répéter ici, la foi morale attire depuis un siècle environ l'attention des philosophes dans les écoles les plus diverses, et cela assez souvent en dehors de Kant. Jacobi est un adversaire du kantisme et un partisan de cette foi morale. Maine de Biran a pu trouver dans les maximes de Kant, lorsqu'il les a connues ou entrevues, un secours à sa pensée ou plutôt un moyen de la traduire : mais sa philosophie s'est formée et développée sous d'autres influences. En des temps plus rapprochés, un penseur, que nous citions dans notre Introduction comme un de ceux qui ont le plus insisté sur les conditions morales de la connaissance, le P. Gratry, ne doit rien à Kant[1].

L'Idée, et le second, *L'Histoire*. Le passage cité est dans *L'Idée*, leçon x, p. 215 (édit. de 1849, t. I, p. 191-192).

1. Il y a dans la *Connaissance de Dieu* du P. Gratry, 2º part., ch. III, un remarquable passage sur Kant, dont ordinairement il ne parle guère. « Kant, dit-il, a entrepris de ruiner radicalement le scepticisme et l'idéalisme. Pour cela, il distingue la raison abstraite, séparée de la foi rationnelle, naturelle, qui la rend saine, solide et droite ; il la distingue de la saine raison, de la droite raison, qui s'appuie sur cette foi rationnelle, ainsi nommée par lui en propres termes (*Vernunft Glaube*), qui seule, dit-il, peut donner à la raison humaine son orientation. » (Opuscules, *Qu'est-ce que s'orienter dans la pensée...?*) « Mais, ajoute le P. Gratry, Kant, malgré ses puissantes facul-

D'un autre côté, il est à noter que parmi les philosophes qui usent de Kant et qui le louent, si plusieurs s'en tiennent à sa philosophie sévère, d'autres substituent ou ajoutent à sa foi morale, toute rationnelle, l'amour. Comme lui, ils insistent sur le rôle de la volonté, de la liberté, mais ils prétendent que le fond du libre vouloir, c'est l'amour [1]. M. Ravaisson, après avoir résumé la théorie de M. Renouvier, dit : « A quelques critiques que ces idées puissent être sujettes sous la forme que M. Renouvier leur a donnée, c'est une théorie qui assurément mérite considération, que celle qui établit, entre la certitude et la croyance, entre la croyance et la volonté une intime connexion. Si, comme disait Platon, c'est le bien qui est le premier principe et la dernière raison, le bien est en définitive la règle suprême du vrai. Mais qu'est-ce qui juge du bien, sinon ce qui est fait pour lui, sinon le cœur? Et pourquoi, par conséquent, ne dirait-on pas, avec Pascal, que c'est le cœur qui juge les principes? Or

---

tés, est un professeur maladroit, lourd et confus, qui s'embarrasse dans la première moitié de sa démonstration, qui perd haleine dans la seconde, et qui, par cette distinction poussée à outrance, ouvre la voie à toute la série des sophistes enfantée par l'Allemagne. »

1. C'est peut-être aussi le sentiment de M. Lachelier; mais, à la fin de son remarquable ouvrage sur l'*Induction*, il se contente de parler de la foi morale d'une manière très sobre. « L'idéalisme matérialiste, auquel nous nous étions un instant arrêtés, ne représente que la moitié, ou plutôt que la surface des choses : la véritable philosophie de la nature est au contraire un réalisme spiritualiste, aux yeux duquel tout être est une force, et toute force une pensée qui tend à une conscience de plus en plus complète d'elle-même. Cette seconde philosophie est, comme la première, indépendante de toute religion : mais, en subordonnant le mécanisme à la finalité, elle nous prépare à subordonner la finalité elle-même à un principe supérieur, et à franchir, par un acte de foi morale, les bornes de la pensée en même temps que celles de la nature. » *Du Fondement de l'Induction*, 1871.

le cœur, c'est l'amour, et l'amour vrai et la vraie liberté ne sont-ils pas même chose[1] ? » Plus loin, à propos d'un livre de M. Charaux ayant pour titre : *La Méthode morale*, ou *De l'amour et de la vertu comme éléments nécessaires de toute vraie philosophie*[2], M. Ravaisson dit encore : « M. Charaux a le mérite d'avoir appelé l'attention sur cette importante vérité, que la pensée, qui est une action et une faculté de l'âme, ne suffit point à la philosophie, qu'il lui faut l'âme entière, et, si l'on peut distinguer dans l'âme des parties, qu'il lui faut surtout et avant tout ce qui semble en être et le principal et le meilleur. » Et M. Ravaisson, parlant pour son propre compte, ajoute que « c'est dans ce qui forme l'intérieur le plus reculé de la volonté elle-même, que se cache la source profonde d'où jaillit toute science. L'amour vrai, cet amour de ce vrai bien qui lui-même n'est que l'amour, n'est-ce pas en effet la sagesse[3] ? »

A son tour, M. Alfred Fouillée voit dans l'adhésion au suprême intelligible « un acte moral d'amour ». « Le bien, dit-il, n'a qu'à se montrer ou même à se laisser entrevoir : dès que le moindre rayon de sa beauté a lui dans notre âme, nous allons vers lui d'un libre élan pour mieux jouir de sa lumière. Notre croyance au suprême intelligible et au suprême désirable est, comme tout le reste, une œuvre de persua-

---

1. Ravaisson, *La Philosophie en France au dix-neuvième siècle*, 1868, p. 108.
2. Cette remarquable thèse, soutenue devant la faculté des lettres de Nancy, a été publiée de nouveau, avec trois opuscules d'une inspiration analogue. Le volume est intitulé : *La Pensée et l'Amour*, Paris, 1869.
3. Ravaisson, *La Philosophie en France au dix-neuvième siècle*, p. 225-227.

sion : nous ne sommes convaincus que parce que nous sommes touchés et charmés. J'affirme l'universel intelligible parce que je l'aime et le préfère, parce que je le veux ; je ne fais pas seulement acte de science, mais acte de *bonne volonté* et d'amour. Uni à une partie du bien, riche et pauvre tout ensemble comme Eros, je m'unis au reste par ma libre croyance, avant même de le sentir et de le posséder par la jouissance ; j'y mets la bonne volonté de celui qui aime et qui, sans preuves, est plus sûr de ce qu'il aime, que tout autre ne le serait avec des preuves sans amour[1]. »

Avant M. Fouillée, M. Charles Secrétan avait dit : « Il y a plus de réalité, plus de force et plus de lumière dans un sourire et dans une larme que dans tous les systèmes des sages. Comment un devient-il deux ? Comment deux ne font-ils qu'un ? Ces énigmes qui confondent la logique et qu'il faudrait déchiffrer pourtant si l'on veut s'expliquer le monde, le premier ignorant venu en a le mot lorsqu'il aime[2]. »

Et M. Secrétan, développant sa *Philosophie de la Liberté,* se plaisait à montrer le rôle de la volonté libre et de l'amour dans la connaissance des suprêmes vérités.

Assurément l'influence de Kant est encore ici, mais Schelling aussi et surtout a touché les nobles esprits que nous venons de citer : très différents les uns des autres à plus d'un titre, ils ont néanmoins un air de parenté, et

---

1. Fouillée, *La Philosophie de Platon,* t. II, p. 483.
2. Secrétan, *La Philosophie de la Liberté,* édit. de 1849, t. II, p. 77 ; édit. de 1879, *L'Idée,* leçon xx, p. 505.

c'est, dans la pensée et dans le style, ce je ne sais quoi de haut et de profond, de subtil et d'éblouissant, avec une hardiesse engageante, de belles obscurités et de poétiques enchantements qui rappellent les Platoniciens d'Alexandrie. On voit que si la philosophie contemporaine semble aller tout entière à l'école de Kant, elle ne laisse pas de donner à la parole du maître des interprétations diverses.

Que conclure de tout cela? que ce n'est point Kant qui a créé le double mouvement dont nous parlons. Ce mouvement existait avant lui. Il a pu, après lui, se produire en dehors de lui. Il a pu aussi prendre des formes que lui-même eût désavouées. Ces grands courants de pensée n'ont point un homme pour auteur. L'esprit général d'une époque peut devoir beaucoup à un génie puissant, mais les causes qui l'expliquent sont multiples et complexes. Si notre siècle tend à exalter la foi, n'est-ce point parce que d'une part l'insuffisance démontrée de tant de systèmes le rend défiant à l'égard des spéculations métaphysiques, et que d'autre part il a peur des envahissements du scepticisme? Une noble réaction contre les abus du raisonnement explique, à l'origine, la prédominance accordée si volontiers aux choses morales, il y a une centaine d'années. C'est là comme une des idées inspiratrices du siècle présent. Kant l'a vigoureusement développée : n'a-t-il pas aussi contribué, plus que personne, à la faire dévier en voulant que le *subjectivisme* en fût comme la préparation? On peut le penser. Mais il faut reconnaître d'abord que Kant n'a pas plus créé le péril qu'il n'a créé le bon mouvement.

Regardons la philosophie contemporaine. A quoi est-elle occupée ? à se défaire des systèmes anciens, à se débattre contre le doute. N'eût-elle pas eu Kant pour initiateur, ce serait encore là son œuvre, ce me semble. La science lui est un objet d'admiration et d'envie ; la critique, dont Kant n'est point l'unique auteur, la critique lui ôte toute illusion ; la morale lui apparaît comme un sûr abri où elle se réfugie avec ses plus chers trésors menacés et par la critique et par la science dont elle est éprise. Tout cela est assez naturel. Les conditions morales de la connaissance sollicitent ses regards et sont étudiées avec ardeur, sinon avec précision. Que la confiance dans les vérités universelles soit exposée à s'amoindrir, c'est naturel encore. Seulement, Kant « en proclamant la subjectivité de toute connaissance », précisément pour « laisser le chemin libre à la liberté[1] », Kant a par là rendu la dangereuse pente singulièrement séduisante. M. Renouvier, que je tiens toujours à rapprocher de Kant, a fait la même chose. Au terme, comme au début, le *subjectivisme* voulu a semblé un excellent moyen de combattre le dogmatisme ancien, d'échapper au scepticisme, d'établir la morale. Mais ce qui devait être un appui pour la pensée, lui devient un piège. On espérait tout sauver : tout n'est-il pas emporté dans un autre abîme ? Effaçons les différences de détail, si importantes qu'elles soient : nous verrons la philosophie contemporaine osciller

---

[1]. Secrétan, *La Philosophie de la Liberté*, édit. de 1849, t. I, p. 190 ; édit. de 1879, *L'Idée*, p. 213.

presque partout entre le scepticisme et le mysticisme, incapable de se fixer ni dans l'un ni dans l'autre, et, quand elle s'approche de l'un ou de l'autre, effrayée de se trouver également condamnée à ne savoir rien que de *subjectif*. Elle se complaît à mettre en lumière la nécessité des dispositions morales pour philosopher comme il faut. Elle dit avec Jouffroy que philosopher « c'est une affaire d'âme ». Elle applaudit à ces paroles de Fichte : «Chacun suit son propre caractère dans le choix qu'il fait de sa philosophie. Un système philosophique n'est pas un meuble, une chose sans vie, que l'on rejette ou que l'on prend à sa fantaisie, mais il est comme animé par l'âme de l'homme qui l'a adopté. Un caractère que la nature a fait mou, qu'une éducation servile, que la contagion du luxe et de la vanité ont amolli ou déformé, ne s'élèvera jamais à l'idéalisme. » Et puis, quand elle a dit ces choses, elle s'en épouvante, et se demande avec anxiété si ce n'est point là faire dépendre la vérité des dispositions de chacun[1]. Elle est

1. Ce n'est point ainsi d'ailleurs que l'entend Fichte. Dans la *Méthode pour arriver à la vie bienheureuse,* leçon xi, trad. de M. Francisque Bouillier, p. 321, 322, 323, nous lisons cette très remarquable déclaration : « Je suis assuré qu'il y a un soleil au ciel..., mais je suis infiniment plus assuré qu'il y a une vérité... Je dois encore être persuadé que pour ma part j'ai saisi cette vérité d'un certain point de vue qui m'est propre, et dans un certain degré de clarté, sinon je me tairais, j'éviterais d'enseigner ou d'écrire... Souvent on m'a recommandé d'être plus modeste, on m'a conseillé de dire toujours : C'est là mon opinion ;... je ne crois pas d'ailleurs que cette opinion soit meilleure que celles qui se sont produites depuis le commencement du monde, et doivent se produire encore jusqu'à sa fin... Je ne peux pas me faire à une pareille modestie. Cette prétendue modestie me semble la plus grande des impudences; c'est une abominable arrogance que de s'imaginer que quelqu'un tienne à savoir ce que personnellement nous pen-

enchantée de placer les vérités morales et religieuses
dans « cette sphère lumineuse et voilée », comme dit
M. Secrétan, où elles sont non plus objet de la science,
mais articles de foi [1]. Et puis, quand elle a fait cela, elle
se trouble, et s'alarme. C'est toujours au *subjectivisme*
qu'elle aboutit, et ce *subjectivisme* qui tour à tour l'attire et la fait reculer, s'il triomphe, il détruit tout, il ensevelit tout dans son triomphe même.

Le danger est là pour la pensée dans le temps présent.
Voici l'état intellectuel de beaucoup d'hommes qui
se piquent de philosophie : en face de la religion
un fier dédain du dogme et de la pratique, et une hautaine revendication des droits de la raison déclarée parfaitement suffisante pour la vie morale et religieuse:
c'est du *rationalisme;* en face de la science, un très
humble sentiment des limites de cette même raison et
une grande facilité à répéter qu'elle est impuissante
à dépasser les phénomènes et les liaisons générales des
phénomènes : c'est du *positivisme;* avec cela, une habitude de ne rien affirmer qu'à demi, de n'être jamais
tout à fait d'aucun parti, de ne rien condamner, de tolérer, de goûter tout, de se plaire dans les nuances, dans
les à peu près : c'est du *scepticisme;* puis, avec un mépris presque constant de la logique ordinaire et des
vigoureux procédés dont elle trace les règles, un pen-

---

sons sur telle ou telle chose, et d'ouvrir la bouche pour enseigner quand on
ne possède pas la science, mais seulement des opinions et des conjectures. »

1. Secrétan, *La Philosophie de la Liberté*, édit. de 1849, t. I, p. 189; édit.
de 1879, *L'Idée*, p. 211.

chant vif pour une dialectique à outrance, subtile, raffinée : c'est du *criticisme* de dilettante et d'artiste. Il y a une chose pourtant que ces philosophes prisent fort, c'est la morale. Ici, tout prend une face nouvelle. Le respect, le culte de la moralité, voilà la seule chose sérieuse. Et c'est cela même qui autorise cette hardiesse de destruction que rien ne retient et ces fantaisies intellectuelles si singulières. La philosophie, en dehors de la morale, n'est pour ces étranges penseurs qu'un jeu, un noble jeu d'ailleurs, un bel exercice d'esprit : tout leur souci est de bien jouer, de jouer avec talent, de faire preuve d'habileté, de force ou de souplesse ; après tout, se disent-ils, n'est-ce point servir la morale même que de montrer la vanité de tout ce qui n'est pas elle? Et ainsi la dissolvante dialectique où ils se complaisent prend de la valeur : à l'intérêt critique et esthétique, se joint par un détour un intérêt moral. Il y a comme des degrés successifs pour la pensée : en bas le naturalisme, le positivisme; au-dessus, un idéalisme critique et sceptique ; en haut, la morale. Parvenu au faîte, on se réjouit de voir qu'il ne repose point sur ce qui est au-dessous. Il se soutient dans les airs par sa propre vertu. Pour y monter, on détruit les degrés inférieurs, on ne s'y appuie pas. Que la raison donc se joue dans le monde, qu'elle construise des systèmes qui s'écroulent, qu'elle sape les bases de toute connaissance, qu'elle rende impossible, ce semble, la morale même, tout cela, c'est affaire de spéculation. L'ordre pratique demeure, seul debout au milieu de tant de ruines, intact malgré tant de coups qui paraissent l'atteindre. La volonté le *pose*, sans avoir besoin de justifier le droit qu'elle a de le poser. Qu'importe alors cette dialectique sans pitié qui réduisait tout en poussière? Ce que la spéculation renversait, la pratique le relève. La morale semblait impossible : c'est que la logique n'entend rien à la morale. La logique appartient à l'intelligence; la morale, à la volonté. Le domaine moral, le domaine pratique, le domaine créé par un acte libre, est inaccessible à l'intelligence : comme elle ne le fonde point, elle ne le détruit ni ne l'ébranle. La connaissance et le savoir expirent au seuil de ce domaine : la croyance, la foi nous y introduit et nous y maintient. Ainsi c'est en définitive une sorte de *fidéisme* que ces penseurs professent, un fidéisme moral, auquel ils unissent je ne sais quel mysticisme, sans flamme peut-être, mais à l'allure séduisante et au vol hardi. Cherchez maintenant si avec toutes ces audaces et toutes ces timidités, ces excès en sens opposé, ces écarts et ces retours, il y a un point fixe dans ces esprits; vous le trouverez sans peine : c'est l'idée qu'il n'y a pas de vérité absolue, de vérité en soi, et que toute certitude est purement personnelle, parce que toute vérité est purement *subjective*.

Ce même spectacle vous frappera encore par un autre côté. Que la certitude des choses morales suppose des conditions morales, et que la volonté y ait un rôle, c'est ce que ces esprits indécis et flottants n'établissent point avec vigueur, mais c'est du moins ce qu'ils proclament hautement.

Ainsi, soit que nous considérions les penseurs en renom, soit que nous essayions de nous rendre compte de l'état général des esprits philosophiques, nous voyons partout la tendance au *subjectivisme*, dans le temps présent; elle est commune à des écoles d'ailleurs très différentes, et elle permet à beaucoup d'esprits d'unir en eux, je ne dirai pas les théories, mais les principaux caractères de ces diverses écoles. Et avec cette tendance nous en retrouvons partout aussi une autre, la tendance à reconnaître que les vérités morales sont d'un ordre à part.

Il y a donc deux courants en philosophie. C'est manifeste. Ces deux courants s'unissent. On dirait qu'il est impossible de suivre l'un sans suivre aussi l'autre.

Il les faut distinguer et démêler : il faut montrer que l'un est mauvais, et l'autre bon, et qu'on doit se mettre en garde contre le mauvais et entrer dans le bon. C'est une des tâches les plus importantes de la philosophie contemporaine.

Dans la longue étude que nous venons de faire, nous avons vu où l'on va en laissant de côté l'élément intellectuel, et nous avons sans cesse rappelé la nécessité de maintenir cet élément; mais nous faisons à la foi sa part : même en la contenant dans de justes limites, échappons-nous au *subjectivisme* qui nous presse de tous côtés?

On nous dit que nous ne pouvons conserver la métaphysique morale et religieuse sans tomber dans l'illusion et sans nous rendre coupables de sophisme. Voilà une première sorte de *subjectivisme,* inévitable, non en soi, mais pour nous : c'est celui que les positivistes et l'école critique condamnent. Mais l'autre, celui que M. Renouvier professe, et que nous retrouvons partout, celui-là est absolument inévitable, nous dit-on : car on nous assure qu'il est inhérent à notre condition d'hommes. Or, nous avons la prétention de nous défendre et du premier et du second. Comment justifier cette prétention ? C'est ce que nous avons encore à examiner.

CHAPITRE VII

DE LA VALEUR DE LA CERTITUDE MORALE.

On peut résumer en ces termes précis l'objection que soulève notre théorie : si dans la certitude morale il y a un élément personnel, *subjectif*, la vérité elle-même n'est-elle point réduite à une valeur purement *subjective?*

La réponse à cette question est implicitement contenue dans tout ce qui précède. Nous avons essayé d'établir que les vérités morales et religieuses sont tout ensemble objets de *connaissance* et objets de *foi;* nous nous sommes appliqué à déterminer d'une manière précise la nature et le rôle de la *foi;* nous avons signalé le danger de négliger l'élément intellectuel pour ne considérer que l'élément moral, et nous nous sommes refusé à exalter la croyance aux dépens de la connaissance; nous avons signalé aussi le tort de déprécier la foi morale, et nous n'avons pas voulu sacrifier tout à la science : ainsi nous avons noté tous les excès, et nous avons mis un soin scrupuleux à garder une exacte mesure. Recueillons donc les résultats de notre étude, et approprions-les expressément à la discussion de l'objection présente.

I

COMMENT LES DISPOSITIONS REQUISES POUR RECONNAITRE LA VÉRITÉ, NE METTENT POINT LA VÉRITÉ DANS NOTRE DÉPENDANCE.

La vérité est une, ou elle n'est pas. Elle est donc la même pour tous les esprits. Si elle varie avec les dispositions de chacun, il faut renoncer à l'appeler vérité.

Cela est incontestable. Mais précisons. Que faisons-nous dépendre des dispositions de chacun? Ce n'est pas l'existence de la vérité même, c'est la connaissance qu'on en peut avoir. Nous ne disons pas: elle sera; nous disons: elle sera connue, selon les dispositions de chacun. C'est fort différent.

En tout ordre de connaissances, certaines dispositions et conditions préalables sont exigées : sans quoi la compétence manque, et l'on ne peut juger des choses. Ce qui est, en soi, plus clair que tout le reste, peut sembler obscur, si les yeux ne sont point préparés : l'oiseau de nuit, comme dit Aristote, préfère les ténèbres à la lumière du jour. Nos dispositions ne changent point les choses mêmes; mais telles ou telles dispositions sont requises pour que les choses soient connues.

Les vérités morales, règle pour la volonté en même temps que lumière pour l'esprit, exigent un acte moral, un acte conforme à leur nature même, pour être pleinement reconnues et acceptées. En quoi cette exigence, qui crée pour nous une obligation, rend-elle la vérité dépendante du sujet qui l'embrasse? Est-ce que le devoir cesse d'être universel parce qu'il faut que chacun, par un acte propre de volonté, le prenne pour règle de vie? Si vous le repoussez, en sera-t-il moins, en soi, la vraie loi de l'homme, quoique vous refusiez de l'accepter personnellement comme votre loi? Que si vous courez le risque de le méconnaître parce que vous ne voulez pas lui obéir, si votre intelligence s'obscurcit parce que votre volonté se pervertit, qu'y a-t-il à cela d'étonnant, et suit-il de là que la loi morale soit dans votre dépendance? Non : c'est vous qui demeurez dépendant d'elle, et, par une juste conséquence des principes de la moralité, comme vous vous mettez volontairement dans un état d'âme anormal, et que vous bouleversez les conditions de la connaissance, vous devenez incapable de voir la lumière même.

Il ne faut donc pas dire que chacun est le maître de juger et d'affirmer comme il l'entend. Il faut dire, ce qui est tout autre chose, que chacun a le devoir de se mettre en état de reconnaître ce qui est. La vérité n'est pas abandonnée à l'arbitraire de la volonté individuelle; mais toute volonté est mise en demeure de faire tout ce qu'il lui appartient de faire pour que l'universelle lumière de la vérité apparaisse et brille sans obstacle. La règle de la certitude n'est pas changée, elle est dans la raison ; seulement tout ce qui menacerait de la faire fléchir est écarté. L'acte personnel qui est requis, a pour effet de soumettre, non pas la vérité à la personne, mais la personne à la vérité. De ce que notre libre acceptation est obligatoire, conclure qu'il n'y a pas de loi, c'est un grossier sophisme.

Là où il y a évidence géométrique, c'est une nécessité de reconnaître la vérité dès qu'elle se montre. Ici c'est une obligation. Ce qu'il y a de violent et de brutal pour ainsi dire dans la nécessité, disparaît dans l'obligation, mais non ce qu'il y a de fort, de ferme, d'inflexible et d'invincible. L'obligation est un lien que rien ne doit rompre ; et si la volonté rebelle le brise en fait, elle trouve dans cette triste victoire sa propre perte : malgré elle, elle sentira que le dernier mot doit rester et reste à la loi. La vérité qu'il est obligatoire de reconnaître, n'est donc pas incertaine : si elle était incertaine, d'où viendrait l'obligation de l'accepter ?

Objectera-t-on encore que dans l'ordre moral, il s'agit non pas seulement de connaître, mais de croire ; que la croyance est un surplus d'affirmation, dépassant la connaissance propre, ou n'est qu'un vain mot ; que ce surplus ne se peut expliquer rationnellement ; que c'est donc le sentiment et la volonté qui le produisent ?

Je répondrai : ce surplus d'affirmation est lui-même autorisé par la raison qui le juge exigé par des motifs suffisants, bien plus qui le reconnaît obligatoire. Il ne vient donc pas d'un aveugle élan. Ainsi, dans l'ordre de vérités dont nous parlons, il y a, ne l'oublions pas, connaissance des choses affirmées, connaissance proprement dite, quoique indirecte, bornée, imparfaite, et puis, si nous envisageons la foi mêlée ou ajoutée à cette connaissance très réelle et très véritable, il y a encore connaissance et de la raison de croire et du devoir de croire : en sorte que c'est la lumière même qui détermine la foi à franchir le seuil de l'obscure région où elle doit, non pas s'abîmer dans la possession stupide d'un inintelligible objet, mais mériter et conquérir de nouvelles et plus sublimes clartés. L'élément intellectuel n'est nulle part supprimé.

Si les vérités morales demandent le consentement de la volonté en même temps que l'assentiment de la raison, ce n'est pas qu'elles attendent d'une complaisance aveugle ce qu'elles ne pourraient obtenir d'un jugement éclairé : s'adressant à tout l'homme, elles exigent l'adhésion de tout l'homme, et la volonté, en les embrassant, ne sent pas moins leur force divine que la raison en cédant à leur évidence. L'affirmation n'a donc point uniquement son principe dans les dispositions particulières de celui qui affirme. Les motifs d'affirmer, le devoir d'affirmer existent pour tous, et sont visibles pour tous, certaines conditions préalables étant remplies : partant l'affirmation elle-même a un principe *objectivement* suffisant, et est valable pour quiconque a de la raison.

II

DE LA BONNE VOLONTÉ : COMMENT ELLE PRÉVIENT, CORRIGE OU EXCUSE L'ERREUR.

Deux propositions incontestables résument ce que nous venons d'établir.

L'évidence est la même pour tous, à la condition que tous soient également en état de voir. Or, quand il s'agit des vérités morales, tous sont obligés de travailler à se mettre en état de voir.

Ajoutons maintenant que, si la volonté a fait tout ce qu'elle doit faire, l'évidence se produira. Telle est la puissance de la *bonne volonté.*

Il y a une bonne volonté, molle et languissante, qui n'est qu'illusion ou dérision. Cette prétendue bonne volonté consiste non à faire tout ce qu'on peut, non à se mettre à même de pouvoir chaque jour davantage, mais à se contenter très facilement de faibles efforts que l'on regarde bien vite comme suffisants : toute l'énergie dont on est doué s'y épuise, se dit-on, et cette épreuve malheureuse dispense de nouveaux essais. On estime qu'on s'est assez convaincu de son impuissance, et l'on n'est pas fâché d'y trouver des raisons de ne plus rien faire et de se rassurer par cela même contre les inquiétudes de sa conscience. Est-ce là sérieusement de la bonne volonté? Qu'y a-t-il de bon dans cette lâche abdication de soi-même, et comment y reconnaître le *vouloir?* C'est une *vélléité*, et rien de plus.

La bonne volonté véritable suppose l'intention au moins implicite de s'attacher au bien de préférence à tout le reste et en dépit de tous les obstacles. On est disposé à faire tout ce qu'on peut, on s'efforce de faire tout ce qu'on peut : on gémit de ne pouvoir pas davantage ; mais on sait qu'en s'y prenant bien on deviendra capable de faire plus et mieux, et on se prépare, par une série continue d'efforts, à développer en soi une énergie chaque jour croissante. Voilà une disposition vraiment bonne. Je fais peu, mais je fais *tout* ce que je puis avec mes ressources présentes, et j'ai l'espoir que demain je serai déjà capable de faire plus : ce sera le fruit et la récompense de mon effort d'aujourd'hui. Je connais ma faiblesse, et les résultats n'égalent pas mes intentions ; mais je renouvelle sans cesse ma volonté de faire tout ce que je peux, et sans cesse j'y travaille. On voit comment la bonne volonté est énergie, générosité, vaillance, comment en même temps elle est sincérité, droiture, loyauté. Elle n'use pas de réserve en se livrant au bien ; elle dit qu'elle l'aime, qu'elle le choisit, et c'est vrai ; l'action tient les promesses du cœur : les défaillances, quand il y en a, viennent de l'incurable faiblesse humaine, non d'une lâcheté pleinement consentie. On dépasse toujours ce que l'on fait par le désir de mieux faire ; et c'est un désir pratique et efficace. On est prêt à tout sacrifier, à tout perdre, plutôt que de trahir ce qu'on aime souverainement. La fidélité véritable doit être héroïque, s'il le faut. Quelque chose nous dit sans doute que la dernière perfection de la bonne volonté n'est pas absolument requise, parce que dans le monde moral la miséricorde tempère la justice. Mais la bonne volonté, pour mériter son nom, suppose toujours un amour sincère et généreux du bien. Comment alors s'étonner de sa puissance ?

Si, d'une part, la bonne volonté est ce que nous venons de dire, et si, d'autre part, l'homme étant essentiellement un être moral, les vérités les plus importantes sont les vérités morales, il est convenable, il est naturel que la connaissance que j'appellerai pratique et morale de ces vérités essentielles dépende avant tout de la bonne volonté.

Il ne s'agit pas le moins du monde ici de mépriser, de dédaigner ni les sciences proprement dites ni les spéculations philosophiques. Il s'agit seulement de comprendre que la destinée de l'homme est, non pas d'être savant, mais d'être bon. Quand un homme saurait tout ce qu'il est possible de savoir, quand à la connaissance du passé il ajouterait les inventions de son génie, quand par là il se rendrait maître de la nature, s'il n'est pas bon, sa destinée est manquée : il n'est pas dans l'ordre. Cela est certain. Les vérités morales sont donc les plus importantes. Ce qu'il faut savoir pour être bon a plus de prix que toutes les sciences ensemble. Dès lors ne convient-il pas que pour savoir l'essentiel en cette matière souverainement importante, on n'ait besoin ni de longues études ni de laborieuses recherches? Ne convient-il pas que la bonne volonté ait ici un rôle prépondérant?

L'absolue ignorance en cette matière n'est possible que là où la raison fait défaut. La négation après un commencement de réflexion n'est possible que là où la raison est corrompue par le vice de la volonté. Ce qui est nécessaire pour reconnaître la vérité est donné à l'homme avec la conscience même et la raison, et il faudrait, pour que nos facultés manquassent leur objet, que les circonstances extérieures leur fissent une nécessité de s'en détourner. Mais, en ce cas extrême, les circonstances ôteraient presque à l'homme le caractère d'homme, et le mettraient à peu près dans la même condition où des accidents de naissance placent l'idiot et où des perturbations maladives réduisent le fou. Hors de là, le milieu le plus défavorable ne détruisant ni la conscience ni la raison, les vérités morales ne peuvent être absolument ignorées. Cette aptitude naturelle à reconnaître la loi morale et la distinction du bien et du mal, la responsabilité morale et le libre arbitre, Dieu et la vie future, ne prouve pas que l'homme n'ait besoin d'aucun secours : elle rend possible l'enseignement moral et religieux, elle ne le rend pas inutile. Or, en toute société, il y a toujours quelques institutions religieuses où se retrouvent plus ou moins défigurées les vérités fondamentales de la religion : par exemple, les sacrifices, sans lesquels il n'y a point de culte, proclament l'existence du mal moral, la nécessité de l'expiation, la sainteté de la Divinité; en toute société aussi, il y a des maximes morales, des prescriptions morales. Tout cela inspire, soutient, règle les relations, les discours, les institutions, la vie de famille et la vie sociale, les poésies populaires, les amusements mêmes et les jeux ; tout cela, se trouvant en harmonie avec les besoins naturels de la raison, contribue à l'éveiller ou en aide puissamment le développement. Ainsi le jeu des facultés humaines est favorisé par des influences extérieures bonnes et salutaires, en même temps qu'entravé par d'autres influences mauvaises et pernicieuses. L'empire de la tradition est grand, et la tradition, ce n'est pas purement et simplement le recueil des observations et des découvertes du passé, c'est la transmission des résultats de l'action providentielle dans le monde humain, dans l'histoire humaine. Dieu, auteur de l'ordre moral, n'agit pas seulement au fond de chaque âme pour y soutenir les puissances qu'il y a mises et en assurer le développement. Il y a une assistance providentielle d'une autre sorte. Je n'ai pas à établir ici historiquement le fait d'une révélation positive, surnaturelle, ni à montrer comment, en dehors du judaïsme d'abord, puis du christianisme, la tradition conserve les traits mutilés et défigurés de cette révélation. Ce n'est pas de mon sujet. Je dis seulement que méconnaître l'importance de la tradition, et refuser d'y voir la marque d'une assistance providentielle du Père des hommes, c'est se renfermer dans une philosophie étroite, nécessairement incomplète et factice. S'il est parfaitement faux que l'homme soit dans l'impossibilité absolue de connaître les vérités morales et religieuses sans la tradition, c'est néanmoins un fait, non seulement que la raison individuelle n'est jamais toute seule, l'éducation, qui est l'action de l'homme fait sur l'homme enfant, existant partout à quelque degré, mais encore que l'humanité n'est point réduite à ses seules forces, puisque généralement la tradition, où il y a quelque chose de divin, répond aux divines facilités données à l'âme humaine pour reconnaître le vrai dans l'ordre moral. Cela bien entendu, il reste établi qu'aucun homme dont la raison est entière n'ignore complètement les vérités essentielles et ne peut les nier sans qu'il y ait de sa faute. Le point de départ de toute vie morale et religieuse étant dans la conscience, si un homme a la conscience simple et droite, c'est comme une nécessité morale qu'il ait une connaissance certaine, quoique élémentaire, des vérités morales et religieuses, et que, devenu capable de quelque réflexion, il trouve en lui-même une raison suffisante de les affirmer avec assurance. Il y a là une loi du monde des âmes qui garantit plus sûrement le résultat que les lois physiques ne garantissent le retour des saisons ou la croissance des germes déposés dans la terre. La bonne volonté fait lever dans les esprits les germes bien autrement précieux que la nature même y a mis ; la bonne volonté rend moralement impossible la négation de ces vérités essentielles que personne, à moins d'être privé de raison, n'ignore entièrement.

La bonne volonté est donc, en ce monde si étrangement troublé et divisé, un principe d'harmonie. Là où elle se trouve, la lumière se fait; et la lumière unit les esprits. Ou plutôt, il y a une première lumière qui ne manque à personne, et la bonne volonté consistant précisément à suivre avec courage cette trace lumineuse, la bonne volonté procure de plus amples clartés : la vérité ne peut se dérober à qui, même avant de la connaître pleinement, l'embrasse avec respect, avec amour, et en accepte vaillamment toutes les conséquences pratiques. L'accord des esprits se peut donc faire par la bonne volonté. Mais faut-il dire qu'elle-même manque presque partout puisque le désaccord est si grand? Non: car, s'il est vrai d'une part que l'erreur née d'un vice de volonté est coupable, il est vrai d'autre part que la bonne volonté peut excuser l'erreur, et ainsi, elle qui est un principe d'harmonie et d'accord, elle explique aussi comment le désaccord peut, en certaines circonstances, exister sans être coupable.

Sans doute, quand nous considérons les vérités morales et leur beauté incomparable, nous voudrions voir tous les esprits arrivés à contempler cette éclatante lumière et à en jouir; nous voudrions que toute bonne disposition et tout effort sérieux reçussent tout de suite pour prix la pleine possession des vérités morales et religieuses. Mais tel n'est point l'ordre de la vie présente, tel n'est point le plan providentiel. Nous concevons et nous souhaitons comme un inestimable bien cette union des esprits et cette paix dans la vérité unanimement reconnue et aimée. Nous avons raison. Seulement ce bien

DE LA VALEUR DE LA CERTITUDE MORALE. 353

n'est pas de ce monde : au milieu de nos labeurs et de nos luttes, il y faut tendre sans cesse, sans y prétendre [1].

D'ailleurs la variété n'est pas toujours dissentiment. C'est se méprendre sur la nature des vérités morales et sur celle de l'esprit, que de rêver une monotone uniformité de pensée, produite par l'irrésistible empire de la vérité subjuguant toutes les intelligences [2].

Si le savoir ne consistait qu'en de pures abstractions, toute diversité disparaîtrait dans l'unité de l'idée. La perfection de l'esprit serait de trouver quelques formules générales, qui sait? une seule formule peut-être, où tout ce qui est se pût renfermer, et toute connaissance ne serait que l'inévitable application de cette règle simple et constante aux choses multiples et mobiles. Il n'en est pas ainsi. Les choses qui nous entourent sont réelles, concrètes, vivantes, et l'esprit aussi est réel, concret, vivant. La vérité *vivante* est trop ample pour tenir dans quelques formules : elle offre à qui la considère une infinité d'aspects, et mille esprits *vivants*, s'y appliquant différemment, y peuvent exercer leur activité sans briser l'unité de l'objet et sans en altérer l'intégrité. Soyez un sage, un héros, un saint : je vous tiens pour tel, comme tant d'autres qui vous connaissent, vous admirent et vous aiment. Voilà l'unité de pensée et de croyance pro-

---

1. Malebranche, *Recherche de la Vérité*, I, 1. « Comme on désire avec ardeur un bonheur sans l'espérer, on doit tendre avec effort à l'infaillibilité sans y prétendre. »

2. Voir notre second chapitre, *Du rôle de la volonté dans la certitude*.

23

duite par l'éclat réel de votre mérite. Suis-je condamné pour cela à ne rien découvrir en vous que tous les autres n'aient vu, à ne point être touché à ma manière de vos talents et de vos vertus, à ne point diversifier mes louanges parce que l'objet en est toujours le même ? Non pas : vous vivez, et je vis ; vous agissez, et j'agis. Il y a donc en vous trop à voir, et l'esprit a trop de puissance pour qu'une formule banale et uniforme suffise à résumer fidèlement tout ce que le spectacle de votre vie peut me suggérer de pensées.

C'est l'image assez exacte de ce qui se passe en tout ordre de connaissances. A-t-on affaire non à des abstractions, mais à des réalités, il y a une originalité dans la manière de voir et une variété dans les points de vue, qui se concilient très bien avec l'unité et l'universalité de la vérité. La connaissance est un acte que chacun doit opérer lui-même par une certaine vertu qui est en lui et pour son propre compte, certaines conditions étant données, et sous l'influence des choses qui elles-mêmes agissent diversement sur l'esprit en des circonstances diverses.

Appliquez cela aux vérités morales, et vous comprendrez qu'une certaine variété de vues soit possible sans qu'il y ait erreur. C'est dans l'excellence même de l'objet et de l'intelligence qu'il en faut chercher le principe. Tenez compte ensuite de l'infirmité de l'esprit et de la nécessité d'aller au vrai par des voies détournées, compliquées, laborieuses ; notez que le nombre des points fixes et certains est petit, et que le domaine des probabilités est vaste ; regardez l'esprit, appuyé sur les vérités primordiales certaines, appréciant les probabilités mêmes, et puis se procurant une certitude nouvelle à l'aide de ces éléments simplement probables combinés entre eux ; suivez ce long travail, rendu nécessaire par la nature imparfaite et faible de l'homme, mais si fécond et si admirable. Ne verrez-vous pas là un second élément de variété, de diversité ? Tout à l'heure il nous semblait que la pleine vision de la vérité elle-même ne doit pas effacer toute différence personnelle entre les esprits, parce que ce qui les perfectionne ne peut les réduire au rôle des choses. Ici c'est de l'imperfection de l'homme que sort le nouveau principe de variété que nous apercevons. Cette variété a encore sa grandeur, puisque la personnalité y éclate ; mais le dissentiment devient possible, le dissentiment proprement dit : les pensées d'origines et de formes différentes peuvent se contrarier entre elles, et alors les affirmations se heurtent : conséquence et indice de l'erreur. Quel est le rôle de la bonne volonté au milieu de ces désaccords ? Là où elle fait défaut, elle en rend raison par son absence même : l'erreur se produit parce que la volonté est vicieuse ; l'erreur est donc coupable, et l'unité de la vérité n'est point atteinte. Mais là où la bonne volonté se trouve, comment par sa présence peut-elle excuser l'erreur ? N'y a-t-il pas ici un scandale apparent ? Si les vérités morales ont l'importance que nous avons dite, si la bonne volonté a pour effet de mettre l'esprit à même de voir le vrai, comment y a-t-il des cas, où c'est elle précisément qui excuse l'erreur de ceux qui ne voient pas?

Les éléments de variété et de diversité que nous venons de constater étant posés, il faut y ajouter les circonstances extérieures si profondément diverses, par suite du plan providentiel de l'histoire, dont nous n'avons pas à scruter ici le secret. Tous les hommes de bonne volonté ne partent pas du même point: cela est manifeste. Tous n'ont ni les mêmes obstacles à franchir, ni les mêmes secours à mettre à profit. Tous, à un moment donné, ne seront pas non plus au même point. Ceux-ci pourront ignorer invinciblement ce que ceux-là connaissent; et si l'ignorance est invincible, l'erreur que cette ignorance explique est excusée : car il y a bonne foi. L'obstacle à la lumière vient du dehors, non du dedans; de dispositions dont on n'est pas maître, non du vouloir: on est prêt à saluer la lumière si elle vient à paraître; on n'oppose à sa venue aucun empêchement. La bonne foi, c'est encore la bonne volonté.

Les erreurs mêlées ainsi à la vérité dans l'esprit d'hommes sincères et droits, sont chose fréquente. La part des préjugés sucés en quelque sorte avec le lait ou respirés avec l'air, est toujours à faire dans toute intelligence humaine. Le tempérament intellectuel de chacun étant déjà une occasion d'erreur, si l'éducation, si le milieu, si les circonstances font inévitablement quelque obstacle à la vérité, on voit combien il est facile à l'homme de se tromper, et comment ses erreurs peuvent être innocentes ou excusables. Que la raison et la conscience rencontrent dans leur développement des circonstances particulièrement mauvaises, l'esprit, malgré sa docilité à la voix intérieure, ne pourra soulever le poids énorme des préjugés contraires. Comment alors les convictions morales et religieuses ne seraient-elles pas imparfaites ? et comment cette imperfection ne serait-elle pas excusée par la bonne foi, par la bonne volonté ? Autre chose est se détacher de la vérité après l'avoir connue et embrassée, autre chose est ne la point connaître. Celui qui, environné de ténèbres épaisses, honore Dieu selon tout ce qu'il en sait et tout ce qu'il en peut savoir, celui-là est dans l'ordre. Il suit la lumière qui lui est donnée, il la suit fidèlement, généreusement, là où elle le mène ; il la suit jusqu'au bout. Il embrasse de toute sa volonté la loi que lui dictent la raison et la conscience, dans la mesure où cette loi lui est connue. Il est dans l'ordre, il est dans la vérité. Cela ne l'autorise pas à demeurer sciemment au même point si quelque chose vient l'avertir qu'il y a plus à connaître et mieux à faire. Non, assurément : la raison même et la conscience lui font un devoir de monter sur les hauteurs dès qu'il en entrevoit l'existence, et, s'il s'y refusait, il ne suivrait plus la lumière qui lui est donnée, il n'obéirait plus pleinement à la loi connue, il n'aurait plus une vraie bonne volonté. Le degré inférieur de vérité ne suffit plus du moment qu'on a quelque idée d'un degré supérieur : mais enfin jusque-là il suffit.

Observons encore que la bonne volonté n'opère pas

ordinairement d'une manière soudaine et brusque. Ce serait le renversement du système des choses et de l'humaine nature. Elle va par un progrès lent ; elle fait des efforts, elle travaille, elle lutte : plus on a de chemin à faire, plus le chemin est malaisé, moins aussi on est proche du but, sans être pour cela coupable de négligence ou de paresse. La bonne foi couvre les erreurs inévitables, et le travail avance peu à peu. Au reste, qui est capable de mesurer la grandeur des efforts accomplis? Qui est à même de peser la responsabilité de chacun? Qui a le droit et le pouvoir de pénétrer dans les replis de la conscience, et d'y démêler ce que chacun a au juste de bonne volonté ou en quoi il peut mettre de l'opposition à l'action de la vérité? Personne. Non, personne ne peut se faire le juge des consciences. C'est affaire entre l'âme et le souverain juge. Il y a là un mystère que l'œil humain est impuissant à sonder. Ce qui est certain, c'est que la tâche qui est la même pour tous, reconnaître et embrasser les vérités morales, se diversifie, quant à la forme et aux moyens, avec l'état d'âme et la situation extérieure de chacun. Il n'est donc pas surprenant que la bonne volonté ne mène pas tous les hommes au même point ; il n'y a là aucune injustice, et la grande loi du monde moral que nous avons proclamée ne reçoit pas de démenti.

Dira-t-on que, si ces explications sont acceptées, la volonté, avec une très petite mesure de vérité, sera aussi bonne qu'elle le pourrait être avec plus de vérité ; que dès lors la valeur morale est entièrement indépendante des lumières de l'esprit, et que partant la vérité importe peu, et la bonne volonté est tout?

Dans cette objection, répondrai-je, se cache un sophisme. La valeur morale n'est pas entièrement indépendante des lumières[1]. Sans aucune connaissance de la vérité morale il n'y a aucune moralité. Avec une connaissance très imparfaite, comment la moralité ne serait-elle pas très imparfaite elle-même? Ce désintéressement, cette pureté d'intention, cette bonne volonté, que la haute moralité exige, les peut-on concevoir là où la vérité est à peine connue? Là où il n'y a que des germes de vérité, il n'y a aussi que des germes de vertu; là où il n'y a qu'un commencement de lumière, il n'y a aussi qu'un commencement de moralité. Supposer une valeur morale parfaite dans l'absence presque complète de connaissance (bien entendu, je ne dis pas de science), c'est une contradiction : car la pleine volonté du bien ne saurait exister là où il y a ignorance presque entière du bien. Avec quelques éléments de connaissance, la volonté peut se montrer bonne ; mais cette bonté est surtout un appel à la vérité et au bien. L'état où l'on se trouve est un état misérable ; on aspire à en sortir, et l'on fait quelques efforts qui ont déjà une grande valeur morale. Les faut-il égaler à la plus haute vertu? faut-il dire que si le résultat n'a pas la même grandeur, la même beauté, le même éclat, la volonté, en soi, a le même prix? Oui, s'il y a la même pureté et la même énergie ; mais, avec si

---

[1]. Voir les *Problèmes de Morale sociale*, de M. Caro, et *Morale et Progrès* de M. Francisque Bouillier.

peu de connaissance du bien, cette pureté et cette énergie sont-elles possibles ? Non. Un louable effort pour s'élever au-dessus d'un état inférieur n'est pas l'équivalent des vertus qu'on pratiquera dans l'état supérieur. La difficulté vaincue n'est pas tout, en morale, non plus que dans l'art. L'idéal est indispensable. Vos premiers efforts vous préparent à concevoir un idéal meilleur, et vos premiers efforts sont bons. Mais qu'on ne dise pas qu'ils ont la même valeur morale que les plus héroïques vertus. Je sais bien que je ne dois pas vous juger d'après ce qu'il n'a pas dépendu de vous de connaître et de faire ; je ne puis admettre toutefois que placé trop bas encore pour concevoir un idéal moral suffisant, vous ayez une bonne volonté suffisante : si vous connaissez trop peu pour faire bien, je pourrai vous plaindre, je ne dirai pas que vous êtes mauvais, je ne dirai pas non plus que vous êtes bon. Il y a un certain degré de lumière, un certain degré d'élévation de la connaissance, sans lequel je ne puis vous juger. Pourquoi tous ne sont-ils pas capables également de vertu ? Demandez pourquoi les inégalités de toutes sortes que nous voyons dans le monde. Il suffit à la justice que nul ne soit condamné pour n'avoir pas fait le bien qu'il ne pouvait connaître : la justice n'exige pas que tous reçoivent une égale louange et une égale récompense ; elle n'exige pas que la bonne volonté avec un idéal moral très peu relevé et tout à fait insuffisant soit mise au niveau de la sainteté.

Ensuite, dès qu'il y a assez de connaissance pour

que le bien soit fait avec une vraie bonne volonté, les ignorances inévitables, les erreurs involontaires ne diminuent point la valeur morale ; la grande affaire est d'opérer tout le bien connu. Les défauts de la doctrine ne sont pas imputés à qui n'a pu savoir plus. D'un autre côté, il est juste qu'il soit plus demandé à qui il a été plus donné. Plus de lumière oblige à plus de vertu. L'excellence de la doctrine est à la fois un secours de plus pour la volonté, et un motif de condamnation, si par une coupable lâcheté on demeure au-dessous du niveau moral que l'on connaît.

Tout ceci est fort délicat. En ces choses qui touchent à la conscience, il faut craindre de trop appuyer ici ou là : le point précis et exact est si vite dépassé ! Quoi qu'il en soit, il ne faut jamais dire que la vérité morale importe peu. La bonne volonté, qui excuse l'erreur, ne fait pas que l'erreur soit bonne ou même indifférente, elle fait que l'âme s'attache à la vérité cachée dans l'erreur même et se prépare à être détrompée.

A la lumière de ces principes et de ces distinctions, bien des difficultés disparaissent.

S'étonne-t-on, par exemple, des préjugés qui peuvent subsister malgré la bonne volonté ? Voici ma réponse. Je ne dis pas : tout homme de bonne volonté aura des choses morales une notion expresse, nette, exacte. Je ne dis pas : tout homme de bonne volonté, quelle que puisse être l'infirmité de son intelligence, sera bon philosophe. Je dis : tout homme de bonne volonté reconnaîtra, avec la distinction du bien et du mal, la loi du devoir, la responsabilité, Dieu législateur et juge des consciences. Je ne prétends pas qu'il sera capable d'expliquer ces hautes vérités, qu'il saura développer les raisons d'y croire. Je dis qu'il les trouvera vérités, et leur donnera une adhésion raisonnable, quoique nullement savante. Si peu habile qu'il soit dans les sciences ou dans les affaires, il usera bien de sa raison en cette matière d'un intérêt capital, pratique, essentiellement humain. J'avoue qu'il pourra parler mal et mal argumenter, et que souvent peut-être de vulgaires objections, sans déconcerter sa foi, embarrasseront son esprit. Mais j'affirme que, s'il emploie ce qu'il a d'intelligence à considérer avec simplicité de cœur et avec amour ce qu'il a de vérité, s'il s'efforce de mettre sa conduite d'accord avec sa croyance, il arrivera bientôt à connaître plus et mieux. Sa fidélité au peu de lumière qui lui a été donnée, l'amènera à recevoir une lumière plus abondante. C'est un petit esprit, soit ; mais sa bonne volonté est grande, et le voilà capable de connaître les plus grandes choses. C'est un esprit faux, soit encore ; mais il a la volonté droite, et il voit juste et raisonne bien quand il applique à sa vie les principes moraux qu'il connaît : ce raisonnement pratique vaut sans doute beaucoup de doctes argumentations. Ainsi la bonne volonté corrige en partie les défauts de l'esprit, et aux plus mal partagés du côté de l'intelligence elle peut procurer une vue toujours grandissante de la vérité.

S'étonne-t-on maintenant de voir des assertions contraires soutenues avec une égale sincérité et une égale assurance ?

Je réponds : les mêmes propositions, sous les yeux de personnes différentes, ont-elles toujours pour toutes absolument le même sens? Dans cette formule que vous défendez et que votre voisin repousse, voyez-vous l'un et l'autre identiquement la même chose? Les vérités morales ne tiennent jamais tout entières dans une définition, et si les propositions où on les veut renfermer sont des formules précises en ce sens qu'elles écartent et préviennent les erreurs opposées, on pourrait dire qu'eu égard à la réalité même, vivante et complète, elles sont des symboles plutôt que des expressions adéquates des choses. Dans des propositions erronées il peut donc se cacher « une âme de vérité ». Et vous, vous pouvez la saisir et vous y attacher passionnément. Quelque chose donc justifie votre assurance, et vous êtes sincère jusque dans votre erreur.

Sachons voir par delà les mots, sachons aller jusqu'à l'âme. Tel langage que nous jugeons avec raison défectueux, et même pitoyable, affirme, au milieu de misérables ombres, une grande vérité, une vérité essentielle. Écoutons ces prières ridiculement naïves : superstition, dirons-nous. Oui, superstition, et ces paroles prises à la lettre sont indignes de la majesté divine, indignes de la raison humaine. Prenons garde cependant. Elles affirment la toute-puissante et miséricordieuse bonté de Dieu. Oh! que c'est une grande et importante vérité, et, si elle est vue et sentie fortement par cet homme, d'ailleurs ignorant, quelle sagesse jusque dans la grossièreté de ce langage ! Il y a des superstitions révoltantes. Il y en a que je compare à l'écorce dure d'un bon fruit : ce qu'elles enveloppent est exquis.

Je dis donc que partout où il y a sincérité véritable, l'erreur ne venant point d'un vice de volonté, l'erreur n'étant née ni de la sensualité, ni de l'orgueil, ni de la paresse, la vérité est en définitive ce à quoi l'esprit s'attache.

Votre sincérité dans le faux est égale à ma sincérité dans le vrai : vais-je supposer pour cela que le faux et vrai sont égaux ? Nullement. Je dirai que la vérité a une âme et un corps : vous rejetez le corps que vous connaissez mal, vous adhérez à l'âme. Je tâcherai de vous mettre à même de discerner le corps, et je suis sûr que vous en deviendrez capable dans une certaine mesure, si vous continuez à être sincère.

Ainsi faire la part de l'ignorance, de la petitesse et de la faiblesse d'esprit, des mauvais plis de l'éducation, des influences du milieu, des illusions, préjugés, fantômes, idées bizarres, grossièretés et confusions nées de tout cela, dire que c'est laid, triste, ridicule, ou lamentable, sans être toujours coupable, ce n'est pas mettre la vérité et l'erreur sur le même niveau. L'erreur sincère n'en est pas moins l'erreur. La déraison du fou ne donne pas aux sains d'esprit le droit de douter de la raison.

Entre hommes d'intelligence et de savoir des désaccords peuvent exister qui s'expliquent d'une manière analogue : les plus instruits n'ont-ils pas leurs ignorances, leurs préjugés, leurs illusions ?

Nous voici deux en présence d'une vérité morale. J'affirme, vous niez. Vous dites que vous respectez ma conviction, et, comme je vous tiens pour un honnête homme, je respecte la vôtre. Or, elles sont contraires. Nous sommes décidés à nous respecter mutuellement, et nous sommes aux prises. Nous n'avons pas raison tous les deux, nous ne sommes pas dans le vrai tous les deux. C'est évident. Si la question était de mathématiques ou de physique, nous nous adresserions à un tiers, plus compétent, qui trancherait le débat. Ici, nous pouvons bien interroger d'autres hommes, mais c'est toujours à chacun de nous qu'appartient la décision. Nous ne sommes pas des enfants : pour eux les grandes personnes décident ; nous, nous chercherions en vain un sage qui prononçât pour nous. Il faut que nous nous mettions d'accord nous-mêmes. On ne peut nous réduire malgré nous à une même manière de juger. Nous prétendons être compétents l'un et l'autre. Comment donc l'accord se pourra-t-il faire ? Je vous convaincrai, ou vous me convaincrez. Vous arriverez à reconnaître comme vraie et bonne ma croyance, ou j'arriverai à trouver la vôtre vraie et bonne. Quelle autre issue possible au conflit ?

Et en effet, nous nous disons également compétents : mais nous ne le sommes peut-être pas. N'y a-t-il pas désaccord entre nous, parce que l'un de nous deux ignore ceci ou cela, et ne laisse pas de juger ?

C'est à celui qui en sait le plus de travailler à éclairer l'autre. Il a le droit de lui dire : Vos négations et vos erreurs ne me troublent pas : je vois nettement d'où elles viennent. Ce sont des nuages qu'il s'agit de dissiper : le savoir que je possède m'en donne le moyen, et si vous n'avez ni obstination ni entêtement, si vous êtes simple et droit, la vérité vous apparaissant triomphera : c'est certain. Vous penserez donc comme moi, parce que vous verrez la même chose que moi, et je vous aurai aidé à voir, parce que je voyais avant vous.

Mais reste un dernier cas. Nous sommes, cette fois, également instruits, également compétents, selon toute apparence, et cela sur la matière même qui nous occupe et nous divise : comment expliquer une dissidence durable? Les explications précédentes ne vont-elles pas échouer? Nos affirmations sont contradictoires. Nous épuisons les raisons de l'un et de l'autre côté, et chacun de nous garde sa pensée. Dans ce choc vigoureux et prolongé, beaucoup d'idées sont remuées : nos convictions opposées ne s'ébranlent pas. Quand même les arguments de l'un paraîtraient l'emporter sur les arguments de l'autre, celui-ci serait vaincu sans être convaincu. N'est-ce pas le sort de beaucoup de discussions même loyales et sincères? Que devient ici ce que nous disions et des effets de la bonne volonté et de la puissance de la vérité? Nous supposons une égale bonne foi et une égale science. Si la vérité est quelque part, pourquoi les luttes sérieuses et ardentes livrées en son nom ressemblent-elles à un pur jeu et à la vaine poursuite d'une ombre? D'où vient qu'un bon esprit peut ainsi se méprendre à son endroit, et la combattre sans la reconnaître? Ou elle n'est pas, ou elle est masquée étrangement. Si c'est vous qui la tenez, comment n'avez-vous pas la force, ou plutôt comment elle-même n'a-t-elle pas la force de me détromper, moi qui la conteste et qui la nie? Et si c'est moi qui ai raison, d'où vient que je ne réussis pas à rompre votre résistance, et que votre sincérité ne vous fait pas rendre les armes?

La difficulté semble formidable, et le scepticisme se prévalant de ce qu'il y a des erreurs sincères, tourne contre la vérité la bonne foi et la bonne volonté qui étaient, disions-nous, le sûr moyen de la discerner. La loi que nous avons établie n'est pourtant pas en défaut. Ou l'erreur est complètement sincère, et ce qui la cause, ce sont, ici encore, certaines ignorances, certains préjugés qui peuvent parfaitement se rencontrer chez des gens d'intelligence et de savoir, paraissant d'une compétence égale sur une même question : peu à peu la lumière dissipera ces obscurités. Ou, au contraire, l'erreur n'est point complètement sincère, et c'est la volonté qui, par quelque vice caché ou par quelque faiblesse, est cause qu'on ne voit pas : qu'elle recouvre sa rectitude et son énergie, la vue redeviendra saine et nette. Il est donc toujours à espérer que l'accord se fera, et par la bonne volonté, qui, en ces questions pratiques, vitales, d'une suprême importance, ne peut demeurer sans effet. L'heureuse issue de la lutte tarde souvent, mais elle est assurée, à moins de quelque empêchement extérieur insurmontable. Seulement chacun, selon ce qu'il a fait des premières clartés qui ont lui dans son âme, est plus ou moins propre, en une circonstance donnée, à saisir les lumières nouvelles qui lui sont offertes. La fidélité antérieure est la mesure de l'aptitude présente à reconnaître le vrai.

L'homme convaincu d'une vérité morale peut donc dire au contradicteur : Je ne suis pas étonné que malgré les raisons que je vous expose, le désaccord persiste entre vous et moi ; et je suis sûr que, si vous continuez à être sincère, vous accomplirez peu à peu un secret travail qui fera tomber vos préjugés, et établira enfin la vérité dans votre esprit. Non, vous ne garderez pas toujours votre première pensée : elle avait paru résister à tous mes raisonnements ; au sortir du combat, elle semblait intacte ; mais vous vous chargerez vous-même, à votre insu d'abord, de lui porter des coups terribles ; vous la minerez, vous la renverserez. Un jour viendra où vous vous serez persuadé vous-même de ce que vous repoussiez autrefois. Qu'on ne dise pas que la vérité et l'erreur sont égales : c'est toujours à la fin la vérité qui l'emporte.

S'obstine-t-on à vouloir des choses qui font qu'on se trompe, ou ne s'en détourne-t-on que mollement, il est naturel que l'erreur ne cède point aux raisons les plus puissantes. J'admirerais plutôt que des arguments, employés seuls, pussent la détruire, alors qu'elle a dans des dispositions morales son principe ou du moins quelque appui. Or, bien qu'il soit interdit à l'homme de mesurer exactement la responsabilité de l'homme, surtout en des choses si intimes et si délicates, il y a des cas néanmoins où la culpabilité est certaine. La nier serait douter de la vérité et de la justice. S'il y a des choses dont l'absolue ignorance soit impossible à qui a une raison et une conscience, et il en est ainsi, nous l'avons vu, des vérités primordiales, comment la négation ne serait-elle pas infailliblement et nécessairement une faute? Les circonstances peuvent atténuer la faute : comment la supprimeraient-elles tout à fait? La négation absolue et persistante de telles vérités est-elle concevable, s'il y a bonne volonté? Le moyen d'excuser la négation de toute loi du devoir et la négation de Dieu? comment plaider ici l'innocence? comment alléguer l'entière bonne foi, fondée sur l'ignorance invincible et l'invincible aveuglement? Catholique convaincu, par exemple, je puis admettre qu'un protestant né dans l'hérésie soit de bonne foi dans ce que je dois nommer ses erreurs. Croyant en Dieu, quand jugerai-je l'athée innocent? Ce protestant peut s'attacher de cœur à ce qu'il y a de chrétien dans l'enseignement de sa secte, et ne voir la doctrine catholique qu'au travers de préjugés héréditaires qui la déforment : il peut rejeter par conscience ce qu'il appelle le papisme, parce qu'on le lui peint sous des couleurs vraiment odieuses. Là il peut y avoir bonne foi. Mais l'athée est-il jamais dans une situation semblable? Pour voir en Dieu le mal et nier Dieu par conscience, il faudrait un renversement de la raison et de la conscience même, qui ne peut être qu'inexcusable.

Je n'oublie pas que certains penseurs contemporains se déclarent obligés de rejeter les notions religieuses par respect pour la morale [1]. Malebranche a écrit ces fortes paroles : « Celui qui aimerait mieux qu'il n'y eût point de Dieu que d'y en avoir un qui se plût à rendre éternellement malheureux ceux-là même qui aiment *véritablement* l'ordre et la raison, est juste, parce que ce Dieu fantastique, injuste et cruel, n'est point aimable. » C'est, dit-il encore, un « fantôme épouvantable [2]. » Aujourd'hui on applique à l'idée même de Dieu ce que Malebranche disait des fausses notions qui le défigurent. On prétend que le théisme, le théisme chrétien, propose à notre foi et à notre adoration un tel être, injuste, cruel, mauvais ; et l'on pense en être venu à voir que notre idée de Dieu est en désaccord avec les inspirations de la conscience. Voit-on cela vraiment ? Le peut-on voir ? Une certaine manière étroite d'envisager les dogmes de la religion naturelle ou de la religion révélée, certaines ignorances trop fréquentes chez les plus savants, certaines habitudes d'esprit favorisant de mauvaises interprétations des formules communes, tout cela amoncelle dans l'esprit de sombres nuages et le jette en de cruels embarras :

---

1. Voir notre chapitre v, p. 284, 285, 293, 299.
2. Malebranche, *Traité de Morale*, II, xiv, 5, et I, viii, 17. Voir notre chapitre v, p. 299, note 1.

il n'y a point là de quoi rendre l'athéisme innocent. Supposons que l'éducation ait donné et fortifié des préjugés contraires à la vraie idée de Dieu, en sorte que Dieu apparaisse comme un tyran plutôt que comme l'être bon par excellence : l'honnêteté même et la légitime fierté d'une âme bien née fera voir dans l'adoration de ce tyran la plus détestable des flatteries : l'athéisme alors deviendra-t-il lui-même légitime? La négation explicite, absolue, persistante de Dieu, sera-t-elle exempte de faute? Je ne le crois pas : car, à cet esprit troublé, violemment incliné vers l'athéisme, bien des choses pourtant ne sauraient manquer de présenter et d'insinuer quelques pensées contraires. Sa manière de juger devra donc lui paraître douteuse et suspecte, et ce sera pour lui un devoir d'éclaircir ses doutes. S'il déclare inacceptable la notion commune de Dieu, c'est au nom d'un idéal moral, qui est encore cette même notion sous une face choisie : il refuse à Dieu la toute-puissance, il n'est pas bien sûr de l'existence réelle de Dieu ; mais la bonté, la justice, la perfection morale, ne peuvent point, pense-t-il, ne pas appartenir à Dieu. A quelque excès qu'il s'emporte, tant qu'il conserve le respect de ces choses, il n'est point complètement athée. Ce n'est pas être tout à fait sans Dieu que d'adorer l'excellence morale, n'en fît-on qu'un idéal sans réalité. La logique peut bien montrer que cet idéal, s'il n'est rien en dehors de l'homme qui le pense, est insuffisant à fonder la religion : la reconnaissance de cet idéal n'en est pas moins, en soi, quelque chose de religieux, et la révolte contre le tyran tout-puissant que l'on prend à tort pour Dieu, est encore, d'une certaine manière, un hommage rendu à la perfection divine. En un tel état, comment l'esprit ne serait-il pas rempli d'inquiétude? Comment ne se sentirait-il pas porté tour à tour dans des directions opposées? Cet idéal moral est une lumière infiniment précieuse : si on la suit, si on demeure fidèle pleinement à cette idée de la perfection morale, comment n'aboutirait-on pas peu à peu à la croyance explicite en Dieu? Que si l'on arrive à une négation, comment cette négation serait-elle innocente? On ne nie point par conviction lumineuse et solide : Kant a bien remarqué qu'il n'y a jamais de certitude de la non-existence de Dieu. On nie par indifférence; on nie parce qu'on ne se donne pas la peine de chercher la lumière ; on nie parce qu'on trouve commode de demeurer dans une sorte de crépuscule[1] : cette indifférence n'est-elle point une faute? Ayant affaire à un athée, je n'ai pas à rechercher jusqu'à quel point il est coupable; je puis même, ou je dois, dans telle discussion purement spéculative, écarter toute question de culpabilité : mais qu'importe? quand je parviendrais à imaginer un ensemble de circonstances qui rendraient la faute nulle, il resterait vrai que là où il n'y a pas invincible erreur, il y a faute ; or, je ne pourrais pas ne pas voir bientôt

---

1. « Ils restent dans leur crépuscule, » dit en parlant de certains esprits le P. Noury, dans un article intitulé : *La question de bonne foi chez les dissidents.* (Voir *Études religieuses, historiques et littéraires des PP. Jésuites,* février 1867.)

qu'un pareil concours de circonstances est, en fait, chimérique : en fait, sur ce point fondamental, il peut y avoir de terribles inclinations à l'erreur, il n'y a pas d'erreur invincible. Par conséquent l'athéisme, et par là je n'entends ni l'absence de la notion de Dieu, ni une doctrine qui altère cette notion, ou qui logiquement la détruit, mais j'entends la négation explicite, réfléchie, absolue, et persistante de Dieu, l'athéisme est toujours coupable.

Est-ce donc que toute erreur volontaire naisse d'un parti pris et comme d'un choix positif du mal ? L'exemple même qui vient d'être étudié, témoigne que non ; et il convient de généraliser. Si l'âme, molle ou légère, néglige de s'approprier par la pratique les vérités morales qu'elle connaît, si, après quelques efforts peut-être, elle se lasse, et renonce à la lutte commandée par la conscience, la certitude s'ébranle à mesure que baisse l'énergie morale. Que les objections et les difficultés soulevées par une demi-science se présentent alors à l'esprit, le péril est grand : une secrète et fâcheuse connivence s'établit entre la raison surprise et les passions grandissantes ; l'éclat des vérités morales pâlit, les convictions qui semblaient si fermes, chancellent et tombent. Ce n'est pas sous le poids d'arguments décisifs que disparaît la foi ; c'est plutôt sous le choc d'objections qui étonnent l'esprit pendant que les passions (et il y en a de bien des sortes) troublent le cœur. Jamais on n'acquiert la certitude que les vérités révérées tout à l'heure soient des faussetés. On a des doutes qu'on n'éclaircit pas, des embarras d'où l'on ne s'efforce pas de sortir : voilà tout. Et peu à peu l'habitude se forme de penser de cette manière perverse, je veux dire en dehors des conditions normales ; et enfin on peut arriver à une sorte d'impossibilité de reconnaître l'évidence. Qu'on parle alors de sincérité et de bonne foi !

Assurément il peut y avoir une certaine honnêteté dans l'erreur même coupable, une certaine candeur d'âme, qui inspire la sympathie et une sorte de respect : je puis, à la condition de ne point donner aux mots leur sens plein et complet, honorer la sincérité et rendre hommage à la bonne foi de tel et tel homme dont je condamne énergiquement les négations. Ce n'est pas pure convenance mondaine, pure politesse : c'est justice. Cet homme ne se sert-il pas avec loyauté des armes de l'argumentation ? N'a-t-il pas vers la vérité de beaux et généreux élans ? N'a-t-il pas eu le courage sur tel point de surmonter un préjugé, d'avouer une erreur ? Que sais-je ? bien des choses décèlent la noblesse de son âme, et voilà ce que je loue, ce que j'aime en lui. Mais le même esprit de justice m'empêche de voir là cette absolue sincérité, cette parfaite bonne foi, qui, dans le for intérieur, devant la conscience, excuse complètement l'erreur. On n'a pas le droit d'exiger de moi que j'aille jusque-là, car je ne puis, pour absoudre un homme qui se trompe, accuser la vérité morale de se dérober, en ce qu'elle a de plus essentiel, à la bonne volonté qui la cherche et l'appelle. Ma conscience me défend de douter de la souveraine justice.

Résumons cette discussion. Si la volonté fait tout ce qu'elle doit faire, s'il y a vraiment *bonne volonté*, l'évidence propre aux choses morales se produira, du moins à la longue. Tout homme de bonne volonté peut reconnaître les vérités primordiales. La bonne volonté diminue peu à peu les erreurs, et la même bonne foi qui nous excuse quand nous sommes involontairement dans le faux, est aussi le meilleur moyen d'en sortir. Mais, puisqu'il y a des vérités que la bonne volonté ne peut pas ne pas reconnaître, il y a des erreurs qui ne peuvent pas ne pas être des fautes.

Plus nous étudions les dispositions personnelles, *subjectives*, qui sont nécessaires pour reconnaître les vérités morales et y adhérer, plus aussi le caractère *objectif* de ces mêmes vérités se révèle clairement à nous. Entre le vrai et le faux, dans l'ordre moral et religieux, comme ailleurs, la différence est radicale. Plus qu'ailleurs l'intervention de la volonté est nécessaire, mais cela même prouve combien le vrai importe, et, comme en définitive la bonne volonté est celle qui s'attache au bien, l'objet fixe qu'elle suppose et l'obligation qui la lie déclarent assez l'autorité souveraine de la vérité. Si la libre adhésion est requise, rien n'est arbitraire. Chacun est responsable en son for intérieur de l'usage qu'il fait des facultés, des ressources, des moyens mis à sa disposition. Penser est chose naturelle ; bien penser dépend, en une certaine mesure, de notre libre arbitre : il y a du mérite à bien penser, et si l'on pense mal, c'est une faute ; mais, bien ou mal penser, ce n'est pas simplement respecter ou violer les lois de la logique : c'est surtout reconnaître ou méconnaître les vérités primordiales qui sont les objets essentiels de l'intelligence.

III

DE LA NATURE DES PREUVES DANS L'ORDRE DES VÉRITÉS MORALES.

Nous pouvons maintenant apprécier la valeur des convictions morales et religieuses.

La certitude logique, rationnelle, scientifique, a pour caractère éminent de se défendre par des arguments victorieux et de se transmettre d'une manière incontestable.

A la certitude des choses morales, dit-on souvent, ce caractère manque.

Le jugement ne repose plus, prétend-on, sur des motifs *objectivement suffisants*. L'usage a prévalu d'appeler « convictions morales et religieuses » l'ensemble des solutions admises par chacun touchant les grandes questions de l'ordre moral. On indique par là ce qu'il y a de profond et de sérieux, par suite de respectable, dans ces affirmations: on se contenterait de nommer

« opinions » ce qui aurait des racines moins vivaces dans l'âme ou ce qui concernerait des choses moins importantes. Mais ces « convictions », à parler rigoureusement, sont plutôt *persuasion* ; au sens précis des mots, *convaincre* s'oppose à *persuader*, et Kant a marqué fortement cette opposition. « Je ne saurais, dit-il, exprimer comme un jugement nécessairement valable pour chacun que ce qui produit la *conviction* (*Ueberzeugung*). Je puis garder pour moi ma *persuasion* (*Ueberredung*), quand je m'en trouve bien, mais je ne puis ni ne dois la faire valoir hors de moi [1]. » C'est dire que les affirmations touchant les vérités morales et religieuses, si elles ne sont que persuasion et non conviction, en ce sens précis, n'ont aucune valeur *objective*. On ne peut réduire au silence le contradicteur. On ne peut établir la vérité de ce que l'on croit. L'objection déconcerte, ou irrite, ou affermit le croyant : mais quand arrive-t-il à la détruire complètement ? Quand a-t-il le droit de dire qu'il a démontré quelque chose ? Il démontre qu'il tient à ses croyances : rien de plus. Sa lumière ne devient pas la lumière des autres. Chacun chez soi, chacun pour soi : telle devrait être la devise de tous quand il s'agit des choses morales et religieuses.

Au point de notre étude où nous sommes parvenu, nous avons tous les éléments d'une réponse à cette assertion.

---

1. Kant, *Critique de la raison pure*, Méthodologie transcendantale, Ch. II, 3ᵉ sect. *De l'opinion, du savoir et de la foi.* Kant dit que la foi est fondée sur des motifs *subjectivement suffisants*, mais *insuffisants objectivement*.

La certitude morale ne se passe pas de la certitude rationnelle : elle la suppose, et s'y ajoute.

Le certitude morale, à la fois rationnelle et morale, naît et de la conviction et de la persuasion.

D'où il suit que les preuves qui servent à la soutenir ou à la transmettre, ont elles-mêmes un double but : elles doivent *faire voir* la vérité et *faire vouloir* que la vérité soit.

Dès lors il est facile de s'expliquer pourquoi ces preuves ne font pas la même impression sur tous les esprits, ni sur le même esprit en des temps différents ; pourquoi elles ne produisent pas leur effet sur-le-champ ; pourquoi elles ne viennent pas à bout de toutes les résistances. Elles établissent la vérité non moins légitimement que les démonstrations rigoureuses ou les vérifications expérimentales : leur valeur n'est pas moindre, leur action est autre, parce que leur nature elle-même est non pas inférieure, mais autre.

La transmission des vérités morales ne peut se faire d'un coup, par pur raisonnement, froidement : on les communique à l'enfant par l'éducation ; et si un homme qui en est bien persuadé veut les exposer aux autres, il a recours lui-même à la persuasion.

L'enfant puise dans une série de leçons proportionnées à son intelligence les connaissances spéculatives dont il a besoin : il s'instruit. L'instruction, grâce à laquelle il se trouve pourvu de telles et telles notions, peut lui être donnée en un certain temps déterminé, et, si les matières à enseigner sont plus ou moins amples et étendues, selon les aptitudes ou les besoins de l'élève et selon la capacité ou la volonté du maître, c'est que justement elles sont susceptibles d'une délimitation précise. Dans l'éducation rien de semblable : c'est une œuvre de tous les moments, et la durée qu'elle doit embrasser ne saurait être fixée d'avance ; des objets sur lesquels elle porte, il n'y a point de programme arrêté : c'est une formation de l'âme, c'est une culture de l'homme : elle se propose d'aider à la croissance morale. Rien de plus varié que ses moyens, de plus souple que sa méthode : elle s'accommode aux besoins, aux circonstances ; elle se plie aux mille exigences de la nature vivante, elle en met à profit les mille ressources. C'est à elle qu'il appartient d'exciter, de diriger, de développer la conscience et la raison. C'est elle qui entretient l'atmosphère qui leur est favorable. Et dans ce travail incessant, délicat, difficile, son grand art c'est d'obtenir beaucoup de celui qu'il s'agit d'élever. Il faut, non se substituer à lui et le mouvoir comme par des ressorts, mais le rendre capable d'agir lui-même. Ainsi on soutient et on dirige l'enfant à qui on apprend à marcher, et ce qu'on veut, c'est qu'il devienne assez fort pour se passer de la main qui assure ses premiers pas : on lui applaudit dès qu'il marche seul. Les vérités morales sont donc enseignées, mais seul un enseignement pratique est efficace, parce que seul il répond à la nature de ces mêmes vérités et à la nature de l'homme. Cet enseignement est une initiation : il procède par degrés, et s'adresse à l'âme tout entière ; il s'aide même de la machine, comme parle Pascal, il emploie la coutume, non pour asservir la raison, mais pour lui donner des moyens de défense. Il travaille à faire des vérités morales la substance même de l'homme, l'âme de son âme, la vie de sa vie.

Revenons aux preuves : nous aurons à faire des remarques pareilles. Dans les mathématiques, la démonstration, dans les sciences physiques, la preuve qu'on peut appeler positive, ne supposent rien qu'elles-mêmes pour obtenir ou plutôt pour forcer l'assentiment. Ce n'est pas que l'attention et même la préparation ne soient nécessaires, là comme partout. Nous l'avons déjà dit, et il y a lieu de le répéter. Qu'on vous propose une vérité mathématique évidente, quand vous avez l'esprit occupé ailleurs, vous ne la reconnaîtrez pas avant d'avoir ramené sur elle votre attention. Qu'on vous expose une théorie physique incontestable, mais quelque peu compliquée, vous n'y comprendrez rien tant qu'on ne vous aura pas fourni ce qui en est la base ou l'introduction indispensable. Mais enfin la preuve agit d'elle-même sur l'esprit en état de la comprendre, elle y opère par sa propre vertu la conviction, elle y apporte avec elle tout ce qui est suffisant et nécessaire pour manifester la vérité. Ou elle n'est pas une preuve, ou elle est complète en soi. On distingue très bien dans le domaine des connaissances positives d'une part les pressentiments, les soupçons, les conjectures, d'autre part les théories achevées et les résultats acquis à la science. La découverte se fait presque toujours par des moyens extra-scientifiques, et le génie a des intuitions qui devancent les preuves ; la science faite ne laisse aucune part à la liberté de l'esprit : ce qu'elle lui offre n'est ni incomplet ni indéterminé ; sur le point précis où elle est science, elle n'avance rien qui ne soit accompagné de raisons topiques et décisives [1]. Dans l'ordre moral, la preuve est incomplète : elle ne dit pas tout, elle fait penser. D'après l'importante distinction que nous avons signalée plus haut, les propositions qui énoncent la vérité sont des *formules,* si l'on y voit surtout des moyens d'écarter l'erreur : elles *définissent* l'objet, c'est-à-dire qu'elles circonscrivent le champ où l'esprit peut se mouvoir sans se heurter contre un écueil ; considère-t-on ces mêmes propositions comme expression des choses, on les trouve toujours et forcément insuffisantes : elles apparaissent plutôt alors comme des *symboles* que comme des *formules* [2]. Elles n'expriment pas tout ce que sont les choses, c'est trop clair ; elles ne

---

[1]. Voir, sur la différence entre la démonstration mathématique et la vérification positive d'une part, et la *preuve* dans l'ordre des vérités morales d'autre part, les très remarquables pages de M. Caro que nous avons déjà signalées dans notre avant-propos.

[2]. Le P. Newman, dans ses *Sermons preached before the University of Oxford,* 1843 (avant sa conversion au catholicisme), et publiés de nouveau en 1872, dit (p. 271-272) : « Almost all reasons formally adduced to moral inquiries, are rather specimens and symbols of the real grounds, than these grounds themselves. » Et, dans son *Essay in aid of a grammar of Assent,* ch. IV, § 1, remarquant que les philosophes ne savent pas toujours bien distinguer « a mental act or state and a scientific rule, an interior assent and a set of logic formulas, » il ajoute : « They are contemplating how representative symbols work, not how the intellect is affected towards the things which these symbols represent. »

rendent même pas tout ce qu'il y a dans l'esprit de celui qui parle ou qui écrit. Elles suscitent et entretiennent, en celui qui lit ou qui écoute, des pensées analogues. Voilà leur office et leur utilité. Elles indiquent une voie, elles aident à y entrer, elles y dirigent : à vous d'agir, à vous de marcher.

Pascal a dit : « On se persuade mieux, d'ordinaire, par les raisons qu'on a trouvées soi-même, que par celles qui sont venues dans l'esprit des autres. » C'est vrai ; et tout l'effort de l'orateur ou de l'écrivain est d'amener ceux à qui il s'adresse à trouver eux-mêmes des raisons de se persuader. L'éloquence est l'art de gagner les âmes, de les entraîner où l'on veut, ψυχαγωγία τις, selon le mot de Platon[1] : c'est une sorte d'évocation et de magie. Grâce à la parole vivante qui les remue, elles agissent elles-mêmes, et elles parlent : chacun se fait un discours qui est en accord avec celui de l'orateur : celui-ci ne fait pas tout. L'homme qui démontre une vérité mathématique dit tout : il n'est pas, il ne peut pas être éloquent.

Les vérités morales admettent et même appellent l'éloquence. Elles sont si amples qu'il faut désespérer de les égaler par la parole : la parole, pour être un peu moins indigne d'elles, se multiplie en quelque sorte et se colore. La science, là où elle est vraiment science, est définitive ; la démonstration des vérités morales n'est jamais finie. Leur objet, éternellement le même, est

---

1. Platon, *Phèdre*, 261 A.

si riche qu'il a toujours de la nouveauté. Les âmes aussi ont toujours des besoins nouveaux en quelque chose. Une formule scientifique peut se répéter indéfiniment ; elle est arrêtée, elle est fixée. L'expression des vérités morales varie : comme la nature vivante ne se répète jamais absolument et qu'il n'y a pas deux individus identiquement semblables, parce qu'aucun n'épuise le type de l'espèce, ainsi l'esprit vivant cherche sans cesse de nouvelles formes à la vérité morale, parce qu'aucune ne vaut le modèle. La vie est mouvement. Dieu seul est à la fois vivant et immobile, parce que Dieu seul est parfait.

Si un jardinier, dit Platon, a souci d'une semence et en attend de beaux fruits, il n'ira pas la jeter dans les jardins d'Adonis et lui faire produire en huit jours une plante destinée à ne durer que ce que dure la fête. Bien au contraire, il choisira un terrain convenable où il la puisse confier, et, la cultivant selon les règles de l'art, il attendra jusqu'au huitième mois pour la voir éclore[1]. C'est l'image de la culture que demande dans les âmes la connaissance du beau, du bien, du juste. Il faut une longue suite de soins pour faire lever en soi ou dans les autres la divine semence ; et quand la plante est venue, que de précautions encore pour la protéger contre les influences délétères, quel travail assidu pour l'affermir et en favoriser le progrès !

Les raisonnements les plus solides peuvent sembler

1. Platon, *Phèdre*, 276 C.

fragiles quand on les regarde sans attention. On est frappé d'une preuve « pendant l'instant qu'on voit la démonstration; une heure après, on craint de s'être trompé[1]. » Le discours propre à produire une persuasion durable, c'est celui qui est vivant et animé; celui qui, attaqué, peut se défendre; celui qui, souple et alerte, est capable de pourvoir aux divers besoins de l'âme, de faire face aux périls, de déjouer les surprises, de revenir sur ses pas, de recommencer son œuvre, et d'assurer ainsi, par une action continue et variée, le triomphe de la vérité.

Qu'est-ce que ce discours? c'est un colloque entre deux âmes loyales et droites; c'est aussi le colloque d'un homme sincère avec lui-même. La vérité morale, ignorée, ou bien oubliée, négligée, méconnue, n'est pas mise dans l'esprit par la vertu toute-puissante d'un syllogisme. Ni l'excellence de la vérité ni la dignité de l'âme ne permettent cela. Non,

..... l'amitié demande un peu plus de mystère.

Et n'est-ce pas un sublime et intime commerce que celui qui rapproche une âme humaine et la vérité, quand celle-ci sollicite et obtient l'assentiment de celle-là? C'est un commerce, c'est une amitié : car enfin, dans l'ordre moral, les abstractions n'ont qu'une valeur provisoire : derrière les notions, il y a les êtres; et les êtres ici sont des personnes. Ce

---

[1]. Pascal, *Pensées*.

qui est en cause, ce n'est pas notre intelligence prise d'une manière abstraite, c'est nous tout entiers, c'est notre personne : un appel lui est adressé : adressé par qui ? par un être réel aussi, par un être personnel. Au fond, tout consiste en ceci : l'appel de Dieu, la réponse de l'âme. C'est là toute la vie morale. Comment donc un simple raisonnement aurait-il la puissance d'opérer dans l'indifférent un changement subit et de nouer entre lui et le divin objet des liens d'âme, si je puis parler ainsi ?

Écoutons Pascal : « Il faut se tenir en silence, et ne s'entretenir que de Dieu qu'on sait être la vérité ; et ainsi on se le persuade à soi-même. » On sait que Dieu est : c'est bien ; mais à quoi sert cette connaissance sèche ? Il faut croire, et « c'est à force de se dire les choses à soi-même qu'on se les fait croire ». « Quand une fois l'esprit a vu où est la vérité, il faut nous abreuver et nous teindre de cette créance, qui nous échappe à toute heure ; car d'en avoir toujours les preuves présentes, c'est trop d'affaire. » Et Maine de Biran dit la même chose : « Il faut que les vérités s'incorporent à nous, et nous pénètrent longtemps, comme la teinture s'imbibe peu à peu dans la laine qu'on veut teindre. Il y a une pénétration lente de chaque jour, une intussusception de la vérité qui doit nous conduire dans toute la vie, qui fait que cette vérité devient à notre âme ce que la lumière du soleil est à nos yeux, qu'elle éclaire sans qu'ils la cherchent. » Et encore : « Quand nous creusons dans la vérité pour la pénétrer, elle creuse aussi en nous pour entrer dans la substance de notre âme. Alors seulement elle devient pratique, et nous est comme une partie de nous-mêmes ; autrement, nos sentiments les plus tendres et les plus vifs, nos résolutions les plus fermes, toutes nos vues momentanément claires et distinctes, ne sont que de vaines ombres, des fantômes passagers [1]. »

Descartes dit quelque part qu'il est très nécessaire d'avoir bien compris une fois en sa vie les principes de la métaphysique, mais qu'il serait très nuisible d'occuper souvent son entendement à les méditer : le meilleur est de se contenter de retenir en sa mémoire et en sa créance les conclusions qu'on en a une fois tirées, puis d'employer le reste du temps qu'on a pour l'étude aux pensées où l'entendement agit avec l'imagination et les sens [2]. C'est un conseil tout opposé qu'il faut donner à qui veut se bien pénétrer des vérités morales. On ne peut trop les considérer. Il faut sans cesse renouveler ses pensées. Il ne faut pas dire : J'ai bien vu cela, je tâcherai de me souvenir de cette vision. Vous ne garderez qu'une image morte ; et, dans l'occasion, vous n'aurez ni lumière en l'esprit ni chaleur au cœur. Cette formule qui, tel jour, à telle heure, était si pleine, si féconde, vous avez cru qu'il vous suffirait de la retenir : si vous ne revenez point sur les choses qui vous l'avaient suggérée, si votre pensée n'est point remise en mouvement, cette formule sera vide et inerte, et elle ne vous servira de rien. Ce sera la lettre toute pure, l'esprit

---

1. Maine de Biran, *Journal intime*, 17 novembre 1820, et octobre 1823.
2. Descartes, *Lettres* (à la Princesse Élisabeth), éd. Cousin, t. IX, p. 134 ; éd. Garnier, t. III, p. 252.

et la vie se seront retirés. Et ainsi en toutes choses. Il ne faut pas dire : Quelles clartés ! Oh ! il fait bon être ici, établissons-y notre demeure. Il faudra redescendre de ces hautes cimes, perdre ces lumières dont on était ébloui, et puis les reconquérir par de nouveaux efforts. Ni la sagesse ni la science ne sont jamais achevées ici-bas : on ne peut jamais se fixer nulle part, s'établir définitivement, se reposer, jouir.

Voilà donc comment les vérités morales entrent dans l'esprit et s'y maintiennent : de là des conséquences faciles à déduire et très importantes. Si l'athée, par exemple, se plaint de ne pas trouver l'existence de Dieu suffisamment prouvée, on peut lui répondre : Vous demandez plus de lumière, et ce n'est pas l'augmentation des preuves que vous devriez chercher, mais la diminution de vos passions. Passions subtiles et délicates, je le veux, car vous êtes un honnête homme ; secret orgueil dont vos semblables peut-être ne souffrent pas, mais qui vous empêche de rendre à la vérité tout ce qui lui est dû ; invisibles faiblesses, qui peut-être ne vous font manquer à aucun de vos devoirs sociaux, mais qui vous rendent coupable de trahison envers la vérité ; enfin toutes sortes d'attaches et d'injustices, de négligences, de lâchetés, petites, je l'accorde, mais multipliées, mais presque aussi vieilles que vous, perpétuel démenti à votre prétendue bonne volonté, perpétuel obstacle à la vérité. Vous ne croyez pas. Eh bien, laissez-moi vous faire respectueusement une question : Êtes-vous sûr de n'avoir rien à vous reprocher ?

Je ne vous accuse pas, je ne vous juge pas. Jugez-vous vous-même. Sondez votre cœur. Examinez votre conscience. Avez-vous fait, avez-vous tâché de faire tout le bien que vous connaissiez? Sérieusement, en conscience, êtes-vous content de vous, ou mécontent? et si vous êtes mécontent, est-ce un mécontentement poétique, et comme une déception d'artiste trompé dans ses rêves et ses aspirations, ou un viril regret de n'avoir pas assez bien usé de la vie, un chagrin pratique de n'avoir pas fait tout ce que vous pouviez? Voyez, et jugez.

C'est ainsi que je parlerais à l'athée si j'entreprenais de lui rendre la foi en Dieu. Renoncerais-je pour cela à opposer à ses raisons des raisons, à ses arguments, des arguments? Ce serait folie. Mais il me serait impossible de mettre toute ma confiance dans les seules ressources de l'argumentation. Comment ne serais-je pas incomplet, insuffisant, et par suite impuissant, si aux moyens intellectuels je n'ajoutais ou ne mêlais les moyens de l'ordre pratique et moral? Un *traitement* approprié à l'état d'âme dont il s'agit, est de rigueur. Cela va de soi. Je veux produire une conviction ayant un caractère moral: je ne puis espérer d'y réussir en ne m'adressant qu'à l'esprit tout seul.

Dans toutes les questions morales, la persuasion réclame l'emploi de moyens semblables. Quand l'ignorance ou l'erreur sont involontaires, l'acceptation de la vérité jusque-là ignorée ou méconnue n'a pas lieu sans que la volonté agisse. Quand l'erreur est volontaire, c'est un véritable mal à traiter. Ici et là, la *méthode morale* se joint à la dialectique rationnelle. La résistance aux preuves les plus péremptoires se prolongerait-elle indéfiniment, il ne faudrait ni s'étonner ni se troubler. C'est une suite de la nature des vérités morales que, la volonté étant rebelle ou insouciante, l'esprit puisse échapper à leurs prises par quelque endroit. Il trouve toujours des difficultés dont il profite, des obscurités dont il tire parti, des apparences de raisons contraires qu'il exploite ; et cela s'explique, nous l'avons vu, par l'économie même de la vie morale : il n'y a rien à en conclure ni contre l'existence *objective* de la vérité ni contre la légitimité des preuves destinées à l'appuyer.

Platon dit admirablement dans le *Phèdre* : La démonstration que je vais faire ne sera pas admise des habiles, mais elle sera acceptée des sages. C'est une démonstration, et il y aura des gens d'esprit, des savants, des habiles, qui ne la comprendront pas : elle n'aura pas d'accès auprès d'eux, ils la repousseront ; mais les vrais sages sauront l'apprécier, ils reconnaîtront ce qu'elle vaut, et ils se rendront à l'évidence. Les premiers, malgré tout leur esprit et tout leur savoir, demeureront incrédules ; les autres croiront. Ἡ δὲ δὴ ἀπόδειξις ἔσται δεινοῖς μὲν ἄπιστος, σοφοῖς δὲ πιστή. C'est dénoncer l'impuissance des « gens d'esprit », qui ne sont que gens d'esprit, des raisonneurs, qui ne sont que raisonneurs, à saisir ce qui

---

1. Platon, *Phèdre*, 245 B.

est d'un autre ordre, à voir les choses de la sagesse, les choses de l'âme, les choses de Dieu. Mais quoi? La raison humaine, avec ses inventions, n'est-elle rien, parce que l'animal est incapable de la soupçonner? La loyauté est-elle une chimère, parce qu'il y a des fourbes qui la méprisent, et le dévouement une folie, parce qu'il y a des égoïstes qui s'en moquent? Ce qui est en haut n'existe-il point, parce qu'il y a des gens qui sont trop bas pour le voir?

L'apparente faiblesse de la preuve morale n'est pas une fâcheuse nécessité, c'est une convenance. Il est bon qu'il faille aller au-devant de la vérité, et l'accueillir, et l'embrasser avec l'âme entière. Il est bon que, pour marquer combien on tient à elle et comment on s'attache à elle, il faille dire : *Je* suis certain, je suis certain que Dieu est, je suis certain qu'il y a une autre vie [1]. Cela n'empêche pas de dire : *Il* est certain que Dieu est et qu'il y a une vie future.

Semble-t-il que, malgré tout, il y ait là un cercle, les preuves, s'il faut aimer et vouloir pour croire, n'ayant de valeur que celle qu'on veut bien leur accorder? Les preuves, nous l'avouons, sont inefficaces si la volonté n'est pas gagnée : c'est que, tant que la volonté n'est pas gagnée, il y a nécessairement incompétence; la bonne volonté qui ferait cesser l'incompétence, ferait cesser l'opposition. Mais qu'entendons-nous par la volonté gagnée? Entendons-

---

1. Kant, *Critique de la raison pure*, à l'endroit cité plus haut : *De l'opinion, du savoir et de la foi.*

nous un acquiescement qui précède l'assentiment de l'esprit? Alors il y aurait cercle. Nous ne disons pas cela. Cet acte de bonne volonté dont nous parlons, c'est un consentement d'une volonté droite à la vérité non encore connue ; sans doute, mais précisons : c'est une disposition à reconnaître et à embrasser la vérité, quelle qu'elle soit, et coûte que coûte ; si c'est un acquiescement à ceci ou à cela, c'est un acquiescement virtuel. La question n'est pas préjugée. Une seule chose est préjugée, et une promesse est faite, c'est que la vérité sera accueillie de bon cœur, et déjà on souhaite qu'elle paraisse, on l'appelle, on la salue par avance, on lui jure fidélité. Tout ce qu'il y a de bon, de noble, de généreux dans l'âme, s'émeut en sa faveur, et va comme au-devant d'elle. On désavoue tout ce qui pourrait lui faire obstacle, on déteste tout ce qui serait un empêchement à son avènement dans l'esprit et à sa parfaite diffusion. Voilà comment et en quel sens la vérité peut être aimée avant d'être connue. Or, de telles dispositions morales excitent à chercher, avec effort et sans peur de la peine, ce bien qu'on aime sans le connaître. J'ajoute que de telles dispositions rendent impossible un aveuglement durable, définitif. Est-ce à dire que du jour où ces bonnes dispositions commencent, l'esprit ait déjà pris son parti? Nullement : faire sa soumission par avance à la vérité quelle qu'elle soit, ce n'est pas renoncer à user de sa raison pour discerner le vrai du faux, c'est tout simplement se mettre à même d'opérer d'une manière plus aisée et plus sûre ce discernement. La vérité appelle la vérité : la droiture d'âme, la fidélité courageuse à ce qu'on a de lumière, la simplicité, l'humilité d'un esprit qui cherche avec sincérité une lumière plus abondante, tout cela est vérité ; une telle âme est dans un état vrai, elle est, d'une certaine manière, dans le vrai. La vérité dans les choses, la vérité du dehors viendra à elle, et l'illuminera.

Où est ici le cercle ?

Quand ensuite on a commencé à connaître, on aime ce qu'on connaît, et l'on se rend ainsi capable de connaître davantage. En ce sens-là donc, Pascal a raison : il faut aimer pour connaître [1]. Absolument, qui ne connaît pas du tout, ne peut aimer : c'est incontestable. Mais, sans connaître précisément ceci ou cela, on peut aimer la vérité d'une manière générale, puis, quand on connaît déjà un peu, sur un point donné, parce qu'on aime, on regarde mieux, et l'amour procure des connaissances nouvelles qui elles-mêmes enflamment davantage l'amour. C'est un progrès perpétuel, « et les deux opérations s'excitent et se perfectionnent sans cesse l'une l'autre [2]. »

Concluons que la *certitude morale* est une certitude fondée en raison, d'un ordre à part, mais parfaitement légitime, et qu'il est possible de la faire valoir hors de soi, de la soutenir par des preuves solides, de la communiquer par une méthode à la fois rationnelle et morale. Non seulement c'est une persuasion dont l'on se

---

1. Pascal, *De l'esprit géométrique* (2º part., *art de persuader*).
2. Bossuet, *Méditations sur l'Évangile* ; La Cène, 2º part., 37.

trouve bien, que l'on garde comme un cher trésor, que l'on souhaite aux autres comme un très grand bien : c'est une conviction dont on établit la valeur *objective*, et on peut l'imposer aux autres ; on leur montre, en effet, et les raisons qui la fondent et le devoir de se la procurer.

IV

QU'IL N'Y A POINT DE PRÉSOMPTION A DÉCLARER OBJECTIVEMENT CERTAINES LES VÉRITÉS MORALES ET A LES FAIRE VALOIR COMME TELLES HORS DE SOI.

Imposer la vérité aux autres : le peut-on sans orgueil ?
Si je dis : J'ai la vérité, moi qui crois ; si je vous condamne, vous qui ne croyez pas, je me fais votre juge. Si je dis : C'est aux sains d'esprit qu'il appartient de juger, je me déclare sain d'esprit. Si je dis : Il y a des conditions morales de la certitude des choses morales, je prétends que je remplis ces conditions. Ainsi toute tentative de faire valoir hors de moi et d'imposer à autrui ce que je crois, est un orgueilleux témoignage de satisfaction que je me décerne à moi-même, et une violence que je fais à autrui.

Cependant, je ne puis ni m'abstenir de vous condamner, ni cesser de dire que c'est aux sains d'esprit qu'il appartient de juger, ni renoncer à rappeler que les conditions morales manquant, on n'est pas compétent dans les choses morales. Est-il donc si clair qu'il y ait à cela de l'orgueil? Est-ce qu'en tout ordre de connaissances il ne se passe pas quelque chose d'analogue? Et faut-il accuser d'orgueil, taxer de présomption quiconque dit qu'il voit le vrai et qu'il y tient?

Vous me répondez qu'une conviction purement personnelle ne me donne pas le droit d'affirmer que l'objet que je reconnais est vrai en soi, universellement vrai; que vous qui ne croyez pas, vous ne condamnez pas ma foi; que moi, ne pouvant pas vous prouver la réalité de ce que je crois, je ne puis condamner vos négations, et qu'ainsi nous devons l'un et l'autre demeurer en paix, nous gardant bien, vous d'entreprendre contre ma foi, moi de vous reprocher de ne croire point.

Mais non: cela ne se peut pas.

Je crois en Dieu. Vous ne croyez pas en Dieu. Que dois-je penser de ce dissentiment?

Votre négation doit-elle ébranler ma foi? Non.

Mais si elle ne doit pas ébranler ma foi, c'est que vous avez tort de nier ce que j'affirme: dès lors, ce que j'affirme existe en soi, et ma foi n'est pas un fait purement *subjectif* et *personnel*.

Là où mes dispositions personnelles sont presque tout, je ne m'arroge pas le droit de blâmer ceux qui ne sentent pas comme moi: je maintiens seulement que je sens de telle ou telle manière. La saveur de ce fruit me plaît: elle ne vous plaît pas. Qu'y faire? Je ne conteste pas votre sensation, je vous prie de ne pas contester la mienne, et voilà tout. Mais, s'il fait clair, et que dans cette pleine lumière vous déclariez que vous n'y voyez pas, je ne me bornerai pas à maintenir que j'y vois, j'ajouterai que vous devriez y voir aussi, et que, si en effet vous n'y voyez point, c'est que vos yeux sont malades. Est-ce présomption de ma part? Point du tout. C'est à celui qui est sain qu'il appartient de juger.

Vous ne croyez pas en Dieu : non seulement je persiste à croire en Dieu pour mon propre compte, mais je n'hésite pas à penser que vous avez tort de n'y pas croire; je vous juge et vous condamne, et si je ne le faisais pas, quelle foi serait-ce donc que ma foi?

Vous ne croyez pas ce que vous devriez croire : vous êtes malade.

Votre maladie peut avoir bien des causes, et voilà pourquoi je ne prétends pas déterminer jusqu'à quel point vous êtes coupable. Ceci est une autre affaire : je ne me fais point le juge de votre faute. Mais je ne puis pas ne pas vous trouver en faute. Je dis donc seulement, mais je dis hardiment : Vous êtes malade, vous ne pensez pas comme vous devriez penser, vous êtes dans le faux; et je ne puis dire autrement, à moins de renoncer moi-même à croire ce que je crois.

Ma conviction est personnelle en ce sens qu'elle tient aux entrailles mêmes de mon être ; mais je pense que tous devraient avoir la même conviction, et que s'ils ne l'ont pas, la cause en est non dans l'objet même, lequel est certain, mais en tels ou tels obstacles qui empêchent de le voir.

Voilà ce qu'il faut bien entendre.

Il y a des manières de voir auxquelles un homme d'un sens droit peut être fort attaché sans jamais songer à les imposer aux autres. Sa nature d'esprit, son caractère, son éducation, tout un ensemble de circonstances particulières les explique. Il les juge bonnes, mais bonnes pour lui plutôt que bonnes en soi. Il y persiste, il se reprocherait de les abandonner, et pourtant il ne blâme pas ceux qui ne les partagent point. Il comprend, il admet qu'on pense autrement: cela lui semble naturel et légitime.

L'homme religieux, convaincu de l'existence de Dieu, est-il dans ces dispositions? y doit-il être? y peut-il être? Non : c'est précisément une conviction inséparable de sa foi, qu'il n'y a sur ce point qu'une seule bonne manière de penser, et que c'est la sienne. Donc les autres sont mauvaises : elles ne sont ni conformes à la nature, ni légitimes.

En maintes occasions, les doutes et les dénégations, les objections et les controverses ne sont pas un motif suffisant de se renfermer en soi et de dire : Ceci est vérité pour moi, j'y demeure attaché, mais je n'ose soutenir que ce soit vrai absolument.

Je ne retire pas ce que j'ai dit plus haut de la bonne foi : il y a des cas où l'erreur est involontaire et alors elle n'est point une faute. Mais, s'il faut excuser celui qui se trompe sincèrement, si même il faut, à moins d'une culpabilité évidente, supposer toujours la sincérité chez autrui, l'erreur, en tant qu'erreur, demeure condamnable : je la condamne donc, et je maintiens le double devoir, d'abord de suivre fidèlement ce qu'on a de lumière, ensuite de travailler à rejeter l'erreur dès qu'on commence à l'entrevoir.

Vous me direz que c'est bien de l'assurance et bien de la hardiesse que de prétendre savoir comment les autres doivent penser? Je répondrai que c'est de la lumière même ou de la force de la vérité que vient à une pauvre intelligence humaine cette assurance, cette hardiesse. Si la vérité se montre assez à elle pour la rendre sûre de la manière dont elle doit penser, du même coup cette intelligence, sans perdre le moins du monde le sentiment de sa faiblesse, est capable de juger comment doivent penser les autres. Son devoir, s'il n'est point une illusion et une chimère, est aussi le devoir des autres.

A parler exactement, je ne vous impose rien : je vois que ce qui m'est imposé, vous l'est aussi, parce que vous êtes homme aussi bien que moi, parce que vous êtes, comme moi, un être raisonnable. Je n'exerce sur votre esprit aucune domination : je reconnais que vous êtes soumis au même empire que moi, et cet empire, c'est celui de la raison, c'est-à-dire de la vérité. Je vous juge par la même autorité qui me permet de me juger moi-même; et cette autorité est compétente, parce qu'elle est dérivée de l'autorité souveraine qui appartient à la vérité et qui a le droit de vous commander tout comme à moi.

Tous nos jugements sur la valeur des hommes et des choses ont ce caractère : c'est dans notre raison et notre conscience que nous trouvons les motifs qui les fondent ; mais nous croyons interpréter dans nos arrêts l'universelle raison et l'éternelle justice. Telle est notre grandeur. Nos sentences expriment en notre langage humain, imparfait et défectueux, la vérité même, et c'est au nom d'un plus grand, d'un plus fort, d'un meilleur que nous, que nous prononçons au dedans de nous et au dehors.

Serait-ce être un homme que de n'être point capable de décider, en voyant agir un autre homme, qu'il fait bien ou qu'il fait mal ? Quoi de plus simple et de plus ordinaire, de plus naturel et de plus légitime que ces sortes de jugements ? Chacun a dans sa conscience une règle et une mesure qu'il applique aux actions des autres comme aux siennes propres ; mais si chacun, en jugeant ainsi, était réduit à soi seul, ces approbations ou ces condamnations ne seraient-elles pas chose abusive et exorbitante ? Et, de fait, dès qu'elles semblent dictées par la passion, dès qu'elles prennent le caractère de l'arbitraire et du caprice, elles perdent toute valeur, et la conscience d'autrui, à son tour, se soulève contre elles. Qu'est-ce à dire, sinon qu'elles ont, quand elles sont justes, une autorité qui ne leur vient pas de l'homme même, et que la conscience et la raison appliquent des règles qu'elles ne font pas, des règles supérieures et éternelles ?

Toute accusation d'orgueil et de présomption est

donc écartée. On ne taxe point d'arrogance ou de témérité le juge qui applique la loi.

Kant, qui trouve illégitime la prétention de *faire valoir hors de soi* la foi morale, ne dit-il pas qu'on peut imposer aux autres hommes les *jugements de goût* d'une manière nécessaire et universelle ? Dans l'analyse si pénétrante qu'il fait de ces jugements, il remarque qu'on ne peut déclarer une chose *belle* sans penser que ceux qui n'en reconnaissent pas la beauté se trompent : ce qu'on admire, tout esprit sain le doit admirer aussi[1]. Mais quoi ! j'aurai le droit de blâmer, de condamner celui qui n'admire pas une belle statue ou un beau poème, et je ferai une chose illégitime en blâmant, en condamnant celui qui nie Dieu ! Kant s'abuse. S'il n'y a ni orgueil ni témérité à faire valoir hors de soi les jugements de goût, il n'y a ni témérité ni orgueil à faire valoir hors de soi les affirmations de la foi morale.

Qu'est-ce, en définitive, que proposer et imposer à autrui comme vrai ce qu'on admet soi-même ? En tout ordre de connaissances, c'est faire voir à autrui ce qu'on voit soi-même. Démontrer une chose, c'est faire voir qu'elle est, et les mêmes raisons qui en établissent la vérité à nos propres yeux, l'établissent aussi aux yeux des autres. Dans l'ordre moral, pour bien voir la vérité, il faut vouloir qu'elle soit : pour la faire voir, il faut la faire vouloir. La lumière, ici comme partout, existe sans nous : mais nous avons le devoir de la chercher ; la vé-

---

1. Kant, *Critique du Jugement*, §§ 8 et 9.

rité morale est évidente, et il est obligatoire de se mettre à même de reconnaître cette évidence. Il n'est pas commandé de voir, cela ne signifierait rien : il est commandé d'ôter l'obstacle qui empêche de voir, il est commandé de prendre les moyens de voir, les moyens de voir plus quand on voit peu, de voir mieux quand on voit mal. Et dès lors, pourquoi ne pourrait-on pas imposer aux autres comme vrai ce qu'on reconnaît soi-même comme tel? Le tout est de les amener à voir. Est-ce donc leur faire violence? Est-ce empiéter sur leur droit? Mais alors j'attente à votre liberté quand je vous démontre un théorème de géométrie, car je ne vous laisse pas découvrir tout seul le vrai. Ou bien, s'il est permis de faire voir aux autres ce qu'on voit soi-même, en mathématiques et ailleurs, pourquoi serait-il interdit de les préparer et de les amener à voir, là où une semblable préparation est nécessaire? Leur signaler les obstacles qui gênent leur vue, leur indiquer les moyens de la guérir, si elle est malade, de la fortifier si elle est faible, ce n'est point leur faire tort, à ce qu'il me semble, c'est leur rendre service.

C'est la même faculté, la raison, qui discerne la vérité dans l'ordre moral et dans l'ordre spéculatif pur; mais certaines conditions doivent être réunies pour que cette faculté s'exerce régulièrement et efficacement : or, dans l'ordre moral et pratique, ces conditions sont morales et pratiques elles-mêmes, ce qui est tout naturel. Remarquer cela, c'est, non pas ouvrir, mais fermer la porte au scepticisme.

Si l'on vient nous dire que cette raison, chargée de discerner le vrai du faux, n'est pas un juge infaillible, nous en conviendrons sans peine. Nous demanderons seulement à bien nous entendre sur le sens des mots. La raison n'est point infaillible d'une manière absolue, parce qu'elle est finie; mais elle est infaillible en une certaine sphère, parce qu'elle est raison. « Elle ne peut se tromper à l'égard des propositions qui sont connues par elles-mêmes ; et de là vient l'infaillibilité de ce qui est déduit avec certitude des premiers principes[1]. » Elle a donc en elle un principe de certitude, une règle de certitude. Dans le travail souvent compliqué et difficile sans lequel elle ne saurait étendre ses connaissances, elle peut errer, et elle erre souvent. La sûreté de ces conclusions dépend, en bien des cas, de conditions qui se trouvent en dehors de la raison elle-même; elle dépend particulièrement des dispositions morales de celui qui pense. Mais ni ces erreurs possibles et même fréquentes, ni ces nécessités ou ces convenances n'autorisent le scepticisme : comme elles n'empêchent point la raison d'être infaillible en une certaine sphère, elles ne lui ôtent point le droit de juger et d'affirmer.

Le double caractère de la raison se reflète dans le langage commun. On distingue bien des sortes de raisons,

---

1. Saint Thomas, *Summa theologica*, 1ª, q. 85, a. 6. — Voir aussi le remarquable *Examen de la doctrine de Lamennais*, par le P. Rozaven, et, dans la *Philosophie scolastique exposée et défendue*, par le P. Kleutgen, les chap. III et IV de la 3ᵉ *Dissertation* (trad. franç., t. I, p. 501 et suiv.)

et en même temps on parle de la raison comme si elle était une règle universelle et infaillible. Ces variations du langage sont très remarquables. De la raison corrompue on en appelle à la saine raison, celle-ci revise et casse les arrêts de celle-là. Il y a aussi comme des degrés différents de raison. Une raison plus haute comprend ce qu'une raison inférieure ne soupçonne pas ou refuse d'admettre. Elle monte plus haut, elle voit plus. A tout ce que l'autre connaît, elle ajoute ses propres visées. Elle ne détruit pas la première, elle s'appuie sur elle et la dépasse. Trop souvent la raison inférieure prenant sa mesure pour la mesure des choses, supprime en quelque sorte, par une téméraire et insolente négation, tout ce qu'elle ne voit pas. La raison supérieure ne nie rien de ce qui lui échappe; elle nie que son horizon, si vaste qu'il soit, égale l'étendue des choses, et, par cette sage et féconde négation, elle efface pour ainsi dire les inévitables limites de tout esprit créé. Plus l'esprit monte, moins il est tenté de croire que les hauteurs où il parvient soient les dernières de toutes. Une vulgaire prudence fait regarder comme une folie de très belles et de très nobles choses. Elle ne comprend pas le cœur, elle ne comprend pas le dévouement, la générosité, l'héroïsme : au nom de la raison, elle condamne tout cela. Raison étroite et mesquine, désespérante sagesse, qui a peur de tout excès, même de cette sorte d'excès qui, selon Descartes, rend les choses, de bonnes qu'elles étaient, meilleures encore et plus excellentes. Il y a là de quoi faire prendre en horreur la raison et la sagesse à quiconque se sent dans l'âme un peu de flamme et un peu d'élan. Mais précisément une raison plus haute découvre, en ces choses que condamnent les faux sages, une beauté, une grandeur, une vérité, une sagesse d'un ordre supérieur; elle connaît ces raisons du cœur que la raison mesquine et commune ne connaît pas; elle approuve les divines folies de la charité. Il est clair qu'en parlant ainsi, on considère la raison dans le *sujet* qui pense et qui juge. D'autres fois, au contraire, ce qu'on appelle raison, c'est la lumière même et la règle des jugements. On dit alors qu'il faut obéir à la raison et qu'il faut la suivre. « La raison commande bien plus impérieusement qu'un maître : en désobéissant à l'un, on est malheureux, en désobéissant à l'autre, on est un sot. » Mais ici les difficultés recommencent : car tout le monde invoque la raison, tout le monde veut avoir la raison pour soi. On entend par là l'universelle raison, la pure raison, la vérité, qui doit être la même pour tous; et cependant, ici encore, il y a raison et raison. Qui décidera entre ces juges rivaux qui se disent tous compétents? Un homme peut avoir raison contre tout un peuple; mais une autre fois c'est le bon sens de tous qui condamne les erreurs du sage le plus autorisé. Platon proteste, au nom de la conscience, contre des erreurs presque universelles; il a raison contre les préjugés des Athéniens ignorants et contre les subtilités des sophistes enivrés d'une fausse science : serait-il tout seul de son avis, tout seul il maintiendait que mieux vaut souffrir l'injustice que la commettre, et il ferait bien. Mais il y a une conscience publique qui maintient les droits de la famille contre les utopies du sage Platon. Toujours on fait appel à la raison et à la conscience : mais tantôt c'est dans l'individu, tantôt c'est dans le public qu'on en cherche l'écho. Où est donc le vrai juge ? Celui qui est sain d'esprit et de cœur. Sans doute. Mais celui-là même, qui est-il ? Aujourd'hui c'est moi, demain ce sera vous ; ou plutôt, le même jour, en deux cas différents, ce sera moi ici, et vous là. Qu'est-ce que ce tribunal qui se déplace toujours ? On trouve autant de juges qu'il y a d'hommes, et chacun donne pour règle sa propre raison et sa propre conscience.

Ainsi revient sans cesse la même objection : la vérité est ce qui paraît à chacun, ce que chacun pense, ce que chacun croit. Mais je trouve une réponse à l'objection dans ce fait même que pour juger nous nous fions tantôt à nous seuls, tantôt aux autres, et parmi eux tantôt à celui-ci, tantôt à celui-là. Si Platon peut avoir raison sur un point contre tous ses concitoyens, et si le plus humble écolier à son tour peut redresser Platon sur un autre point, n'est-ce pas que la mesure des choses n'est ni Platon ni le peuple d'Athènes ni cet enfant ? Tous ont un maître commun qu'ils consultent avec plus ou moins d'attention, qu'ils écoutent avec plus ou moins de fidélité. Et voilà cette universelle raison, qui n'est plus la raison de l'homme, et à laquelle tout le monde fait appel. Chacun juge, chacun ne peut juger qu'avec son propre esprit, mais bien juger, qu'est-ce enfin sinon reconnaître à certaines marques où est la vérité ? C'est vous, c'est moi, qui, avec notre esprit, avec notre raison, discernons le vrai ; mais ce que nous savons reconnaître comme tel, en des organes si différents, dans les discours des doctes ou sur les lèvres des simples, en nous ou dans nos amis, et dans nos ennemis mêmes, c'est quelque chose qui est distinct de l'homme, indépendant de l'homme, supérieur à l'homme. Il n'y a point d'interprète unique et permanent de cette universelle raison. Seul, l'homme sain d'esprit, sage, droit, bon, serait toujours compétent pour prononcer sur le vrai et le faux, sur le juste et l'injuste : avec sa science et sa vertu, il serait la mesure des choses, la règle de la spéculation et de la pratique. Pourquoi ? Parce que, toujours conforme dans ses pensées et dans ses actes à l'éternelle vérité, il la laisserait en quelque sorte parler et agir en lui. Un tel homme est un idéal, il n'est nulle part, en ce monde où il n'y a rien d'achevé, et où l'effort et la lutte sont les conditions de la pensée et de la vie ; mais les traits de cette complète et idéale perfection sont épars çà et là, et chaque homme est capable de les reconnaître ou en réalise quelque chose en soi, à mesure que lui-même est sage et bon. La compétence de chacun croît avec la sagesse et la bonté morale de chacun. Et puis il y a des vérités qui sont tellement essentielles à l'humanité qu'elles ne peuvent jamais disparaître entièrement : celles-là se retrouvent plus ou moins confusément dans ce bon sens public qui croît aussi ou décroît avec la civilisation et les mœurs, mais qui ne périt jamais complètement. Si donc il y a tant de juges des choses morales, et si tantôt c'est l'avis d'un seul qui prévaut, et tantôt la voix de tous, c'est, répétons-le une dernière fois, c'est que personne n'est juge pour son propre compte, en son propre nom, c'est que la vérité, en soi, n'appartient à personne : elle règne sur tous. Ce n'est ni l'individu ni le nombre qui décide : c'est la vérité.

Maintenant, j'en conviens, les hommes aspirent à trouver quelque part, établie d'une manière sensible, cette royauté de la raison et de la vérité. Chose singulière ! Ils revendiquent sans cesse la liberté du jugement individuel, et sans cesse ils sentent le besoin d'une règle extérieure. Ils entendent juger par eux-mêmes et des personnes et des choses, et pourtant ils voudraient que la raison eût un sanctuaire fixe où elle rendît d'infaillibles oracles, fournissant à toutes les questions des réponses nettes et décisives. Tantôt ils semblent croire qu'il n'y ait qu'à rentrer en soi-même pour y trouver la solution de toutes les difficultés spéculatives et pratiques, et, avec une doctrine religieuse complète, le code parfait de la morale naturelle. Tantôt ils consultent ce qu'ils appellent la sagesse des nations, et ils cherchent, contre les erreurs des particuliers, un abri dans le bon sens public. Ce double besoin et ce double mouvement méritent toute l'attention du philosophe. Ni la raison particulière ne peut être supprimée, ni elle ne suffit : on ne peut se passer d'elle pour juger, et en un sens c'est elle qui décide en dernier ressort; on ne peut se contenter d'elle, et il n'y a personne qui ne cherche des appuis étrangers. L'antiquité grecque avec ses citoyens si fiers, si indépendants, si jaloux de leur liberté, a toujours souhaité que l'État fût la règle sensible et commune des intelligences, et la loi, expression de la raison publique, a été appelée la reine du monde. La loi, νόμος, cet ensemble de coutumes et d'usages, d'institutions et de prescriptions, vénérables par leur origine ancienne, appropriées plus ou moins à l'esprit de chaque peuple, en accord plus ou moins complet avec la raison et la conscience, voilà ce qu'ils ont toujours élevé au-dessus des sentiments et des volontés de l'homme individuel, et ils ont admis que la loi s'étendît à toutes choses, embrassât toutes choses. Platon, après avoir tant de fois opposé aux préjugés communs la raison ferme et droite du seul Socrate, rêve une cité idéale où la loi, souveraine maîtresse, règle ce qu'il faut croire et ce qu'il faut faire, et assujettisse par les plus minutieuses prescriptions toute âme d'homme à la raison et à la sagesse, à la vertu et à la justice. Aristote ne forme point de ces rêves; mais lui qui répète si souvent que chaque homme de bien est comme la règle vivante et la mesure de la vertu, ne dit-il pas que la loi, la loi civile, commande tout ce que prescrit la droite raison, et que c'est elle enfin qui fait un devoir positif, une obligation proprement dite, des inspirations de la sagesse et de cette beauté morale dont la raison déclare le prix et l'immortel agrément? Ainsi l'antiquité grecque, cherchant en dehors de l'individu une règle fixe du vrai et du bien, une loi devenue sensible, n'a trouvé que l'État et la loi civile. L'opinion publique n'est-elle pas chez nous quelque chose d'analogue à ce qu'était la loi chez les anciens Grecs, si l'on donne au mot νόμος toute son extension? C'est chose aussi complexe, aussi variée, beaucoup plus souple, beaucoup plus mobile, avec des exigences non moins impérieuses. L'opinion publique juge, décide, commande: c'est la reine du monde. On se révolte contre elle, comme Socrate et tant d'autres se révoltèrent contre le νόμος; mais on l'invoque, on en appelle à elle, on veut l'avoir pour soi: on aspire souvent à la diriger, pour diriger par elle tout le reste; mais on la suit plus qu'on ne la guide. Si elle était tout ce qu'elle doit être, constante au lieu d'être capricieuse, éclairée au lieu d'être aveugle, on trouverait en elle, comme Aristote dans la loi civile parfaite, l'expression de la droite raison. Telle qu'elle est, avec ses brusques saillies et ses retours soudains, elle exerce sur tous son empire : les plus grands et les plus forts sentent sa puissance. Mais ni la loi des anciens Grecs ni l'opinion publique des modernes ne satisfait à ce besoin d'une règle extérieure, qui s'unit dans l'homme au besoin de la liberté. Cette règle, le Christianisme seul, et dans le Christianisme, l'Église catholique seule, l'a donnée au monde. Ce n'est pas le lieu d'insister sur ce fait frappant; mais ce n'est pas sortir de notre sujet que de le constater. Seule, l'Église catholique, réclamant de chacun une adhésion au vrai, propre, personnelle, place au-dessus de tous une règle constante, invariable, qui triomphe des dissentiments, et maintient la plus merveilleuse unité qui se puisse concevoir. M. Cournot dit quelque part : « La langue que nous parlons n'est après tout (nous le reconnaissons sans peine) qu'une langue *comme une autre;* le gouvernement qui nous régit est un gouvernement *comme un autre;* mais, de bonne foi, la religion que nos pères nous ont transmise, n'est pas une religion *comme une autre* (*una e multis*). Elle remplit dans l'histoire du monde civilisé un rôle unique, sans équivalent, sans analogue[1]. » Une des singularités les plus remarquables de ce rôle, ajouterai-je, c'est précisément d'avoir fourni aux hommes ce que les hommes souhaitent, une règle fixe du vrai et du bien, dans l'ordre surnaturel et proprement chrétien sans doute, mais aussi dans l'ordre naturel, et cela sans méconnaître les droits de la raison individuelle. Nulle part ailleurs, quoi qu'en puissent dire des esprits ignorants ou prévenus, nulle part ailleurs, le double besoin de l'homme ne reçoit une telle satisfaction, nulle part ailleurs la liberté du jugement individuel et l'autorité d'une règle extérieure ne sont ainsi conciliées ; et c'est une des marques de la vérité du Christianisme que cette conformité aux plus profondes aspirations de la nature humaine.

Deux choses néanmoins doivent être rappelées et maintenues : la première, c'est que la vérité, sans avoir nulle part dans le domaine de « l'homme purement homme » un siège fixe, un tribunal permanent, un

---

1. Cournot, *Traité de l'enchaînement des idées fondamentales*, l. V, chap. IV, n° 593.

organe infaillible, est cependant la maîtresse des esprits et des volontés, puisque c'est elle qui éclaire la raison et qui parle dans la conscience. La seconde, c'est que l'existence d'une règle infaillible et extérieure de la foi et des mœurs dans l'Église catholique, n'empêche pas la certitude que nous avons par l'évidence personnelle de précéder toute autre certitude, mais suppose, comme tout le reste, que l'homme possède une règle de la certitude dans sa nature raisonnable même : sans quoi, l'autorité de l'Église ne pourrait être reconnue par lui. Encore donc qu'il y ait pour l'homme des auxiliaires puissants et même indispensables, et que les rejeter et les mépriser soit une folie ou une faute, c'est une nécessité (à moins de tomber dans le scepticisme ou dans une sorte de fanatisme) d'admettre et de soutenir que dans la raison individuelle se trouve la règle par laquelle nous discernons le vrai du faux en tout ce que d'autres nous apprennent sur les choses qui dépassent les sens ; une règle externe étant nécessairement précédée de quelque connaissance certaine, il faut qu'il y ait en nous-mêmes une règle de la certitude indépendante de toute règle extérieure, et les premiers principes de la pensée sont en définitive cette première règle de la certitude. Mais, si les principes apparaissent à chacun, ce n'est pas que chacun en ait comme la propriété exclusive : la raison, en tant que faculté de connaître, est propre à chacun, ce que la raison connaît est universel. Nous retrouvons donc, aux racines mêmes de l'intelligence humaine, si je puis parler ainsi, cette universalité que nous cherchons. Il n'y a point de jugement digne de ce nom, sans « ce consentement de soi-même à soi-même, non à autrui[1], » dont parle Pascal; mais prenons garde, ce consentement de soi-même à soi-même, c'est le consentement à la vérité, qui n'est pas nous, qui est la même pour tous, et qui nous domine : « elle nous commande plus impérieusement qu'un maître ; » si nous voulons lui désobéir, que sommes-nous, sinon « des sots, » des fous, ou des coupables ?

Nous voilà ramenés à la proposition principale où se résume en quelque sorte toute cette étude : c'est pour tout homme un devoir de ne pas faire obstacle à la vérité. Que l'on parle d'une règle extérieure du vrai ou que l'on n'en parle pas, cette proposition garde toujours toute son importance. Il faut persuader aux hommes qu'ils ont quelque chose à faire pour connaître et pour juger, et que si « le plus grand dérèglement de l'esprit, c'est, selon la belle parole de Bossuet, de croire les choses parce qu'on veut qu'elles soient[2], » c'est un devoir essentiel de se mettre en état de voir les choses telles qu'elles sont en effet. Bien juger ne regarde donc pas l'entendement tout seul, c'est aussi affaire de volonté : la volonté ôte l'obstacle qui empêche la vue. Les hommes ont donc des devoirs intellectuels, des devoirs envers la vérité, et leur rappeler ces devoirs, c'est le meilleur moyen de diminuer la division des esprits. Les

---

1. Pascal, *Pensées*.
2. Bossuet, *Connaissance de Dieu et de soi-même*, ch. I, art. 16.

dissentiments sur les questions les plus graves sont nombreux et profonds, les luttes d'idées sont fréquentes et terribles : ne dirait-on pas que la division est partout? C'est la condition de l'humanité; et la présence même d'une règle extérieure infaillible dans l'ordre religieux n'empêche point les disputes et n'épargne point aux plus dociles, aux plus fidèles, les efforts et le labeur de la pensée. Que dis-je qu'elle n'épargne point? Socrate compte quelque part au nombre des privilèges de l'homme la peine qu'il lui faut prendre pour connaître, ἐκπονῆσαι πρὸς μάθησιν [1]. Rien ne peut, rien ne doit nous ôter cette noble peine : jouir n'est pas notre lot en la vie présente : il faut, en des conditions et sous des formes diverses, travailler et lutter, toujours et partout. Que chacun fasse donc ce qu'il a à faire, que chacun s'efforce de remplir son devoir, tout son devoir, à l'égard de la vérité, et chacun travaillera pour sa part à diminuer les dissentiments, chacun portera remède, selon son pouvoir, à la division des esprits. Il semblera que tout soit toujours à recommencer. Mais un bien réel se fera. La vérité donne la vraie liberté et la vraie paix. C'est à elle qu'appartient l'empire : si, par les efforts de chacun, son règne effectif fait des progrès, elle ne peut manquer d'affranchir et d'unir les esprits.

Ne pas faire obstacle à la vérité, se rendre capable de voir et de reconnaître la vérité : grand et fondamental devoir, qui concerne tous les ordres de connaissances,

---

1. Xénophon, *Mémorables*, I, IV, 13.

mais particulièrement important et particulièrement délicat et difficile, quand il s'agit des choses morales. Là comme ailleurs, il y a certitude rationnelle, ou c'en est fait de la certitude, et tout est livré à l'instinct, ou au sentiment; mais la certitude n'est pas seulement rationnelle, elle est morale aussi, et le méconnaître ce serait méconnaître la nature des choses et la nature de l'esprit humain. Il n'y a partout qu'une seule et même raison; entre la connaissance et la croyance, entre la science et la foi, il n'y a ni contradiction ni désaccord; mais il y a un ordre supérieur de vérités où la croyance s'unit et s'ajoute à la connaissance, où la foi est une des conditions de la certitude. Cet ordre supérieur ne s'élève pas sur les ruines de tout le reste : il domine tout, mais il suppose ce qu'il dépasse; l'homme, pour y arriver, a besoin de toutes les forces unies de son âme, et la raison, pour en juger, a besoin d'une préparation appropriée. Tout cela en prouve l'excellence. Ceux qui ne le connaissent pas, le disent chimérique : mais ils n'ont pas le droit d'en parler. Les choses morales, les choses divines échappent à qui n'en vit point et n'en veut point vivre. Le mépris ou la négligence rend incompétent. La bonne volonté ne forme pas la créance, mais elle la prépare ; elle ne fait pas naître la lumière, mais elle dispose l'esprit à la voir. On n'arrive pas à croire les choses parce qu'on veut qu'elles soient : on arrive à voir qu'elles sont en effet, parce qu'on veut, quoi qu'il en puisse coûter, voir, non ce qui plaît, mais ce qui est. Si donc il y a des efforts à faire, on les fait; s'il y a des difficultés à vaincre, on les combat; s'il y a des répugnances à surmonter, venant d'une raison trop faible ou d'une volonté vicieuse, on en triomphe; s'il y a des sacrifices à accomplir pour demeurer fidèle à ce qu'on a de lumière, on les accepte d'avance, et l'occasion survenant, on les accomplit. La vérité ne s'impose pas à l'esprit avec cette évidence irrésistible, qui dans l'ordre géométrique, par exemple, rend impossible toute objection. Il y a assez de clartés pour que croire soit raisonnable et obligatoire; mais là même où il y a connaissance au sens propre du mot, cette connaissance étant indirecte, médiate, et laissant subsister des difficultés et des ombres, il y a dans l'adhésion de l'esprit une part de foi. La certitude est *morale*, non en ce sens vulgaire où ce qui est moralement certain est ce qui est très probable, ou tout au plus ce qui est fondé sur le témoignage des hommes et plus généralement sur ces lois constantes découvertes par l'observation du cœur humain. La certitude morale dont nous parlons est plus et mieux que cela : elle est dite morale parce qu'elle dépend de dispositions proprement morales. Elle est tout ensemble assentiment de la raison et consentement de la volonté; elle est savoir et foi. La foi morale, comme toute foi, a ses obscurités : son objet est si haut, et nous le regardons de si loin! Ne voyons-nous pas mieux ce qui est plus à notre portée? et, si nous prenons l'habitude de ne considérer et de n'estimer que cela, ne sommes-nous pas tentés de ne compter que cela comme certain? Les choses d'en haut semblent perdues dans la nuit, et, comme après tout nous ne vivons le plus ordinairement que dans la région des sens ou dans la région moyenne de la raison vulgaire, quelque ombre enveloppe toujours pour nous les cimes. Ou plutôt c'est la clarté même des choses communes qui nous dérobe les choses de l'âme, les choses morales, les choses divines : pour les voir, il nous faut entrer dans une sorte de nuit. Ainsi la splendeur de notre soleil voile à nos yeux infirmes l'éclat de ces milliers de soleils qui sont des étoiles : la lumière du jour nous les cache, la nuit nous les révèle.

TABLE ANALYTIQUE

INTRODUCTION

Ce qu'on entend par *vérités de l'ordre moral*. — Comment ces vérités s'enchaînent entre elles. — Quatre vérités primordiales : la loi morale ; la liberté morale ; l'existence de Dieu ; la vie future. — Que la certitude, dans cet ordre de vérités, est d'une nature spéciale, et qu'on la doit nommer *certitude morale*. — Objet de la présente étude.................................... 1-20

CHAPITRE PREMIER

CERTITUDE RÉELLE OU DE CHOSES ET CERTITUDE ABSTRAITE OU DE NOTIONS.

L'assentiment *implicite* et l'assentiment *explicite*. — Les *choses* et les *notions*. — Caractères de la certitude *réelle* et de la certitude *abstraite*. — Rôle de l'expérience, du sentiment, de l'imagination. — Que la certitude explicite doit être *réelle* et *pratique* en même temps que *logique* et *spéculative*................. 21-32
Application des résultats de cette étude aux vérités de l'ordre moral... 32-43

CHAPITRE II

DU ROLE DE LA VOLONTÉ DANS LA CERTITUDE.

Des conditions requises partout pour bien juger, et de la part qu'y a la volonté. — De la signification précise et de la portée de la distinction scolastique entre la *simple appréhension* et l'*assentiment*. — Des premières connaissances et des opérations discursives de la raison humaine. — Théorie cartésienne du jugement. — Du rôle de la volonté libre dans le jugement. — De l'assentiment et du consentement. — De l'erreur............ 44-68
Application des résultats de la présente étude aux vérités de l'ordre moral... 69-74

Dernières considérations sur le caractère personnel du jugement. — Comment la certitude des choses morales est une certitude personnelle.................................... 74-79

CHAPITRE III

DE LA FOI MORALE.

Distinction entre *savoir* et *croire*. — Caractères de la connaissance indirecte et médiate : en quoi elle diffère de la croyance ; ce qu'elle a de commun avec elle. — Comment il est vrai de dire qu'en cette connaissance se trouve un élément de *foi*. — Ce que c'est que la *foi*. — De l'évidence et de l'obscurité que suppose la foi. — De la confiance requise pour affirmer................... 80-98
Application des résultats de la présente étude aux quatre vérités primordiales de l'ordre moral. — Comment elles sont objets de connaissance: loi morale ; liberté morale ; existence de Dieu ; vie future.................................... 98-106
Comment ces mêmes vérités sont objets de foi : vie future ; existence de Dieu ; liberté morale ; loi morale. — Conclusion du chapitre............................... 106-125

CHAPITRE IV

DU DANGER D'EXAGÉRER LE ROLE DE LA FOI MORALE.

Pour mieux entendre en quoi consiste le rôle de la foi morale, utilité d'examiner les théories qui l'exaltent et celles qui la rabaissent. — Examen, dans ce chapitre, des théories qui l'exaltent. — Que ces exagérations peuvent se produire sans système ou par système..................................... 126-129

I. LA RAISON ET LA MÉTHODE MORALE. — PASCAL ET MAINE DE BIRAN. DES DIFFÉRENTS SENS DU MOT RAISON.

La méthode morale dans Pascal.................... 129-133
La méthode morale dans Maine de Biran.............. 133-138
Triple sens du mot *raison*. — Équivoques et confusions. — Comment l'on arrive à séparer le *savoir* et la *foi*, puis à les opposer l'un à l'autre................................ 138-145

II. LA RAISON SPÉCULATIVE ET LA RAISON PRATIQUE.
KANT ET FITCHE.

La méthode morale dans Kant. — La critique kantienne. — La raison théorique et la raison pratique séparées. — De la distinction kantienne entre *savoir* et *croire* : qu'elle n'est pas assez précise, et comment elle n'est pas bien fondée. — Vérification de cette assertion par l'examen de la manière dont les quatre vérités primordiales sont connues selon Kant.................. 146-174

Fichte. — Le doute, la science, la croyance. — Comment la liberté et le devoir expliquent, selon Fichte, la connaissance. 174-183

III. CONFLIT ENTRE LA CONNAISSANCE ET LA CROYANCE.
HAMILTON ET MANSEL.

De la distinction entre *savoir* et *croire* selon Hamilton : qu'elle n'est pas exacte. — De la nécessité et de l'obligation de croire, selon Hamilton, à ce qui est en dehors de toute pensée et même contraire aux lois de toute pensée................. 183-189

Des *limites de la pensée religieuse* selon Mansel. — Des contradictions qu'il signale entre la pensée et la foi : sont-elles réelles ou apparentes ? — Critique que fait Stuart Mill de cette théorie. — Malentendus : à quoi ils tiennent................. 189-203

Du scepticisme en faveur de la foi morale............ 203-205

IV. — LA CROYANCE CONSIDÉRÉE COMME FONDEMENT DE TOUT L'ORDRE INTELLECTUEL.

De la foi morale considérée comme la base de toute pensée. — De l'appel au devoir pour raffermir l'intelligence ébranlée. — De la foi instinctive considérée à l'origine de toute connaissance. — Kant, Jacobi, Fichte, Hamilton, Maine de Biran, Pascal. — Équivoques et confusions. — Différents sens des mots *croyance* ou *foi*. — Comment s'explique cette multiplicité d'acceptions. — Comment, en quel sens et pourquoi l'on peut dire qu'il y a *évidence* et qu'il y a *foi* dans les *données* primitives de la connaissance... 205-224

Conclusion de tout le chapitre. — De ce qu'on pourrait nommer le *fidéisme*................................. 224-227

CHAPITRE V

DES DIVERSES MANIÈRES DE DÉPRÉCIER LA FOI MORALE.

Des trois sortes de systèmes, diversement défavorables à la foi, qui procèdent plus ou moins directement du *fidéisme* considéré dans le chapitre précédent.......................... 228-229

I. LE DEMI-SCEPTICISME. — LA CERTITUDE MORALE ET LA PROBABILITÉ.

Cournot, type de toute une classe d'esprits. — Sa distinction de la philosophie et de la science. — Ce qu'il pense de la religion proprement dite. — Sa théorie de la probabilité dite *philosophique* ou *rationnelle*. — Demi-positivisme et demi-scepticisme. 230-240
Analyse de cette prétendue *probabilité* et aussi de ce que l'on appelle l'*assurance morale*. — Locke, Descartes, Leibniz. — A quel signe on doit se reconnaitre vraiment certain. — Des différences et des analogies entre la *certitude morale* au sens vulgaire du mot et la *certitude morale* proprement dite, laquelle est une certitude véritable.......................... 240-254

II. L'INCONNAISSABLE, OBJET DE LA CROYANCE.

M. Herbert Spencer. — Divers aspects de sa théorie. — Divorce consommé entre la connaissance et la croyance. — Que la foi ici a un rôle immense, mais qu'à vrai dire elle est (et, avec elle, toutes les vérités de l'ordre moral) sacrifiée à la science..... 254-261

III. LE POSITIVISME. — LA FOI MORALE DÉCLARÉE UNE ILLUSION.

Que le positivisme considère toutes les convictions morales et religieuses comme purement *subjectives*. — Qu'il fait la *science* de ce qui est moral en essayant de le ramener à ce qui est physique, et qu'il explique ce dont il ne peut faire la *science*, par la passion et l'imagination.......................... 262-265
Ce que sont les sciences morales pour Stuart Mill. — De l'explication qu'il donne de la liberté morale et de la distinction du bien et du mal. — Du rôle qu'il attribue à la volonté dans la croyance. — Des *sophismes*. — Sa théorie de la religion....... 266-306

Comment M. Alexandre Bain explique les convictions morales et religieuses.................................... 306-310
Conclusion du chapitre, et conclusion générale de l'étude du rôle de la foi; étude renfermée dans les chapitres IV et V.... 310-312

CHAPITRE VI

DE LA CERTITUDE MORALE DANS L'ÉCOLE CRITIQUE.

M. Renouvier et le *criticisme*. — En quoi M. Renouvier a, sur la certitude et les éléments qui y entrent ou les conditions qu'elle suppose, des vues justes et excellentes. — En quoi sa théorie est erronée. — Comment il attribue à la certitude un caractère tout relatif. — Comment il la fait reposer sur la liberté. — Ce qu'il entend par les *probabilités morales*. — Sa théorie du *vertige mental*. — Caractère de sa doctrine....... 313-327
De la double tendance des esprits dans le temps présent. — Influence de Kant. — Le *subjectivisme* contemporain. 327-340

CHAPITRE VII

DE LA VALEUR DE LA CERTITUDE MORALE.

Qu'il s'agit de montrer, par une discussion détaillée, que si, dans la certitude morale, il y a un élément personnel, *subjectif*, la vérité morale elle-même a une valeur *objective*....... 341-342

I. COMMENT LES DISPOSITIONS REQUISES POUR RECONNAITRE LA VÉRITÉ, NE METTENT POINT LA VÉRITÉ DANS NOTRE DÉPENDANCE.

Motifs et devoir d'affirmer, visibles pour tous, certaines conditions préalables étant remplies : que l'affirmation a, par conséquent, un principe *objectivement suffisant*................ 342-345

II. DE LA BONNE VOLONTÉ. — COMMENT ELLE PRÉVIENT, CORRIGE OU EXCUSE L'ERREUR.

Ce que c'est que la *bonne volonté*. — Qu'elle a, dans les choses morales, un rôle prépondérant. — Qu'il y a des vérités qu'il est impossible d'ignorer. — Comment la bonne volonté est un principe d'harmonie entre les esprits. — De la diversité des esprits.

— Que toute variété n'est pas dissentiment. — Où commence l'erreur. — Que la bonne volonté peut la prévenir, la corriger, ou l'excuser. — Manière dont la bonne volonté opère. — Des désaccords entre esprits inégalement instruits. — Des désaccords entre esprits également instruits. — Des erreurs qui sont coupables. — Conclusion de cette étude sur le rôle de la bonne volonté.. 346-376

III. DE LA NATURE DES PREUVES DANS L'ORDRE DES VÉRITÉS MORALES.

Que la certitude *morale* ne se passe pas de la certitude *rationnelle*, mais qu'elle la suppose et s'y ajoute. — Que les preuves ici doivent *faire voir* la vérité et *faire vouloir* qu'elle soit. — De l'éducation. — De la persuasion. — Des caractères des preuves morales. — En quoi consistent la méthode morale et le traitement moral. — Des raisons de l'apparente faiblesse des preuves. — Qu'il n'y a pas ici de cercle. — Conclusion : la certitude est soutenue par des preuves réellement *valables*........ 376-393

IV. QU'IL N'Y A POINT DE PRÉSOMPTION A DÉCLARER OBJECTIVEMENT CERTAINES LES VÉRITÉS MORALES ET A LES FAIRE VALOIR COMME TELLES HORS DE SOI.

Que l'on ne peut *croire*, ni, en général, *affirmer* avec certitude, sans juger que les autres ont tort de ne pas affirmer de même. — Que cette assurance vient de la vérité. — Que penser cela, c'est non pas imposer aux autres quelque chose, mais déclarer qu'ils ont les devoirs que nous avons nous-mêmes, et que la vérité est la règle de leur esprit comme elle l'est du nôtre...... 393-400
De ce qui se dit pour soutenir que la connaissance humaine, vu la nature même de la raison, ne peut être que *subjective*. — Discussion de cette thèse. — Comment la vérité est en définitive la maîtresse des esprits. — Du besoin qu'ont les hommes d'une règle extérieure. — De la nécessité de trouver dans la raison individuelle une première règle de la certitude, et que ce sont les premiers principes. — Que cela ne rend pas la vérité *subjective*... 401-411
Conclusion du chapitre et de tout l'ouvrage............ 411-415

TABLE DES CHAPITRES

AVANT-PROPOS I
INTRODUCTION 1

CHAPITRE PREMIER
Certitude réelle ou de choses et certitude abstraite ou de notions. 21

CHAPITRE II
Du rôle de la volonté dans la certitude. 45

CHAPITRE III
De la foi morale. 80

CHAPITRE IV
Du danger d'exagérer le rôle de la foi morale. 126

CHAPITRE V
Des diverses manières de déprécier la foi morale. . . 228

CHAPITRE VI
De la certitude morale dans l'école critique. 313

CHAPITRE VII
De la valeur de la certitude morale. 341
TABLE ANALYTIQUE 417